rowohlt
rotfuchs

ERIKA
MANN

ZEHN JAGEN MR. X

Aus dem Englischen
von Elga Abramowitz

Mit einem Nachwort
von Uwe Naumann

Rowohlt Taschenbuch Verlag

Die englischsprachige Originalausgabe erschien 1942
unter dem Titel «A Gang of Ten»
bei L. B. Fischer Publishing Corp., New York.

Veröffentlicht im Rowohlt Taschenbuch Verlag,
Hamburg bei Reinbek, Mai 2019

Lektorat Uwe Naumann
Satz aus der Abril Text
bei Pinkuin Satz und Datentechnik, Berlin
Druck und Bindung CPI books GmbH, Leck, Germany
ISBN 978 3 499 21851 4

Für Virginia

INHALT

1. KAPITEL

SO SIEHT DIE STADT AUS

Ich glaube, es ist besser, wenn ich euch den wirklichen Namen der Stadt und die Namen ihrer Bürger nicht verrate. Denn wenn auch die Geschichte, die ich erzählen möchte, die Stadt sehr berühmt gemacht hat, so sind ihre Einwohner doch ganz einfache, durchschnittliche Menschen, denen es nicht recht wäre, wenn man sie in einem Buch zur Schau stellte. Die Namen der Kinder aber werde ich nicht ändern, sondern sie so nennen, wie sie sich selber nennen – wenn sie nicht gerade in der Schule sind. Was die Lehrer und die Stadtleute betrifft, die Fabrikarbeiter und die Küstenwachen, die Polizisten und Seine Ehren den Bürgermeister, den zuständigen FBI-Mann, den Herrn, der in besonderer Mission aus Washington kam, und den farbigen Portier des Hotels, in dem ich damals abstieg, sowie eine Menge anderer wichtiger Persönlichkeiten, werde ich mich einfach an ihre Titel und Spitznamen halten oder irgendwelche Abkürzungen gebrauchen, damit sie sich, wenn sie dieses Buch lesen, erkennen können, ohne von der übrigen Welt erkannt zu werden. Denn die übrige Welt interessiert sich ja nur für die Geschichte, und auf die kommt es an.

Es trug sich alles in der Stadt zu, die ich euch hiermit als

«El Peso» vorstelle, obwohl sie eigentlich – ach, egal. Wenn ich euch sage, dass in El Peso das Meer nicht weit ist, errät man leicht, dass es irgendwo in Kalifornien liegen muss, wo es all diese komisch klingenden Namen gibt, die man vor langer Zeit von den Spaniern übernommen hat. El Peso ist eine kleine Stadt, man könnte sie sogar ein Dorf nennen, gäbe es nicht das Hotel «Ambassador», das zu riesig und großstädtisch ist, als dass es in einem einfachen Dorf denkbar wäre. El Peso hat etwas über viertausend Einwohner, doch meist drängen sich Leute in den Straßen, die gar nicht hier wohnen. Wohin sonst sollten die Männer der Küstenwache gehen, wenn sie dienstfrei haben? Ihr Stützpunkt liegt knapp sieben Meilen nördlich von El Peso. Und was sollten eurer Meinung nach die Fabrikarbeiter tun, wenn sie nicht in der Fabrik sind? Es ist kein Vergnügen, sich die ganze Zeit in den Wohnbaracken herumzudrücken. Das Werk ist neu, versteht ihr, und der Präsident, die Direktoren, die Ingenieure und die Arbeiter mussten ganz schnell untergebracht werden. Also wurden Hunderte von Holzbaracken gebaut, die gut genug sind, um darin zu schlafen, aber in der Freizeit geht man, wenn man keine Lust zum Schlafen hat, nach El Peso. Der Präsident, die Direktoren und ein paar von den Ingenieuren sind Stammgäste im «Ambassador»; doch die meisten Ingenieure und die Arbeiter ziehen den «Kristallpalast» vor, der nicht nur ein Kino ist, sondern auch das beste Café der Stadt hat und außerdem eine klitzekleine Bar, die wie die Kajüte eines altmodischen Dampfers gestaltet ist.

Natürlich dürfen Kinder diese Bar nie betreten, wohingegen ich recht häufig dorthin ging – nicht wegen der Drinks, aus denen ich mir nicht allzu viel mache, sondern wegen der Leute, die man dort trifft, und wegen alldem, was «mittschiffs» vor sich geht. Denn die Bar heißt «Mittschiffs», und diejenigen, die sie hartnäckig «Mistschiff» nennen, machen nur Spaß. Sie ist sicherlich kein Aufenthaltsort für Kinder; trotzdem sind zwei Schüler der Neuen Welt schon mal dort gewesen. Aber das sollte ich jetzt noch nicht erzählen, denn diese Geschichte begann mitnichten an dem Abend, an dem ich Chris und Rombout im «Mittschiffs» entdeckte, sondern bereits viel, viel früher. Ich habe den Abend nur erwähnt, weil er wirklich wichtig war und man ihn nicht oft genug erwähnen kann. Außerdem sind beide, Chris aus New York City im Staat New York und Rombout, der von weit, weit her kommt, sehr wichtige Jungen, wie ihr bald herausfinden werdet. Ihre Schule, die Neue Welt, wurde zu der Zeit gegründet, als ganz in der Nähe das große Flugzeugwerk gebaut wurde und das «Ambassador», modernisiert und vergrößert, sein gegenwärtiges imponierendes Aussehen erhielt.

Die Neue Welt ist keine sehr große Schule, obwohl sie alle Klassen vom ersten Grundschuljahr bis zum letzten Oberschuljahr umfasst. Sie wird wie ein College geführt, denn die Kinder leben dort ganz wie in einem College. Die meisten von ihnen sind aus allen Teilen des Landes dorthin gekommen, als ihre Väter nach El Peso gerufen wurden, um Flugzeuge zu bauen. Für die Erwachsenen war es zumutbar, in die improvisierten Unterkünfte neben dem Werk zu ziehen, aber die Einwohner von El Peso fanden, für die Kinder müsse etwas getan werden. Sie mussten zur Schule gehen. Sie mussten irgendwo in der Nähe der Schule wohnen. Und sie brauchten vieles, was ihnen das Werksgelände nicht bieten konnte, zum Beispiel Spielplätze und Spaß.

So verwandelte sich das große alte Haus auf dem Hügel in eine Schule mit Klassenzimmern, Schlafsälen, einer Kapelle und einer Turnhalle. Mr. G. P. Hunch wurde zum Direktor gewählt, obwohl er eigentlich nicht wie ein Lehrer aussieht. Mit seinem sonnenverbrannten, wettergegerbten Gesicht und seinen scharfblickenden blauen Augen erinnert er eher an einen Kapitän. Es war, glaube ich, Mr. Hunch, der vorschlug, die Schule «Neue Welt» zu taufen. Ich erinnere mich noch an seine Worte: «Schließlich ist es eine ganz neue Welt, die wir hier errichten, eine Welt, in der Kinder in der Gemeinschaft von Kindern leben und aufwachsen, ein richtiger Kinderstaat, von Kindern organisiert, regiert und in Gang gehalten.»

Den meisten Leuten gefiel die Idee. Aber ob ihr nun mit Mr. Hunch einer Meinung seid oder nicht: Auf jeden Fall sind die Kinder der Neuen Welt die eigentlichen Helden dieser Geschichte, und wenn ich sage «Helden», dann meine ich Helden, nicht bloß «Hauptpersonen» oder etwas ähnlich Farbloses.

Überlegen wir mal kurz: Gibt es noch irgendwas, das ihr wissen müsst oder an das ich euch erinnern sollte, bevor ich euch jetzt nach El Peso in Kalifornien mitnehme? Dort ist es das ganze Jahr hindurch schön warm, aber das ist euch natürlich bekannt. Der Stille Ozean ist noch blauer als der Himmel und nicht immer so friedlich, wie sein Name uns glauben machen will. Die Palmen in El Peso sind besonders riesig und majestätisch. Die beiden, die direkt vor dem Hauptgebäude der Neue-Welt-Schule stehen, sind regelrecht berühmt: Sie sind die ältesten, größten und schönsten Palmen im ganzen Bezirk, und wahrscheinlich deshalb haben die Kinder der

Neuen Welt beschlossen, sie oder vielmehr den in ihrem Schatten liegenden Platz zum offiziellen Versammlungsort der Schulregierung der Neuen Welt zu machen.

Das ist so ungefähr alles, denke ich. Und nun: her mit der Geschichte!

2. KAPITEL

ES GIBT EINE MENGE BRÜHWARMER NEUIGKEITEN IN EL PESO

Es war Frühlingsanfang 1942, ein paar Monate nach Pearl Harbor. Ich hielt mich schon eine ganze Weile in El Peso auf und hatte bereits eine Menge Leute kennengelernt. Als ich an diesem besonderen Tag durch die Empfangshalle des «Ambassador» ging, winkte mir also Seine Ehren der Bürgermeister aus seinem Schaukelstuhl zu und rief: «Seien Sie gegrüßt!»

Und Mr. Sheepbot, der Präsident des Flugzeugwerks, der rechts neben dem Bürgermeister saß, sagte: «Was gibt's Neues in Washington, Miss Gutinformiert?»

Ich merkte natürlich, dass er mich aufzog, denn wenn es jemanden in El Peso gibt, der Bescheid weiß über alles, was irgendwo auf der Welt passiert, dann ist es Präsident Sheepbot, ein äußerst mächtiger, aber umgänglicher Herr. Also lachte ich und erklärte, ich sei nur eine Reporterin, die sich alle Mühe gäbe, ihre unmaßgebliche Zeitung in Washington über Neuigkeiten in El Peso zu unterrichten.

«Es gibt welche!», sagte Seine Ehren der Bürgermeister. «Es gibt eine Menge brühwarmer Neuigkeiten, die ich Ihnen für Ihren heutigen Bericht mitteilen könnte.»

Hastig zog ich mein Notizbuch und meinen Bleistift aus

der Tasche. Ganz gespannte Aufmerksamkeit, wartete ich auf die genauen Tatsachen.

«Jawohl», fuhr der Bürgermeister fort, «ich könnte sie Ihnen mitteilen, wenn ich nur wollte!» Er lächelte freundlich und wandte sich dann Mr. Sheepbot zu, der angefangen hatte, in seinem Stuhl hin und her zu schaukeln, was ich für einen zarten Wink hielt, die Sache fallenzulassen.

Es ist schrecklich für einen Reporter zu hören, dass es «eine Menge Neuigkeiten» gibt, wenn er nicht an sie heran kann.

«Euer Ehren», sagte ich aufgeregt, «Herr Bürgermeister – könnten Sie nicht wenigstens ...»

Da drang ein sonderbares leises Geräusch an mein Ohr, das hinter Mr. Sheepbots Schaukelstuhl hervorkam: Es klang, als hätte ein Huhn zu gackern begonnen, aber im nächsten Augenblick wieder damit aufgehört.

«Oh, hallo!», sagte ich, denn jetzt bemerkte ich Mr. Sheepbot junior, Nelson Sheepbot, der hinter dem Stuhl auf dem Fußboden saß und sich Comics ansah. Um ganz aufrichtig zu sein: Damals hatte ich keine allzu hohe Meinung von Nelson, obwohl ich ihm nicht das Geringste vorwerfen konnte. Er war ein hübscher Junge, groß für seine zwölf Jahre, blauäugig und blond. Ich weiß nicht, warum ich ihn für arrogant hielt und ihm nicht ganz über den Weg traute. Er hatte so eine Art, ein gelangweiltes Gesicht zu machen, wenn man mit ihm sprach, und wenn er seinerseits mit jemandem sprach, machte er weder den Mund noch die Augen richtig weit auf. Außerdem hatte er etwas Blasses, Farbloses an sich, so als hätte man ihn mit Mehl bestäubt.

«Hallo», sagte Nelson und musterte mich mit schläfrigem Blick.

Nach seiner ausdruckslosen Miene zu urteilen, fand er die Comics nicht besonders komisch. Er hat über mich gelacht!, fühlte ich; wahrscheinlich kennt er die Neuigkeiten, nach denen ich mich abzappele; hält es für viel komischer als die Comics, dass man sie mir nicht verraten will … In diesem Augenblick konnte ich Nelson absolut nicht ausstehen. Also sah ich ihn mit dem superfreundlichen, honigsüßen Tantenblick an, den jeder Junge verabscheut, und sagte: «Keine Sorge, Nellie, ich komme schon dahinter!»

Natürlich hasste es Nelson, wenn man ihn Nellie nannte, denn das ist ein Mädchenname, und es ist ziemlich beleidigend für einen Jungen, so angeredet zu werden.

Ich warf Seiner Ehren dem Bürgermeister einen letzten flehenden Blick zu in der Hoffnung, er könnte sich hinsichtlich der Neuigkeiten eines Besseren besonnen haben, doch er war in ein Gespräch mit Präsident Sheepbot vertieft.

«Vielleicht», sagte der Präsident, «vielleicht haben Sie recht, obwohl mir persönlich die Idee nicht gefällt; das hier ist eine Verteidigungszone, und hier sollte nicht einfach so ein Haufen Fremde einfallen dürfen, egal wie groß sie sind!»

Die Antwort des Bürgermeisters konnte ich nicht verstehen, dabei hätte ich gern noch weiter zugehört.

Während ich auf die Tür zuschritt, überlegte ich, worüber Mr. Sheepbot wohl gesprochen haben mochte. «Ein Haufen Fremde …» und «egal wie groß sie sind …» Seltsam, nicht wahr? Vielleicht war ein Zirkus unterwegs nach El Peso mit einer Menge fremder Riesen und Zwerge, und der Präsident wollte nicht, dass sie in seiner Verteidigungszone Vorstellungen gaben. Ich beschloss, meinen Freund, Mr. Horatio Roosevelt Fairchild, zu fragen, ob das der Fall sei.

Horatio stand wie gewöhnlich an der Drehtür; er ist der farbige Portier des «Ambassador» und ein Muster an Anständigkeit und Hilfsbereitschaft. Ich verließ mich voll und ganz auf Horatio, der es mich immer rechtzeitig wissen ließ, wenn ein prominenter Gast im «Ambassador» abgestiegen war.

Während er die Drehtür für mich in Bewegung setzte, würde er mir beispielsweise zuflüstern: «Der Sekretär des Sekretärs des stellvertretenden Außenministers von Südafrika ist gerade in den Speisesaal hinaufgegangen!» Dann nutzte ich diese Information sofort aus, eilte in den zweiten Stock hinauf und überraschte den Diplomaten beim Essen; ich entlockte ihm ein paar erstaunte Bemerkungen, die ich meiner Zeitung nach Washington kabeln konnte, mit dem Zusatz, «gutinformierte Kreise in Südafrika» hätten der Korrespondentin ein Exklusivinterview gewährt. Versteht ihr? Als Reporterin muss man sich zu helfen wissen. Und ganz besonders dann, wenn man einen Boss hat, wie ich ihn hatte. Mr. Bruce L. MacLaughlin, der Chefredakteur, war äußerst anspruchsvoll, doch ich hätte fast alles getan, um ihn zufriedenzustellen.

«Was gibt's Neues?», fragte ich und blieb bei Horatio an der Tür stehen. Er lächelte mir zu und zeigte dabei die weißesten Zähne, die es auf der Welt gibt. In seiner schönen purpurroten Livree sah er wie ein exotischer Prinz aus.

«Tut mir leid, Ma'am», sagte er, «heute liegt nichts Neues an.»

«Horatio!», rief ich vorwurfsvoll. «Denk bitte nach! Krame in deinem Gedächtnis! Du weißt sehr gut, dass der Zirkus, der berühmte internationale Zirkus, jeden Augenblick hier eintreffen kann, oder?»

Da ich Reporterin bin, tue ich oft so, als wüsste ich über eine bestimmte Sache genau Bescheid, nur um die wirklichen Tatsachen aus jemandem herauszukriegen, den ich im Verdacht habe, bestens informiert zu sein. Ihr versteht, was ich meine.

Doch Horatio glaubte wohl, ich sei verrückt geworden.

«Zirkus, Ma'am?», fragte er, und seine Stimme klang verstört. «Internationaler Zirkus? Es gibt keinen, jedenfalls nicht hier, Ma'am, hier war nie ein Zirkus, und ich schwöre, ich habe von keinem gehört.»

Aber ich gab noch nicht auf.

«Vielleicht würdest du es nicht Zirkus nennen», sagte ich sanft, «obwohl ich nicht weiß, wie du sonst diesen Haufen Fremde nennen würdest, die nicht normal groß sind und die in unsere Stadt einfallen werden!»

Diese meine Bemerkung schien Horatio ernstlich zu beunruhigen.

«Fühlen Sie sich heute nicht wohl?», fragte er mich. «Wahrscheinlich überarbeitet. Schonen Sie sich lieber etwas, Ma'am.»

Da er wirklich besorgt aussah, versprach ich ihm, das zu tun, und trat auf die Straße hinaus.

3. KAPITEL

EINE SCHLAGZEILE, DIE NIE GEDRUCKT WURDE

Vom «Ambassador» bis zum «Kristallpalast» waren es nur anderthalb Häuserblocks. Also beschloss ich, dorthin zu gehen und meinen Zorn über die geheim gehaltenen Neuigkeiten des Bürgermeisters mit einer Tasse Kaffee herunterzuspülen.

Als ich am Warenhaus Gaylord vorbeiging, kam gerade Christopher Senhouse heraus. Augenscheinlich hatte Chris eine ganze Menge eingekauft, und das, was er gekauft hatte, hing rings um seinen Körper – über seinen Armen, seinen Schultern und um seinen Hals. Er sah sehr komisch aus, denn er war buchstäblich in Stoff eingewickelt, in Stoffbahnen, die in allen Farben prangten – rot und blau und weiß und orange und weiß Gott noch was. Er kam sich aber offenbar gar nicht komisch vor, sondern war so tief in ernste Gedanken versunken, dass er mich überhaupt nicht bemerkte.

«Herrje, Chris», rief ich, «was um Himmels willen hast du denn vor?»

«Ach, guten Tag, Depesche!», sagte Chris. Dass er mich «Depesche» nannte, war ganz normal. Ich erinnere mich nicht mehr, wer es aufgebracht hatte, aber die meisten Kinder aus der Neuen Welt nannten mich so.

«Was ich vorhabe?», fragte Chris. «Warum?»

Er wollte es mir nicht erzählen, deshalb wiederholte er einfach meine Frage und fügte von sich aus noch eine zweite hinzu. Ist euch schon mal aufgefallen, dass Leute sich so verhalten, wenn sie einer Frage aus dem Wege gehen und Zeit gewinnen wollen? Also ich habe das oft beobachtet, und deshalb ließ ich ihm keine Zeit.

«Wofür brauchst du denn diese Stoffbahnen?», erkundigte ich mich rasch.

«Ach – die Stoffe?» Chris schien sich jetzt erst an seinen Einkauf zu erinnern.

«Natürlich hätten sie mir das auch eingepackt», erklärte er. «Aber ich wollte es nicht. Papier ist jetzt knapp, verstehst du, deshalb lassen wir uns unsere Sachen nicht mehr einwickeln.»

Immer wenn eins der Kinder aus der Neuen Welt «wir» sagt, könnt ihr sicher sein, dass alle Kinder der Schule damit gemeint sind.

«Regierungsbeschluss?», fragte ich.

«Klar!», sagte Chris. «Also bis dann, Depesche!» Er schien es eilig zu haben.

«Wart doch mal einen Augenblick!», bat ich. «Wie wär's mit einem Eis? Außerdem hast du meine Frage noch nicht beantwortet, nicht wahr?»

Das Eis hielt Chris für eine tolle Idee. Also gingen wir zum «Kristallpalast».

Christopher Senhouse war erst elf, als sich diese Geschichte zutrug, aber eine ganze Menge Erwachsene, darunter auch ich, sahen in ihm einen richtigen Freund. Er fuhr mit den Fischern aus, sogar wenn der Pazifik in Aufruhr war, oder er sauste mit dem Rad nach Hell's Bay und besuchte die Küstenwachen. Chris hat schwarzes Haar und sehr helle graugrüne Augen. Seine Nase hat einen kleinen Sattel aus Sommersprossen, und seine Arme und Beine sind immer ganz schön zerschrammt und zerkratzt. Denn Chris ist ein erstklassiger Boxer, Kletterer, Taucher, Rettungsschwimmer und noch verschiedenes andere, und das ist nur möglich, wenn man sich hin und wieder ein paar blaue Flecken holt.

Aber ein guter Schwindler ist er nicht. Das entdeckte ich nach dem vierten Eis.

«Chris, alter Junge», fing ich wieder an, «du wolltest mir doch erzählen, weshalb du diesen ganzen Stoff gekauft hast!»

Chris starrte auf seinen leeren Teller. «Es ist gute, haltbare Qualität», sagte er, «und es ist immer nützlich, so was im Vorrat zu haben. Man kann es für alles mögliche gebrauchen.»

Er errötete nicht direkt, als er diesen Unsinn vorbrachte, nur seine Ohren wurden rot, als schämten sie sich über das, was da aus dem Mund ihres Besitzers kam.

«Aber Chris», sagte ich, «hast du denn kein Vertrauen mehr zu mir?»

Chris schüttelte den Kopf.

«Ich soll nicht ...», stotterte er, «ich meine, natürlich vertraue ich dir ... aber ich darf dir doch nicht erzählen ... ich darf es überhaupt niemandem erzählen. Es ist ein Geheimnis, verstehst du? Ein wichtiges Experiment, das geheim gehalten werden soll, bis wir wissen, wie es ausgeht. Wenigstens hat *er* das gesagt ...»

«Wer ist ‹er›?», fragte ich.

«Na, Geepy», erwiderte Chris. Er meinte natürlich den Direktor G.P. Hunch, dem es nichts ausmacht, dass seine Schüler ihn «Geepy» nennen.

«Heute Morgen erst hat er die Versammlung einberufen», fuhr Chris fort, «wir hatten einen Riesenspaß, und es war ganz aufregend, vor allem für mich, verstehst du. Denn ich wurde zum Vorsitzenden des Komitees für Auslandsfragen gewählt. Wir haben nämlich jetzt so ein Komitee, und das hat mich delegiert, das alles hier zu beschaffen.»

Er sagte tatsächlich «delegiert» und «beschaffen», und solche Wörter gebrauchte er nur, wenn eine Sache wirklich ernst wurde. Ich begriff, dass ich meine Strategie ändern musste, wenn ich die Geschichte aus ihm herausholen wollte.

«Also, es war schön, dich zu sehen!», sagte ich wie abschließend. «Lassen wir die Stoffbahnen. Da du mir nicht vertraust, will ich dein Geheimnis gar nicht wissen. Sicherlich ist es auch nicht so wichtig.»

«Da irrst du dich aber gewaltig!», rief Chris. «Weißt du, warum? Weil *Bahnen* sich auf *Fahnen* reimt und weil wir *Fahnen* aus dem Stoff machen. Eine Menge Fahnen! Alliierte Fahnen. Britische und chinesische und russische und so weiter! Die Neue Welt soll eine Schule für die ganzen Vereinten Nationen werden, und deshalb müssen wir alle Fahnen haben, die es gibt. Wir können doch unsere Verbündeten nicht ohne ihre Fahnen lassen; außerdem müssen wir die Schule anständig ausschmücken, wenn die Vereinten Nationen einen Sieg errungen haben oder so was. Wir brauchen die Fahnen auch für den Empfang. Ich muss mich jetzt beeilen. Wir haben nur noch ein paar Tage Zeit, und wir müssen eine Riesenmenge Fahnen machen!»

«Wart mal!», sagte ich und dachte ganz schnell nach. Was hatte Direktor Sheepbot zu Seiner Ehren dem Bürgermeister gesagt? Hatte er nicht gewisse Leute erwähnt, «einen Haufen Fremde – egal wie groß sie sind»? Jawohl! Und ich dumme Gans hatte auf Zwerge und Riesen getippt, anstatt ganz einfach an Kinder zu denken!

«Wart mal!», wiederholte ich. «Wir wollen sehen, ob ich deine Geschichte richtig verstanden habe. Chris, wenn es das ist, was ich denke, dann finde ich es großartig! Die Neue Welt öffnet ihre Tore für Kindervertreter der Vereinten Nationen – stimmt's?»

Chris nickte.

«Und ihr erwartet in Kürze eine ganze Menge Neuankömmlinge? Gäste, Kinder aus allen Teilen der Welt – ist das richtig?»

«Nein», sagte Chris, «keine Gäste. Sie kommen für lange zu uns, vielleicht sogar für sehr lange. Sie sind hier unsere Kameraden, und wir sind ihre. Und wenn sie dann später mal in ihre Heimatländer zurückgehen, wissen sie Bescheid über das Leben in Amerika, und wir wissen Bescheid über ihr Leben. Sie erzählen es ihren Leuten und wir unseren. Dann gibt's keine Missverständnisse mehr zwischen den Vereinten Nationen. Wenigstens hat Geepy das gesagt.»

«Wann kommen sie denn an?», fragte ich.

«Dienstag», sagte Chris. «Ich bin gespannt, was der Chinesenjunge im Baseball draufhat. Oder vielleicht ist es auch ein Mädchen mit ganz kleinen Füßen – in China mögen sie's, wenn ein Mädchen kleine Füße hat, nicht wahr? Sie operieren die Füße und schnippeln daran herum, bis nur noch ein Stückchen Fuß übrig ist. Ganz schön verrückt. Glaubst du, den Russen wird es hier sehr heiß vorkommen? Na, warten wir's ab!»

Er wickelte sich wieder in seine bunten Stoffbahnen ein. «Also dann, Depesche!», sagte er. «Und bitte, zu niemandem ein Wort!»

«Du kannst dich auf mich verlassen, Christopher!», versprach ich feierlich, und dabei fühlte ich mich wie ein Fischer, der einen Riesenfisch gefangen hat und ihn wieder ins Wasser wirft. Da stand ich nun mit der besten Neuigkeit, die ich seit langem ergattert hatte, und durfte sie nicht meiner Zeitung in Washington telegraphieren. Denn ein Versprechen ist ein Versprechen, unter allen Umständen, besonders aber, wenn man es einem Freund wie Chris gegeben hat, und noch dazu, wenn es eine derart wichtige Angelegenheit betrifft. Dabei wäre das eine so schöne Schlagzeile geworden! Ich zog meinen Bleistift und mein Notizbuch hervor. Träumerisch malte ich quer über die erste Seite:

DIE NEUE-WELT-SCHULE IN EL PESO
BEREIT FÜR DIE VEREINTEN KINDER!

Es las sich fabelhaft. Und mein Boss hätte sich so darüber gefreut! Aber niemand durfte es lesen! Deshalb hielt ich die Seite über den Aschenbecher, zündete sie an und sah zu, wie sie langsam verbrannte.

4. KAPITEL
AUFSTELLUNG NEHMEN!

Es war Dienstag. Endlich war der große Tag gekommen. Obwohl der Zug erst um 9.34 Uhr einlaufen sollte, war ich schon kurz nach neun auf dem Bahnhof. Ein Zug verfrüht sich manchmal, nicht wahr? Und diesen wollte ich um gar keinen Preis verpassen.

Als ich in den Warteraum trat, waren Chris und Betsy bereits da.

Aber ihr habt ja Betsy noch nicht kennengelernt. Höchste Zeit, dass ich sie euch vorstelle, denn ihr werdet ihr im Verlauf dieser Geschichte noch oft begegnen.

Betsy Bird war – und ist wahrscheinlich immer noch – Christopher Senhouses Freundin, seine Gefährtin, die an vielen seiner Abenteuer teilnahm. Sie hat ein Gesicht wie ein Kätzchen – ihre grünlichen Augen sind groß und etwas schräg, und ihr glattes Haar ist so weich wie ein Pelz. Zu Anfang hatte Betsy es in der Neuen Welt ziemlich schwer gehabt, denn sie war so unordentlich, dass sie ihre Sachen überall im Haus herumliegen ließ und sich nie erinnern konnte, wo sie sie gelassen hatte. In der Schule vergaß sie immer, welches Fach gerade dran war, und erschien im Sozialkundeunterricht mit der Küchenschürze, weil sie glaubte, jetzt sei Kochstunde. Doch glücklicherweise wurde Betsy bald zur Vorsitzenden des Komitees für Schönheit und Anstand gewählt, das alle Kinder in den Versammlungssaal führt, sich um alles Verlorengegangene und Wiedergefundene kümmert und darauf achtet, dass jedes Mädchen bei festlichen Anlässen ein rotes Kleid trägt. Mit der Last dieser Verantwortung auf den Schultern fand Betsy, dass sie nun ein Beispiel geben müsse, und wurde musterhaft ordentlich.

«Das ist ja wohl die Höhe!», sagte Chris, als er mich erblickte. «Depesche, du bist schrecklich! Hier gibt's nichts für dich zu sehen. Es ist alles ganz ... anonym, oder wie man das nennt ...»

«Inkognito?», schlug ich vor.

«Jawohl!» Chris nickte. «Es ist alles inkonkto! Deshalb ist nicht mal Geepy zum Empfang mitgekommen, und wir haben auch keine von unsern Fahnen mitgebracht. Die eigentliche Begrüßung findet in der Schule statt, verstehst du?»

Ich sagte, ich verstünde sehr wohl. «Aber ich musste sowieso hierher», erklärte ich. «Es ist nämlich jemand im Zug, den ich sprechen muss, ein berühmter Feuerwehrhauptmann oder so was. Außerdem dachte ich, ich könnte vielleicht mit Sprachen helfen. Du weißt, ich spreche etwas Holländisch, auch etwas Französisch, und ich glaube, ich kenne etwa sechzehn russische Wörter.»

Betsy kletterte von ihrem hohen Sitz herunter. «Das ist wunderbar», zwitscherte sie. «Mein Gott, es ist beinahe neun Uhr zwanzig. Nur noch vierzehn Minuten!»

Wir gingen auf den Bahnsteig.

Die letzten paar Minuten wurden zur Ewigkeit. Es ist komisch mit Bahnhöfen: Man hat immer Angst, diese letzten paar Minuten könnten entschwinden, sich einfach in nichts auflösen, während man noch im Warteraum sitzt, deshalb beeilt man sich, an die Gleise zu kommen. Aber wenn man erst einmal da ist, zieht sich sogar eine Minute so in die Länge, als würde sie nie enden.

Ein fernes Brummen verwandelte sich in ein immer lauter werdendes Donnern, und dann dampfte mit lautem Gebimmel die Lokomotive um die Ecke. Tief seufzend hielt sie auf dem Bahnhof von El Peso.

Nur ein Fahrgast stieg aus dem Zug, ein junger Mann, der mir irgendwie bekannt vorkam. Es war ein schlanker, schmallippiger, mittelgroßer, unauffälliger junger Mann, der die Stadt offenbar nicht kannte, denn er sprach ihren Namen nicht richtig aus: Er fragte den Schaffner, ob das hier «El Paaeeso» sei. Er hatte kein Gepäck bei sich und trug keinen Hut, nur einen Mantel, der etwas zu groß für ihn und ganz bestimmt zu warm war. Ich fasste ihn nur deshalb ins Auge, weil es nichts anderes zu sehen gab.

Chris und Betsy waren bereits ein paarmal von einem Ende des Bahnsteigs zum andern gelaufen, und der Zug wollte gerade wieder abfahren, da kletterte aus einem der letzten Wagen eine ältere Dame, gefolgt von einer Schar Kinder. Sie trug einen Kneifer und einen imposanten Hut, auf dessen Rand sich zwei Vögelchen schnäbelten.

«Kinder», rief sie mit hoher, aufgeregter Stimme, «hört zu, Kinder! Lauft jetzt nicht weg!»

Die Kinder dachten nicht im Traum daran, wegzulaufen; sie standen dicht gedrängt und stumm da.

«Lauft nicht weg!», wiederholte die Dame. «Aufstellung nehmen!» Es klang wie ein Schlachtruf.

Die Kinder «nahmen Aufstellung»; jedes von ihnen trat hinter einen kleinen Berg von Gepäckstücken und wartete auf weitere Befehle. Man sah jetzt, dass es sechs waren – zwei Mädchen und vier Jungen. Da ich mich der Gruppe erst nähern wollte, wenn Chris und Betsy von ihrer Expedition zum andern Ende des Zuges zurückgekommen waren, beobachtete ich einfach, was nun geschah.

Die Dame mit dem Kneifer nahm ein Blatt Papier aus ihrer riesigen Krokodillederhandtasche und rief die Namen auf.

«Björn!», rief sie, und ein flachshaariger, etwa zehnjähriger Junge hob die rechte Hand. «George!», rief die Dame, und ein etwas kleinerer Junge antwortete: «Hier!»

George ist Engländer, dachte ich, und Björn ist sicher Norweger, denn Björn heißt auf norwegisch «Bär» – mal sehen, wer der nächste ist.

Die Liste der Dame war offenbar alphabetisch geordnet; der nächste Name begann mit einem I.

«Ei – wan!», rief sie. Die Kinder lachten. Nur Iwan blieb ernst. «I!», korrigierte er. «I-wan!»

Er war groß und kräftig, dieser Iwan, sein Gesicht mit den breiten Backenknochen, der breiten Stirn und dem festen Kinn war das eines jungen russischen Bauern. Iwan war der Einzige, der kein Gepäck bei sich hatte.

Nach Iwan kam Madeleine an die Reihe. Das kleine Mädchen war die weitaus Jüngste von allen. Sie sah aus, als sei sie erst sieben, aber dabei war sie schon neun, wie ich später erfuhr. Madeleine war winzig und hatte ein winziges Gesicht, das unter der schwarzen Baskenmütze sehr blass wirkte. Ihre Augen waren ebenfalls schwarz und lebhaft wie die einer Feldmaus.

«Oui, Madame!», sagte sie.

In diesem Augenblick erschienen Chris und Betsy.

«Rombout!», rief die Dame, und ein schlaksiger Junge mit einem orangefarbenen Bändchen im Knopfloch machte eine kleine Verbeugung. Orange, das wusste ich, war die Nationalfarbe der Niederländer, die Traditionsfarbe des königlichen Hauses Oranien.

Die Dame hielt inne und blickte suchend über ihren Kneifer hinweg. «Und – Tschutschu!», schloss sie triumphierend.

Tschutschu gab einen Laut von sich, der Chinesisch sein musste. Aber ihre Füße waren ganz normal, nicht kleiner, als es sich für ein Mädchen von elf Jahren gehörte. Sie trug keine exotischen Gewänder, sondern sah in ihrem schicken grauen Kostüm wie eine kleine Dame aus.

«Ah», rief Chris ganz außer Atem, «da seid ihr ja endlich!»

Betsy blieb schüchtern hinter ihm stehen; sie überließ alle notwendigen Schritte dem Vorsitzenden des Komitees für Auslandsfragen.

Christopher machte es sehr gut.

«Ich bin Christopher Senhouse», sagte er gewandt, «und das hier ist Betsy Bird wir sind hier um euch im Namen der Neuen Welt willkommen zu heißen habt ihr Hunger ich meine seid ihr müde können wir was für euch tun also gehen wir!»

Er sagte das alles ohne Pause, in einem Atemzug, und wandte sich mehr an die ganze Gruppe als an die Dame mit dem Kneifer.

«Danke, mein Junge!», sagte die Dame und nickte so heftig mit dem Kopf, dass die beiden Vögelchen auf ihrem Hut fortzufliegen drohten. «Ich bin Mrs. Caboose, Mrs. Melvyn

Caboose vom Akobekall, und das hier sind Björn, George, Iiwan …»

Die Kinder lachten, weil Mrs. Caboose diesmal den Namen richtig ausgesprochen hatte.

«Iii-wan», wiederholte die Dame, «Madeleine, Rombout und Tschutschu. Sie alle sind dank der unentwegten Bemühungen des Akobekall hierhergekommen!»

Jetzt war es Betsy, die ein bisschen lachen musste. Immer noch hinter Chris' Rücken versteckt, versuchte sie ihr Kichern zu unterdrücken. Auch Chris griente. «Akobekall?», fragte er schließlich. «Was ist Akobekall?»

Die Dame sah etwas gekränkt aus. «Mein lieber junger Mann», rief sie, «willst du wirklich behaupten, du hättest noch nie vom Akobekall gehört?»

Chris, Betsy und ich schüttelten alle drei den Kopf.

«Das ist natürlich das *A*merikanische *Ko*mitee für die *Be*treuung von *K*indern aus *al*liierten *L*ändern!», erklärte die Dame mit unglaublicher Schnelligkeit. «Akobekall, wenn ihr nichts dagegen habt!»

«Tausend Dank!», sagte Chris ziemlich unsinnig.

Eine kleine Weile herrschte Schweigen. Niemand schien zu wissen, wie es jetzt weitergehen sollte. Nun ist der Augenblick für mich gekommen, dachte ich. Ich stellte mich Mrs. Caboose vor, brachte acht meiner sechzehn russischen Wörter bei Iwan an, erzählte Rombout auf Niederländisch, ich sei eine alte Bewunderin der Königin Wilhelmina der Niederlande, und fragte die kleine Madeleine auf Französisch, ob ich ihr vielleicht mit ihrem Gepäck helfen könnte. «Il n'y a pas de porteur», sagte ich elegant, «hier gibt's keinen Gepäckträger!»

Chris nahm Tschutschus Taschen und Bündel, und Betsy

nahm Mrs. Cabooses Mantel. Iwan belud sich nicht nur mit den zahlreichen Koffern der Akobekall-Dame, sondern bot auch noch George an, ihm seine Sachen tragen zu helfen.

«Nimm den Koffer hier, alter Junge, ich fürchte, der ist zu schwer für mich», ermutigte ihn George. Es klang ungeheuer britisch und er wirkte recht hochmütig, als er, seine kleine Reisetasche schwingend, den hübschen Kopf hoch erhoben, mit festem Schritt den Bahnsteig entlangmarschierte.

Wir gingen am Zeitungsstand vorbei und liefen auf Mr. Johnson auf, Jim Johnson, dem das Fotogeschäft in der Hauptstraße gehörte. Jim war offensichtlich in Hochstimmung. Seine kleinen Schweinsäuglein funkelten vor Fröhlichkeit; und er trug eine hübsche weiße Nelke im Knopfloch. Er sah so überraschend unternehmungslustig aus, dass ich mich umdrehte und noch einen Blick auf ihn warf, bevor ich den Bahnhof verließ. Erst da bemerkte ich den jungen Mann, der gerade angekommen war, jenen schlanken, schmallippigen, mittelgroßen, unauffälligen jungen Mann, der mir irgendwie bekannt vorgekommen war. Auch er trug jetzt eine weiße Nelke, aber ich hätte schwören mögen, dass er sie erst in dieser Minute gekauft hatte. Ich erinnerte mich genau, dass mir sein etwas zu großer Mantel aufgefallen war – an dem war keine Nelke zu sehen gewesen. Er schritt geradewegs auf den Zeitungsstand und auf Jim Johnson zu.

«Sie haben's also geschafft!», hörte ich Jim sagen. «Herzlichen Glückwunsch!»

Dann zogen beide Männer ihre Nelken aus dem Knopfloch und schenkten sie der Zeitungsverkäuferin.

Ich beeilte mich, wieder zu der Kinderkarawane vor dem Bahnhof aufzuschließen.

Während wir auf Charles warteten, den Gärtner, Wachmann und Chauffeur der Neuen Welt, der mit dem Kleinbus die Auffahrt hochfahren sollte, gewannen die Neuankömmlinge ihren ersten Eindruck von El Peso. Rombout schien von den Palmen höchst angetan zu sein.

«Orange?», fragte er und zeigte auf sein orangefarbiges Bändchen. «Orangenbäume?»

Er war etwas enttäuscht, als er die Wahrheit erfuhr, um so mehr, da Chris ihm erklärte, Orangenbäume seien viel kleiner als Palmen. «Eher wie große Büsche!», sagte er.

Björn war entzückt und ganz überrascht, als er unsere Berge sah, den Halbkreis hübscher schneebedeckter Gipfel, der unsere Stadt im Osten einrahmt.

«Wie Norwegen!», sagte er und suchte nach englischen Worten. «Zu Hause sagten mir einige Persönlichkeiten, Amerika besitzt keine Berge, Amerika ist gänzlich vollkommen flach ...» Er lächelte glücklich.

George brüllte vor Lachen. «Richtig», jubelte er, «das ganze große Amerika nichts als Morast – nichts als Ebene. Eine Menge Leute sind sich darin einig! Verstehen Sie», sagte er und wandte sich mir zu. «Björn hat Englisch aus dem Wörterbuch gelernt; ist es nicht traumhaft, was dabei herausgekommen ist?»

Björn nahm ihm den Spott offenbar nicht krumm. «Sehr schön, viel wie Norwegen», wiederholte er nur.

Jetzt endlich kam Charles angefahren. Beim Anblick des Kleinbusses wurde Mrs. Caboose etwas nervös.

«Wartet, Kinder», rief sie mit ihrer hohen Stimme aufgeregt, «hört mal her, alle! Wo ist mein Mantel? Mein Gott, ich muss ihn im Zug vergessen haben; ach, hier ist er, danke, mein Kind! Hat jeder seine Gepäckstücke? Warum antwortest du mir nicht, Madeleine? Ist dir nicht gut? Ach natürlich, sie versteht ja kein Englisch, das arme Ding. *Niemand* darf neben dem Fahrer sitzen, *niemand*, verstanden! Wie war doch noch dein Name, junger Mann? Sag dem Chauffeur, er soll *vorsichtig* fahren, ja?» Die Vögelchen auf ihrem Hut tanzten, als sie über ein Gepäckstück stolperte.

Christopher reagierte würdevoll. «Charles fährt immer vorsichtig!», erklärte er.

Schließlich war der Kleinbus vollgeladen. Mrs. Caboose war als Letzte eingestiegen; jetzt stand sie neben Charles und überblickte die Szene, so wie ein General ein Schlachtfeld überblickt.

Chris, der neben Iwan und Rombout saß, beugte sich zur Seite und öffnete das Fenster.

«Na tschüs denn, Depesche!», rief er. «Komm bald mal vorbei, ja? Und vielen Dank dafür, dass du in so vielen Sprachen geredet hast.»

Charles trat aufs Gaspedal. Mit einem schrillen kleinen Schrei landete Mrs. Caboose, nicht sehr sanft, fürchte ich, auf dem Sitz neben dem Fahrer.

Ich stand da und winkte mit dem Taschentuch. «Tschüs, Kinder, und viel Glück!», sagte ich, aber es war schon zu spät, niemand hörte mich.

Der Himmel war fahl und klar. Zwei stromlinienförmige Abfangjäger kreisten über meinem Kopf. Ihr Brummen verschmolz mit dem Rattern des Kleinbusses, der immer kleiner und kleiner wurde, bis er schließlich um die Ecke verschwand.

5. KAPITEL

EINE RICHTIGE PARTY

Eine Woche war vergangen; es war wieder Dienstag. Ich dachte mir, die erste Aufregung über die Ankunft der sechs Neuen müsse nun vorüber sein und in der Neuen Welt gehe alles wieder seinen gewohnten Gang. Also rief ich Direktor Hunch an und erkundigte mich nach seinem Befinden und wie die Kinder zurechtkämen.

«Gut!», sagte Geepy. «Fabelhaft! Das heißt, sie sind immer noch etwas scheu – die Neuen, meine ich. Sie haben so viel mitgemacht, wovon unsere Kinder keine blasse Ahnung haben. Und sie haben sich auch noch nicht richtig ausgetauscht – wenn Sie verstehen, was ich meine? Die Neuen haben ihre Geschichten noch für sich behalten, und unsere haben ihnen noch nicht viel von dem erzählt, was sie bewegt. Na, ich glaube, das wird sich alles noch ergeben.»

«Bestimmt», sagte ich, «unbedingt. Übrigens, ich würde sie gern zu mir zum Tee einladen, sagen wir mal nächsten Samstag, Chris und Betsy und die Neuen. Irgendwelche Einwände?»

Nein, Geepy sah keinen Grund, warum wir nicht unsern Spaß haben sollten, die Kinder und ich.

«Ich dachte gerade», fuhr er fort, «ob Sie nicht auch Nelson dazu einladen könnten? Die letzte Zeit war mit ihm nicht gut Kirschen essen, er kommt offenbar mit den Neuen nicht zurecht, Gott weiß, warum. Er verdient zwar nicht gerade eine Belohnung für sein dummes Benehmen, aber vielleicht tut's ihm gut, mit seinen neuen Kameraden einen netten Nachmittag zu verleben. Vielleicht lernt er sie so besser kennen. Was meinen Sie?»

Ich sagte, ich sei entzückt, wenn Nelson mitkäme; das war sogar mein Ernst. Denn ich hatte mich neulich ihm gegenüber nicht nett verhalten und schämte mich ein bisschen deswegen. In gewissem Sinne war es ja richtig gewesen, dass er das Geheimnis nicht verraten hatte, und ich hätte ihn nicht grundlos «Nellie» nennen sollen.

«Okay», hörte ich Geepy rufen, «abgemacht, ich sag den Kindern Bescheid.»

Die Zeit vergeht schnell in El Peso; wenigstens kam es mir und allen anderen in der Neuen Welt so vor. Es gab immer so viel zu tun, und ehe ich mich's versah, war es schon Samstag. Am Morgen ging ich zu Jim Johnson, um Fotos abzuholen, die er für mich entwickelt hatte.

«Wie geht's Ihrem Gast?», fragte ich. «Gefällt ihm unsere Stadt?»

Jim schien überrascht zu sein.

«Meinem Gast?», sagte er. «Ich habe keinen Gast!»

«Ist er schon wieder abgereist?», erkundigte ich mich. «Neulich auf dem Bahnhof hat er recht blass ausgesehen. Unser Sonnenschein hätte ihm vielleicht gutgetan.»

Jetzt erst begriff Jim Johnson, was ich meinte.

«Ach, *der*!», rief er. «Der ist nicht mal über Nacht hier geblieben. Er hat nur rasch einen Abstecher zu mir gemacht, um mir verschiedene Artikel zu verkaufen. Er ist Vertreter, Handelsreisender. Anstrengender Beruf, dauernd auf Achse, da sieht man schon mal blass aus.»

Ich wollte sagen, dass ich es seltsam fände, wenn ein Handelsvertreter ohne jedes Gepäck reiste, aber aus irgendeinem Grund sagte ich es nicht. Schließlich war Jim ein zuverlässiger Mann, ein ehrenwerter Bürger von El Peso; wenn er es nicht sonderbar fand, war es möglicherweise ganz in Ordnung.

Also verließ ich Mr. Johnsons Geschäft und kaufte eine Menge zu essen ein: elf Stück Apfelkäsekuchen – Chris würde vielleicht gern zwei Stück essen, überlegte ich –, zwanzig Doughnuts, ein halbes Pfund Popcorn, ein Pfund Marshmallows, zehn Cremeschnitten, ein halbes Pfund Bonbons und kleinere Mengen Schichttorte, Butterkekse und Blätterteiggebäck. Da ich nicht oft solche großen Partys gab, hatte ich nicht genug Teller, aber ich richtete alles sehr hübsch auf Aschenbechern und Suppentellern an. Was die Getränke betraf, so fand ich, es würde meinen Gästen sicher mehr Spaß machen, sie selber zu bestellen. Der Zimmerservice funktionierte bestens im «Ambassador», und jeder würde genau das kriegen, was er gern mochte.

Punkt vier klingelte mein Telefon.

«Können wir raufkommen?», fragte Chris aus der Hotelhalle.

Ich sah mit Wohlgefallen, dass alle Kinder ganz amerikanisch aussahen oder vielmehr dass sie offenbar schon zueinandergehörten. Keiner von ihnen wirkte «fremdartig» oder «auffällig». Vielleicht war es die Schuluniform, die sie alle trugen, die ihnen das einheitliche Gepräge gab. Mir gefielen die grauen Hemden der Jungen zu den kurzen Flanellhosen und auch die roten Kleider der Mädchen. Sogar die kleine Madeleine schien heute fröhlicher zu sein, obwohl sie immer noch sehr blass aussah. Beim Anblick meiner umfangreichen Essensvorbereitungen lächelte sie; das heißt, ihr Mund lächelte, während ihre schwarzen Augen ganz ernst blickten.

Betsy hatte den Arm um Madeleines Schultern gelegt. «Sie ist immer ein bisschen ängstlich», erklärte sie mir.

Chris, Rombout und Björn wanderten in meinem Apartment herum und erforschten seine Geheimnisse und verborgenen Möglichkeiten. Da – sie hatten mein Radio ausfindig gemacht! Phantastisch! Der Entdeckung folgte im Nu ohrenbetäubender Lärm: Sie versuchten auf der Kurzwelle Europa hereinzubekommen.

Iwan und Tschutschu steuerten direkt auf die Badezimmertür zu und öffneten sie.

«Ich hab's dir ja gesagt», meinte die kleine Tschutschu zu dem großen Iwan, «alle haben hier ein Badezimmer mit fließendem Wasser und einen Kühlschrank, in dem Licht brennt. Ja, wirklich! Alle haben so was!»

Sie sprach sehr schön Englisch.

Iwan konnte zumindest das wichtigste Wort unserer Sprache. «Okay!», sagte er.

George stand ganz für sich am Fenster und blickte auf die Straße hinunter. Sein blondes Haar war sorgfältig gekämmt, aber auf dem kräftig gewölbten Hinterkopf stand ein Haarbüschel widerspenstig ab. Seine graue Silhouette sah irgendwie einsam und verloren aus.

«Warum kommst du nicht zu uns?», fragte ich ihn. «Willst du nicht auch mal dein Glück am Radio versuchen?»

«Vielen Dank, Madam», sagte er höflich. «Ich denke, die kommen schon ohne mich zurecht.»

Das hörte sich nicht arrogant, sondern etwas traurig an. Der fröhliche Lärm, den Chris, Rombout und Björn vollführten, mischte sich mit dem Kreischen und Pfeifen des gemarterten Radios.

George sah zu ihnen hinüber – voller Neid, fühlte ich. Er war kleiner als die drei, der weitaus kleinste der Jungen. Außerdem waren sein britischer Akzent und seine etwas zu glatten Umgangsformen wahrscheinlich keine Empfehlung für ihn bei der «Gang». Und obwohl er der Einzige unter den Neuankömmlingen war, der unsere Sprache vollkommen beherrschte, wirkte er hier fremder und einsamer als selbst die kleine Madeleine oder die exotische Tschutschu.

«Komm, George», sagte ich, «wir wollen jetzt Tee trinken.»

Das Wort «Tee» belebte George wie ein Zauber.

«Echten Tee?», fragte er lebhaft. «Ich wusste nicht, dass ihr hier drüben echten Tee habt!»

Der Zimmerkellner erschien, um die Bestellungen meiner Gäste entgegenzunehmen. Chris wollte einen Schokomilchshake und eine Cola, Betsy wählte den Eisbecher mit Früchten und Schlagsahne, der anspruchsvollen El-Pesoniern als «Ambassador-Clou» bekannt ist; außerdem bestellte sie eine heiße Schokolade für Madeleine. George, Iwan und Tschutschu wollten ihren Tee, Björn und Rombout entschieden sich für Kaffee. Ich wünschte einen Orangensaft.

Der Kellner schien mit unseren Bestellungen nicht ganz zufrieden zu sein.

«Sagten Sie nicht, dass Sie neun Gäste erwarten?», fragte er.

«Ja, gewiss!», erwiderte ich. «Sind es denn nicht neun?»

Aber ein Gast fehlte, Nelson. Ich entdeckte es erst jetzt.

«Mein Gott, Chris», rief ich, «was ist mit Nelson?»

Christopher war etwas verlegen.

«Der ist verrückt!», knurrte er. «Er sagte, er wäre müde oder so was. Müde mitten am Tag! Mach dir seinetwegen keine Gedanken!»

Ich machte mir keine, oder doch fast keine.

Der Kuchen und das Naschzeug waren ein großer Erfolg, doch ich fürchte, der türkische Honig reichte nur knapp. Kaum vorstellbar, wie schnell ein ganzes Pfund von diesem Zeug verschwinden kann, wenn sich acht Kinder darauf stürzen. Aber wir hatten ja noch eine Menge anderer Sachen. Und ich glaube, Björn drückte nur die allgemeine Meinung aus, wenn auch in seinem eigenen individuellen Englisch, als er sagte: «Diese Party ist ziemlich fabelhaft; zu essen gibt es schon reichlich und alles viel geschmackvoll.»

Er bemühte sich sehr, die richtigen Worte zu finden oder was er für die richtigen Worte hielt. Sein Gesicht unter der flachsblonden Mähne war ganz rot, vielleicht von der Anstrengung oder vielleicht auch, weil er so viel gegessen hatte.

Auch George war jetzt viel heiterer. Er tauschte mit Iwan und Tschutschu seine Ansichten über den Tee aus; alle drei Teetrinker saßen an meinem Schreibtisch, und dort entdeckte George ein gerahmtes Foto von Präsident Roosevelt und Premierminister Churchill, das bei der Atlantik-Konferenz aufgenommen worden war.

«Oh», sagte er leise, wie zu sich, «da ist ja Winnie!», und Iwan und Tschutschu erklärte er: «Das ist unser Premierminister Mr. Churchill – ach, bin ich froh, ihn zu sehen!»

Er sah so glücklich aus, wie Björn angesichts unserer Berge ausgesehen hatte, die «sehr schön, viel wie Norwegen» waren. Winnies bloßer Anblick bewirkte offenbar, dass George sich heimisch fühlte.

Ich unterhielt mich auf Französisch ein bisschen mit Madeleine und fragte sie, ob sie in der Neuen Welt schon Freunde gefunden habe.

«Betsy ist meine Freundin!», verkündete Madeleine auf englisch. «Außerdem», setzte sie auf Französisch hinzu, «sind alle Mädchen in meinem Zimmer meine Freundinnen, sie wissen es nur noch nicht, ich kann es ihnen nicht sagen.»

Betsy lachte.

«Weißt du, was ein Mädchen sie neulich gefragt hat?», sagte sie. «Es war Fanny Middlefog – du erinnerst dich doch an Fanny, nicht wahr? Also Fanny fragte sie, wie sie von Frankreich herübergekommen ist, mit dem Schiff oder mit dem *Zug*! Was sagst du dazu: mit dem Zug, quer über den Ozean!»

Auch Madeleine lachte, und diesmal lachten sogar ihre Augen mit.

Chris kam und meldete, dass fast alles aufgegessen sei.

«Es sind nur noch ein paar Cremeschnitten übrig», erklärte er. «Die verputzen wir vielleicht später. Im Augenblick sind wir nudelsatt.»

Ich versicherte eilig, niemand müsse sich zu etwas zwingen. «Und was wollt ihr jetzt anfangen?», erkundigte ich mich.

Niemand schien das so recht zu wissen. Doch dann hatte Betsy eine hervorragende Idee.

«Könnten wir nicht Geschichten erzählen?», schlug sie vor. «Ich meine, könnten nicht ein paar von den Neuen uns von ihrer Reise hierher erzählen und was sie zu Hause erlebt haben und wie es ist, wenn man bombardiert und vom Feind besetzt wird und – na, ihr wisst, was ich meine.»

Die Idee gefiel offenbar allen, aber keiner wollte den Anfang machen. Alle redeten durcheinander, jeder forderte die anderen auf, sich doch nicht so zu haben und alles von sich zu erzählen, jetzt gleich.

Während die Diskussion weiterging, schnitt ich ein Blatt Papier in sechs verschieden lange Streifen.

«Wie wär's mit Losen?», fragte ich. «Jeder zieht einen Streifen, und derjenige, der den längsten zieht, hat gewonnen und erzählt als Erster seine Geschichte. Der mit dem zweitlängsten erzählt als Nächster und der mit dem drittlängsten als Dritter. Einverstanden?»

«Gibt es auch Preise?», fragte Chris.

«Selbstverständlich», erklärte ich, obwohl ich daran überhaupt noch nicht gedacht hatte. «Es gibt ... Kriegssondermarken: eine Ein-Dollar-Marke für den Gewinner, eine Halbdollar-Marke für den Zweiten und eine Dreißig-Cent-Marke für den Dritten. Außerdem zwei Sonderpreise für die Schiedsrichter. Denn wir brauchen zwei Schiedsrichter, die entscheiden, welche Geschichte die beste war. Wie ist's mit euch, Chris und Betsy? Wärt ihr freundlicherweise bereit, Schiedsrichter in diesem internationalen Wettbewerb zu sein?»

Chris und Betsy waren freundlicherweise bereit, und das Spiel begann.

Ich war ein bisschen nervös bei dem Gedanken, die kleine

Madeleine könnte den längsten Streifen ziehen, denn sie war sicher nicht imstande, auf Englisch eine Geschichte zu erzählen. Sogar für Björn würde es ganz schön schwierig werden, falls er unter den Gewinnern war. Aber zum Glück gehörten beide nicht dazu.

Als wir die Streifen miteinander verglichen, stellte sich heraus, dass Rombout den längsten gezogen hatte, Iwan den zweit- und George den drittlängsten.

«Das wäre also entschieden», sagte ich. «Wie lang sollen unsere Geschichten sein?»

In seiner Eigenschaft nicht nur als Schiedsrichter, sondern auch als Vorsitzender des Komitees für Auslandsfragen fühlte sich Christopher jetzt aufgerufen, eine Empfehlung zu geben.

«Ich schlage vor, jeder spricht zehn Minuten lang», sagte er.

Sein Vorschlag wurde von Betsy unterstützt, und alle, die dafür waren, wurden gebeten, die rechte Hand zu heben.

«Vorschlag einstimmig angenommen», erklärte Betsy befriedigt.

Wir bildeten einen Halbkreis rings um Rombout, der auf meinem Schreibtisch saß, dem höchsten Möbelstück im Raum und deshalb als Podium geeignet. Iwan und George, die beiden nächsten Erzähler, hockten vor Rombout auf dem Fußboden, während wir Übrigen alle verfügbaren Stühle besetzt hatten.

Dann führte Chris den Erzähler in aller Form ein: «Mit großem Stolz und mit großer Freude stelle ich euch hier jemanden vor, der diese Vorstellung kaum nötig hat: unseren Freund Rombout, der euch von seiner Heimat den Niederlanden berichten wird.»

Ohne sich von meinem Schreibtisch zu erheben, machte Rombout eine kleine Verbeugung, und nach einer kurzen Pause begann er mit seiner Geschichte.

6. KAPITEL

ROMBOUTS GESCHICHTE

«Wir waren vier», sagte Rombout, und seine hellen Augen blickten über unsere Köpfe hinweg ins Leere, «Vater, ich, mein kleiner Bruder Jan und natürlich Mutter. Wir lebten in Rotterdam. Es kommt mir so vor, als ob das schon schrecklich lange zurückliegt und sehr weit weg ist, aber gleichzeitig ist mir das alles ganz gegenwärtig; ich sehe es vor mir, als ob es in diesem Augenblick geschieht. Wir wollten Mutters Geburtstag feiern, wisst ihr. Der war am 10. Mai, und da machten wir immer eine große Feier. Vater und ich standen um fünf Uhr morgens auf, um die Geschenke heimlich aufzubauen und den Frühstückstisch festlich zu decken. Wir bereiteten auch immer ein großes Frühstück mit Fleischklößen, kaltem Aufschnitt, warmem Fisch, sechs verschiedenen Sorten Brot, Rosinenkuchen und Kaffee zu. Diese Mahlzeit ist etwas typisch Niederländisches; sie heißt ‹Kaffeetisch› und wird für gewöhnlich nicht zum Frühstück eingenommen. Aber Mutter liebte sie so, dass wir sie immer am Morgen ihres Geburtstages damit überraschten. Es war der 10. Mai 1940 – den Tag vergesse ich nie, und wenn ich hundert Jahre alt werde.

Vater und ich waren in der Küche und kochten. Wir hatten unser kleines Radio angestellt. Es muss gegen halb sechs gewesen sein, da hörte die Musik plötzlich auf, und es wurde eine Sondermeldung verlesen. Die Nazis hatten mit der Invasion der Niederlande begonnen. Vater wollte es nicht glauben. ‹Unsinn›, rief er, ‹blanker Unsinn! Wir sind ein neutrales Land! Außerdem sind die Deutschen doch nicht wahnsinnig. Sie werden sich's zweimal überlegen, ehe sie die Niederlande angreifen!›

Von dem Lärm wachte Mutter auf und kam in ihrem Morgenmantel und in Hausschuhen in die Küche gestürzt. ‹Ist irgendwas passiert?›, fragte sie, als sie Vaters zorniges und erschrecktes Gesicht sah. Ich stand am Radio und versuchte, weitere Nachrichten hereinzukriegen. Das gelang mir. Ich weiß nicht, ob es ein deutscher Sender war oder ob die Nazis schon welche von unseren Sendern besetzt hatten, jedenfalls hatte der Sprecher einen starken deutschen Akzent. Er sagte: ‹Deutsche Fallschirmjäger sind soeben auf dem Flugplatz von Rotterdam gelandet. Dieser strategische Punkt mit all seinen Einrichtungen ist in deutscher Hand!› Vater wurde ganz bleich.

‹Unsinn›, wiederholte er. ‹Unser Flugplatz ist gut verteidigt. Das ist nur eine Finte, ein Trick, um uns durcheinanderzubringen und unsere Regierung zu ein paar Konzessionen zu bewegen. Wir sind nicht im Krieg mit Deutschland. Warum, zum Teufel, sollten also Deutsche über unserm Flugplatz abspringen?›

Aber Mutter begriff sofort, dass sich etwas Schreckliches abspielte. ‹Hast du denn nicht gehört?›, sagte sie. ‹Sie haben es getan – sie tun es; sie sind nur noch ein paar Meilen entfernt.›

Ich war furchtbar aufgeregt, doch ich hatte überhaupt keine Angst. Denn ich wusste, unsere Soldaten sind sehr tapfer, und selbst wenn ein Haufen wahnsinniger Nazis auf dem Flugplatz gelandet war, würde man sehr schnell mit ihnen fertig werden. Ich wusste auch, durch unser Tiefland laufen Hunderte von Kanälen, und wenn wir alle Schleusen öffneten und das ganze Land überfluteten, würde es der Feind sehr schwer haben, mit seinen Panzern durchzukommen. Ich war damals gerade neun. Als die Nazis den Krieg gegen Polen anfingen, im September neununddreißig, war ich erst acht. Und Polen ist auch nicht weiter von den Niederlanden entfernt als, sagen wir mal, Kansas City von New York. Und wenn in Kansas City ein schrecklicher Krieg wütete, würden das die Jungen in New York bestimmt wissen und sich sehr dafür interessieren. Also wusste ich schon eine ganze Menge über den Nazikrieg gegen Polen, und ich war sehr traurig, als die Polen ihn verloren. Sie hatten nichts getan, um Hitler gegen sich aufzubringen, und sie hatten sich tapfer verteidigt. Ich war auch traurig, dass die Nazis gewonnen hatten, denn die Nazis waren unsere Nachbarn, und viele Leute glaubten, wir stünden als Nächste auf ihrer Liste. Aber wie auch immer: *Uns* würden sie nie schlagen! Wir würden noch tapferer kämpfen als die Polen. Außerdem hatten wir ja unsere Kanäle.

An jenem Morgen kochten wir unser Geburtstagsfrühstück nicht fertig. Mutter warf nicht mal einen Blick auf ihre Geschenke. Die Blumen auf dem Tisch schienen fehl am Platz. In den nächsten paar Stunden gelang es uns nicht, weitere Nachrichten hereinzubekommen.

Ich ging hinaus auf die Straße. Alles sah ganz normal aus,

nur dass mehr Leute als sonst zu dieser frühen Stunde draußen waren. Unsere Nachbarn standen in kleinen Gruppen zusammen. ‹Alles in Ordnung!›, hörte ich sie sagen. ‹Fallt doch nicht auch auf diese dummen Gerüchte über unsern Flugplatz rein. Dahin kommen die Nazis nie!› Ich war sehr stolz.

Allmählich sickerten aber mehr Nachrichten durch. Man wurde nicht schlau daraus, aber sie klangen gar nicht gut. Offenbar waren die Kanäle nicht geöffnet worden; es hatte da irgendein Missverständnis gegeben. Die Nazis rückten unaufhaltsam vor; und sie kriegten anscheinend Hilfe von niederländischen Nazis und sogenannten ‹deutschen Touristen› und allen möglichen schmutzigen Verrätern.» Rombout holte tief Atem. Seine hellen Augen wurden beinahe schwarz vor Zorn, als er von diesen Verrätern sprach.

«In den nächsten paar Tagen passierte scheinbar nicht viel in Rotterdam», sagte er dann, «wenigstens erfuhren wir nicht viel. Der Flugplatz war von den Nazis eingenommen worden, aber kurz darauf hatten wir ihn zurückerobert, und die Nazi-Fallschirmjäger waren nie in die eigentliche Stadt gelangt. Trotzdem wurde uns immer klarer, dass der Krieg einen schlimmen Verlauf nahm. Meine Mutter weinte. Ich hatte sie noch nie vorher weinen sehen. Auch Jan weinte, dabei wusste er gar nicht, was los war; er war erst vier. ‹Wenn wir nur fortkönnten!›, sagte meine Mutter.

Mein Vater wurde sehr böse, als sie das sagte. ‹Ich kämpfe in den Straßen Rotterdams!›, erklärte er immer wieder. ‹Aus diesem Haus mache ich eine kleine Festung.›

Ich war eigentlich froh, denn es würde bestimmt sehr spannend und aufregend werden. Natürlich war es schlimm, dass Mutter immer wieder weinte. Vielleicht ist sie nur traurig, weil ihr der Geburtstag verdorben wurde, dachte ich.

Eines Tages nahm mich Vater auf eine kleine Expedition mit, wie er es nannte. Es könnte so was wie eine Belagerung geben, sagte er, und wir sollten uns vorsichtshalber mit haltbaren Nahrungsmitteln versorgen, mit allem, was wir auftreiben könnten, Konserven, Keksen, Kartoffeln und so weiter. Ich sollte ihm die Sachen tragen helfen. Wir fuhren per Rad los. Bei uns hat jeder ein Rad, müsst ihr wissen; in den Niederlanden ist das Rad das Hauptverkehrsmittel. In unserm Viertel waren die Läden so ziemlich ausverkauft, also radelten wir eine ganze Strecke und entfernten uns immer weiter von zu Hause. An einer Verkehrsampel sagte ein Polizist zu uns: ‹Man hat uns ein Ultimatum gestellt. Wir sollen kapitulieren!› Ich wusste nicht, was ein Ultimatum war, aber da es mit Kapitulation zu tun hatte, musste es etwas gegen die Ehre sein, etwas, was wir nie unterstützen würden. Vater dachte genauso.

‹Schämen Sie sich nicht?›, schrie er den Polizisten an. ‹Sie, ein Staatsbeamter, nehmen dieses unaussprechliche Wort in den Mund? Unsere Soldaten kämpfen überall; wir haben Hunderte von Flugzeugen, die uns schützen! Es sind zwar ein paar Fehler gemacht worden, aber im Ganzen läuft doch alles gut.›

‹Fehler?› Der Polizist zuckte die Achseln. ‹Es war Verrat im Spiel!›, sagte er bedrückt.

Etwa zehn Minuten später hörten wir ein furchtbares Dröhnen. Flugzeuge, Wellen von Flugzeugen, viele Dutzend Flugzeuge erschienen am Himmel.

‹Da!› Vaters Stimme klang ungeheuer erleichtert. ‹Da sind wir – zumindest unsere Jäger!›

Aber es waren keine Jäger, und es waren auch nicht unsere. Es waren Nazibomber.

Ich glaube, das grauenvolle Geräusch – ein Geräusch, das man nicht beschreiben kann, weil es sich aus so vielen ohrenbetäubenden Geräuschen zusammensetzt – hielt höchstens vier oder fünf Minuten an, da brannte schon die ganze Stadt. Wohin man sah, nur Feuer, Feuer, Feuer! Wir sprangen von den Rädern und standen mitten auf der Straße, starrten wie hypnotisiert zum Himmel hoch. Rings um uns rannten schreiende Menschen. Am Ende der Straße standen ein paar Häuser in Flammen, aber ich weiß jetzt, die hatten nur Brandbomben abbekommen. Denn als ziemlich dicht bei uns die erste Sprengbombe fiel, wurden wir einfach weggefegt – wir segelten richtig durch die Luft und landeten ein paar Meter von der Stelle entfernt, wo wir gestanden hatten. Ich kriegte einen furchtbaren Schock, und ich weiß nicht genau, was zwischen diesem Augenblick und ... na – und später passiert ist.»

Er schluckte und drückte die rechte Hand an die Stirn, als spüre er den Schock selbst jetzt noch.

«Man kann das Geräusch nicht beschreiben», fuhr er fort, «und man kann auch das Übrige nicht beschreiben. Später erfuhr ich, dass der eigentliche Luftangriff etwas über dreißig Minuten dauerte, aber hätte man mir gesagt, er hat dreißig Stunden gedauert, wäre ich nicht überrascht gewesen. Eine Stadt – eine große, schöne Stadt wie Rotterdam – kann doch nicht innerhalb von dreißig Minuten zerstört, vollständig in Schutt und Asche gelegt werden! Man kann doch nicht dreißigtausend Menschen in dreißig Minuten umbringen! Oder?

Wir bluteten beide, Vater am Kopf und ich an der linken Schulter. Aber es tat nicht weh, und wir wussten nicht, was uns getroffen hatte. Wahrscheinlich ein paar Splitter. Wir wollten nur nach Hause. Unsere Räder nützten uns nichts mehr; man kann nicht über Steinhaufen und über Verwundete hinwegfahren. Wir kletterten, wir fielen hin, wir sprangen. Aber Vater wollte nicht, dass ich mein Fahrrad einfach liegenließ. ‹Die Räder brauchen wir noch›, rief er, ‹die müssen wir mitnehmen.›

Er hatte ganz recht. Ohne die Räder hätten wir nicht fliehen können. Wir hätten an jenem Julitag nicht losfahren können und wären nie durch Belgien und dann durch das besetzte Frankreich zur unbesetzten französischen Mittelmeerküste gelangt. Denn dahin fuhren wir, Vater und ich, und dort verkrochen wir uns in allen möglichen Verstecken, bis uns schließlich diese hilfsbereiten Amerikaner entdeckten und uns in die Vereinigten Staaten brachten.»

Wieder schluckte er. Es entstand eine lange Pause. Dann fragte Chris mit ziemlich heiserer Stimme: «Und Jan und deine Mutter, was ist aus denen geworden?»

Rombout sah nicht zu Chris hin, und es hörte sich auch nicht so an, als seien seine Worte die Antwort auf Chris' Frage. «Mutter ist am Abend gestorben», sagte er. «Sie lebte noch, als wir sie fanden. Jan war tot. Sie hielt ihn im Arm, als wäre er noch am Leben, aber er war tot. Das Haus war über ihnen zusammengestürzt, erzählte man uns im Krankenhaus. Wir konnten das Haus nicht mal finden. Die ganze Straße und alle Straßen ringsum gab es nicht mehr. Der Arzt sagte, er könne Mutter nicht helfen. Aber sie hat keine großen Schmerzen, sagte er. Nicht mehr. Er hatte ihr etwas gegeben, was sie ruhig machte. Ja, sie war ganz ruhig und sehr, sehr müde. Als sie mich zum Abschied küsste, lächelte sie. Seit dem 10. Mai hatte ich dieses Lächeln nicht mehr gesehen. Aber nun lächelte sie, obwohl ihr die Tränen über das Gesicht liefen. Das Sprechen fiel ihr schwer, und ich wollte auch nicht, dass sie sprach, aber sie tat es trotzdem. ‹Sei nicht zu traurig›, sagte sie, ‹weine nicht, sei tapfer. Kannst du mich verstehen? Ich will, dass du zornig bist, nicht traurig, und ich will, dass ihr beide fortgeht, weit fort, du und Vater. Du bist jetzt alles, was er hat. Sei gut, versprich mir das.›

Ich versprach es. ‹Ich werde kämpfen!›, sagte ich. Ich konnte nichts anderes denken, so sinnlos es auch war. Aber sie verstand, was ich meinte. ‹Die werden geschlagen›, sagte sie, immer noch lächelnd, ‹die kriegen ihre Strafe.›»

Auch Rombout lächelte, obwohl seine hellen Augen von Tränen verschleiert waren. «Die kriegen ihre Strafe!», wiederholte er.

Er glitt von meinem Schreibtisch und setzte sich zwischen George und Iwan auf den Fußboden.

7. KAPITEL
IWANS GESCHICHTE

Es war sehr still im Zimmer. Keinem von uns war nach Sprechen zumute. Selbst Chris schien nicht geneigt, seinen Pflichten als Vorsitzender nachzukommen. Als das Schweigen eine Weile angedauert hatte, hielt es Iwan für das Beste, nicht auf eine Einführung zu warten, sondern gleich mit seiner Geschichte zu beginnen.

Er erhob sich langsam, setzte sich aber nicht auf meinen Schreibtisch, sondern lehnte sich nur dagegen, das Gesicht unserm Halbkreis zugewandt, die Hände auf dem Rücken verschränkt.

«Ich weiß nicht», sagte er achselzuckend, «ehrlich, ich weiß nicht, wo ich mit meiner Geschichte anfangen und wo ich aufhören soll. Sie ist sehr lang, und Russland ist so ein riesiges Land, und ...»

Er stockte, lächelte entschuldigend und strich sich eine widerspenstige Haarsträhne aus der breiten Stirn.

«Vielleicht sollte ich euch einen Brief vorlesen», fuhr er dann fort. «Er stammt von meinem Vater. Mein Vater ist Frontsoldat. Es ist der erste Brief, den ich seit Kriegsbeginn von ihm bekommen habe. Vielleicht wollt ihr ihn hören.»

Iwan hatte zwar keine richtige Frage gestellt, aber seine

Stimme setzte ein Fragezeichen hinter diesen letzten Satz. Und erst als er sah, dass wir alle eifrig nickten, fasste er in die Tasche seiner grauen Flanellhose und zog einen Brief hervor, den er hundertmal gelesen haben musste, denn der sah so zerknittert und zerrissen und vergilbt aus wie ein Blatt im Herbst.

«Vater schreibt: ‹Lieber Iwan! Ich schreibe das hier in einem kleinen Dorf, das wir gerade von den Nazis zurückerobert haben. Ich schreibe auf Englisch, um dem amerikanischen Zensor die Arbeit zu erleichtern. Gut, dass ich Englisch kann, und noch besser, dass ich es Dir beizubringen versucht habe, als Du noch sehr klein warst. Weißt Du noch, wie Du Dich dagegen wehrtest, alle diese fremden Wörter zu lernen? Du wolltest auch nicht glauben, dass es auf der Welt Hunderte Millionen Menschen gibt, die Englisch sprechen. ‹Das tut doch niemand freiwillig!›, hast Du immer gesagt ...›»

Iwan blickte von seinem Brief auf.

«Es stimmt», gab er zu, «aber damals war ich eben noch *sehr* klein. Vater ist Ingenieur, müsst ihr wissen; er hat eine Zeitlang in England studiert, und er wollte immer, dass ich Englisch lerne. Ich begriff nicht, warum; die Sprache passte irgendwie nicht in meinen Mund. Jetzt bin ich froh, dass er mich dazu gezwungen hat. Es wäre doch grauenvoll, wenn ich nicht mal mit euch reden könnte ...»

Ohne dass wir es bemerkt hatten, war es draußen dunkel geworden. Iwan hätte den ersten Absatz im Brief seines Vaters kaum lesen können, hätte er ihn nicht praktisch auswendig gewusst.

Chris stand auf und knipste meine Schreibtischlampe an. Ihr Licht, das Iwans Gesicht von unten erhellte, ließ seine breiten Backenknochen noch breiter erscheinen und kerbte kleine Schattenlöcher in seine Wangen.

«Vielen Dank», sagte Iwan.

Dann las er weiter:

«Nun, da Du in Amerika bist, wirst Du all die Wörter aussprechen, die ich Dir in Deinen sturen Schädel gehämmert habe, und Du wirst noch viel mehr lernen. Ich bin froh, Iwan, dass Du entkommen konntest, und Mutter schrieb mir, dass Du sehr tapfer warst.‹

Mutter hat ihm das nur aus Schweden geschrieben, um ihm eine Freude zu machen», schaltete Iwan erklärend ein. Seine Augen hingen immer noch an dem Brief. «Aber es ist ganz dumm; ich hätte es nicht laut vorlesen sollen. Mutter und ich mussten nämlich fliehen», sagte er aufblickend, «nachdem die Nazis unser Dorf besetzt hatten.

Viel haben sie da nicht erobert, das könnt ihr mir glauben. Denn wir würden nie zulassen, dass dem Feind irgendetwas in die Hände fällt, das ihm bei seinem schmutzigen Krieg helfen könnte. Als wir wussten, das Dorf war nicht mehr zu halten, steckten wir es in Brand. Es lag hoch oben im Nordwesten Russlands, unser Dorf, und eigentlich gab es keinen Ort, wohin wir hätten flüchten können; die Nazis waren anscheinend überall. Aber irgendwie gelang es uns, uns nach Finnland durchzuschlagen, das aber natürlich auch ein feindliches Land ist. Doch da Mutter etwas Deutsch spricht und ich immer den Mund hielt, merkten die Finnen nicht, dass wir Russen waren, und ließen uns in Ruhe. Wir wanderten wochenlang zu Fuß, hin und wieder fuhren wir per Anhalter, und immer wieder mussten wir uns verstecken. Aber schließlich erreichten wir das neutrale Schweden. Mutter hat dort eine alte Tante, bei der blieb sie, und ich wurde vom amerikanischen Akobekall-Komitee hierhergebracht. Also, Vaters Brief geht so weiter: ‹Es ist Euch sicher nicht leichtgefallen, unser Haus zu verbrennen. Aber Mutter sagt, Du hast eingesehen, dass es notwendig war. Du hattest die alte Kabache gern, nicht wahr? Und Du mochtest auch Lisaweta und Pjotr und Alexej und die anderen. Ich wüsste gern, ob Ihr einen von ihnen mitnehmen konntet. Mutter erwähnt sie nie in ihren Briefen ...›»

Iwan räusperte sich.

«Sie sind natürlich alle tot», sagte er. «Da wir sie nicht mitnehmen konnten, mussten wir sie töten. Lisaweta war die beste Kuh, die ihr je gesehen habt, Pjotr und Alexej waren unsere Hunde; unter den Nazis wären sie glatt verhungert. Wir gaben uns große Mühe, ihnen nicht weh zu tun, als wir sie töteten. Dann haben wir eine Menge Benzin über Lisaweta geschüttet, damit sie zu Asche verbrennt und der Feind sie nicht essen kann. Überall im Haus habe ich literweise Benzin ausgegossen; es brannte wie Zunder, als wir alles ansteckten. Wir waren sehr traurig und sehr zornig, als unser Haus herunterbrannte, aber zugleich waren wir auch froh, dass die Nazis es nicht kriegten. Sie kriegen gar nichts! Wollt ihr den Brief zu Ende hören?»

Wir nickten.

Iwan las weiter.

«‹Nach dem Krieg bauen wir uns ein neues Haus, Iwan, ähnlich wie das alte, nur größer und schöner, und niemand wird uns mehr zwingen, es in Brand zu stecken. Denn die Nazis werden geschlagen, und sie werden ihre gerechte Strafe kriegen. Unsere Soldaten kämpfen mit Mut, Begeisterung und Zähigkeit und mit heiligem Zorn. Und sie fühlen, dass wir nicht nur für Russland allein kämpfen, sondern dass wir jeden einzelnen anständigen Menschen auf der Erde von dem Feind befreien müssen, der wahrhaftig der Feind der ganzen Menschheit ist. Du kannst stolz sein auf unsere Soldaten, Iwan; das sollst Du wissen.

Es ist ein langer Brief geworden, und dabei habe ich Dir noch fast gar nichts von mir erzählt. Was gibt's da schon zu erzählen? Wir kämpfen, das ist alles. Bei unserem letzten großen Angriff haben wir viele amerikanische Panzer eingesetzt. Sie sind wie riesige, schöne, gefährliche Tiere – schön, weil sie für den Feind gefährlich sind. Während ich dies hier schreibe, kreisen einige amerikanische Tomahawks über uns. In meinen Ohren ist ihr Brummen ein wohlklingendes Lied, das unsere amerikanischen Freunde und Alliierten für uns singen. Wenn ich mich anstrenge, höre ich sogar Deine Stimme in dem Chor. Du sprichst und summst natürlich auf Russisch. Du sagst: Ich bin weit weg, und trotzdem bin ich bei dir! Ich denke an dich und an Russland und an unsern Kampf und unsern Sieg! Ich kann deutlich hören, wie Du das sagst, Iwan. Hoch oben am Himmel sagst Du das. Deine Stimme vermischt sich mit dem Dröhnen der amerikanischen Motoren. Daneben höre ich viele amerikanische Stimmen, und sie alle sagen: Sieg!

Bis bald, Iwan. Sicherlich bist Du jetzt viel größer als damals, als ich Dich zum letzten Mal gesehen habe, und vielleicht sogar ein klein bisschen weniger dumm. Erinnerst Du Dich noch an den Tag, als ich an die Front ging und Du weintest – nicht so sehr, weil ich fortmusste, sondern weil Du mitkommen und kämpfen wolltest? Dummer großer Bär

Iwan! Sei brav und benimm Dich gut. Du bist ein russischer Junge. Sorg dafür, dass Deine amerikanischen Freunde Dich leiden mögen, dann tust Du etwas für Dein Land. Grüße sie ganz herzlich von mir, ja? Aber vor allem sei Du gegrüßt. Alle meine Gedanken an Dich sind in diesem Brief.»‹

Iwan sprach leiser.

«Die Unterschrift ist russisch», sagte er. «Es ist komisch, aber sie gefällt mir am besten von dem ganzen Brief. Sie lautet: ‹Ljubjaschtschij tebja otjetz.›»

Iwans Stimme klang ein wenig verschleiert, als er die russischen Worte sprach, ohne sie ins Englische zu übersetzen. Sie bedeuten: «In Liebe Dein Vater», aber Iwan sagte das nicht. Er ließ sie einfach in der Luft schweben wie eine zärtliche Melodie.

«Danke schön!», sagte er leise. Es war nicht ganz klar, ob er uns dafür dankte, dass wir ihm zugehört hatten, oder ob er seinem Vater an der Front für den englischen Brief mit der russischen Unterschrift dankte.

8. KAPITEL

EIN WEITERER GAST ERSCHEINT; GEORGE ERZÄHLT SEINE GESCHICHTE

Iwan lehnte immer noch am Schreibtisch, als das Telefon läutete.

Chris nahm den Hörer ab.

«Ach, du bist's!», sagte er. «Klar, komm rauf!»

Ich erschrak ein wenig. «Wen hast du denn jetzt eingeladen?», fragte ich.

Chris' Ohren wurden rot, wie immer, wenn er verlegen war.

«Es ist Nelson», erklärte er. «Du hast ihn doch eingeladen, nicht wahr?»

Kurzes Klopfen an der Tür, und bevor irgendjemand hatte Herein! sagen können, trat Nelson ein. Er trug einen dunkelblauen Anzug mit langen Hosen, in dem er recht erwachsen aussah, fast wie sein Vater, Präsident Sheepbot. Er knipste die Deckenlampe an, und seine blassen, wässerigblauen Augen sogen schläfrig das Bild ein, das sich ihm bot.

«Was ist denn hier los?», fragte er. «Führt ihr Scharaden auf?»

«Nett, dass du schließlich doch noch aufkreuzt und nicht zu müde warst», sagte Betsy statt einer Antwort.

Nelson tat, als habe er das nicht gehört.

«Tut mir leid, dass ich zu spät komme», sagte er, «aber mein alter Herr hat im Werk eine Rede gehalten und wollte, dass ich mit dabei bin.»

Das klang ziemlich eitel und nicht ganz überzeugend. «Natürlich», sagte Chris ironisch, «ohne dich wäre es gar nicht gegangen. Na, Schwamm drüber.»

Iwan hatte seinen Platz auf dem Fußboden wieder eingenommen. Doch George schien vergessen zu haben, dass er jetzt an der Reihe war, und rührte sich nicht.

«Setz dich, Nelson», sagte Betsy, «hier auf diesen Stuhl; Madeleine kann bei mir sitzen.»

Die kleine Madeleine sah noch kleiner aus, als sie sich jetzt beinahe wie ein Baby an Betsy schmiegte.

Nelson setzte sich.

«Wir erzählen uns Geschichten», erklärte ihm Chris. «Rombout hat uns seine erzählt, und Iwan hat uns einen Brief von seinem Vater vorgelesen. Jetzt ist George an der Reihe. Fertig, George?»

Keine Reaktion.

«Was für Geschichten denn?», fragte Nelson, ohne seinen Mund richtig aufzumachen. «Etwa langweilige Märchen?»

Die meisten von uns lachten.

Nur Tschutschu, die zwischen Nelson und Rombout saß, blieb ernst.

«Wahre Geschichten», sagte sie und sah Rombout dabei an, «sehr wahre Geschichten!»

Nelson fischte ein Stück Kaugummi aus seinem Mund und drückte es an die Lehne von Björns Stuhl, genau hinter dessen Schultern. Björn drehte sich um.

«Was hast du da gemacht?», fragte er neugierig und betrachtete den klebrigen Gummi. «Er klebt. Wenn ich mich zurücklehne, klebt er an meinem Hemd.»

Nelson lachte verächtlich.

«Natürlich klebt er!», kicherte er. «Deshalb habe ich ihn ja da festgemacht. Du brauchst dich doch nicht zurückzulehnen, König Haakon, nicht wahr?»

Björn errötete ein wenig.

«Du bist gar nicht komisch», sagte er wütend. «Es ist nicht komisch, sich über den König von Norwegen lustig zu machen.»

Nelson gähnte.

«Dafür bist du *sehr* komisch», sagte er. «Du bist wirklich irrsinnig komisch.»

Björn erhob sich von seinem Stuhl. Er war ein ganzes Stück kleiner als Nelson, aber offensichtlich entschlossen, sich nicht mehr dumm kommen zu lassen.

«Beweg deinen Kaugummi weg!», forderte er mit fester Stimme. «Beweg ihn sofort weg!»

Trotz Björns sonderbarer Wortwahl lachte Nelson jetzt nicht. Schweigend nahm er seinen Kaugummi ab, und ohne Björn weiter zu beachten, steckte er den Gummi wieder in den Mund.

Chris ignorierte den Zwischenfall. Er stand auf und stellte «unseren britischen Freund George» vor.

Doch unser britischer Freund zögerte. Er trat an die Längsseite des Schreibtischs und ließ, halb von uns abgewandt, seine Blicke durch das Zimmer schweifen, bis sie schließlich auf Winston Churchills Porträtfotografie haftenblieben, so als landeten sie nun in einem geschützten Hafen.

«Also gut», sagte er mit heller, entschlossener Stimme. «Fangen wir an.

Zuerst wollte ich England nicht verlassen», begann er seine Geschichte. «Dabei gab es wirklich keinen Ort, wo ich hingehörte, und auch keine Menschen, zu denen ich gehörte. Mein Vater ist in der Royal Air Force. Er ist Geschwaderführer. Deshalb ging Mutter ebenfalls zur Air Force. Sie ging zu den WAFs, zur Women's Air Force. Aber Mutter fliegt nicht selbst. Sie horcht an einem schrecklich komplizierten Apparat und hilft feindliche Flugzeuge abfangen. Sie und Vater sind auf demselben Flugplatz stationiert. Wenn Mutter meldet, dass Jerry im Anflug ist, steigt Vaters Geschwader auf, um mit ihm zu kämpfen. Jerry sind natürlich die Nazis. Vater hat schon fünf Jerrys runtergeholt, und er selber wurde zweimal abgeschossen; aber es ist ihm immer gelungen, mit dem Fallschirm abzuspringen und sich ein paar Stunden später wieder zum Dienst zu melden.»

Es klang nicht so, als sei er stolz auf die Taten seines Vaters; er schien eher belustigt darüber, dass seine Eltern stets irgendwie durchgekommen waren.

«Da Vater und Mutter bei der Air Force waren», fuhr er fort, «mussten sie unsere Wohnung aufgeben. Ich kam in ein Kinderheim, und dort gefiel es mir ganz gut. Da trat Mrs. Cabooses Komitee in Erscheinung. Ein Kind wurde nach Amerika eingeladen, und zufällig hat man mich ausgewählt.»

Betsy hob die Hand.

«Warum gerade dich?», wollte sie wissen.

«Keine blasse Ahnung», sagte George. «Aber kurz zuvor hatte das Haus neben unserm einen Bombentreffer abgekriegt. Wir waren unten im Keller, als der Luftschutzmann hereinkam und nach Freiwilligen fragte. Ich meldete mich und half die Toten ausbuddeln. Überall fielen noch Bomben, aber es gelang mir, jemanden unter einem Trümmerhaufen vorzuziehen. Es war ein Mädchen, das ich kannte, und sie war nicht tot. Der Arzt sagte, in einem Monat etwa wäre sie wieder in Ordnung. Rechts neben mir fiel eine Brandbombe, und da holte ich mir einen Schock und leichte Brandwunden. Nicht der Rede wert. Aber als man mir sagte, dass ich nach Amerika sollte, wurde das erwähnt. Erst tat es mir leid, dass ich wegmusste – aber jetzt tut's mir nicht mehr leid.»

Dieses Mal war es Rombout, der die Hand hob und eine Unterbrechung bewirkte. Er saß immer noch auf dem Fußboden, direkt vor Georges Beinen. «Und woher stammt diese Narbe?», fragte er und zeigte auf das nackte Knie des Erzählers. «Das ist doch keine Brandwunde, oder?»

«Nein», sagte George und blickte auf seine Beine hinunter, «eine Quetschung. Die kriegte ich viel später, als unser Rettungsboot kenterte und ich gegen das Wrack geschleudert wurde. Die Wellen waren ganz schön hoch, versteht ihr. Das machte ja alles so schwierig. Sonst wären viel mehr von uns gerettet worden. So sind alle ertrunken, bis auf achtundzwanzig. Es war ein Kindertransport nach Kanada. Die Nazis wussten ganz genau, dass sie ein Schiff mit Hunderten von Kindern versenkten, aber das war ihnen egal. Ungefähr ein Drittel der Route fuhr unser Schiff mit Geleitschutz. Das U-Boot muss uns verfolgt haben, bis die Geleitschiffe abdrehten und wir auf dem Meer allein waren. Dann schlug es zu. Es war Spätnachmittag und beinahe dunkel. Es gab zwei schreckliche Explosionen. Sofort fing unser Schiff an zu brennen und zu sinken. Schnell zogen wir uns unsere wärmsten Sachen an und darüber unsere Schwimmwesten. Das hatten wir oft genug geübt. Wir wussten auch genau, an welche Stelle des Decks wir gehen mussten und zu welchem Rettungsboot wir gehörten. Aber es gab nicht genug Rettungsboote. Ein paar fingen Feuer, als einer der Schiffsmotoren explodierte, und daher waren die restlichen Boote überladen. Als ich in meins einsteigen wollte, es war die Nummer fünf, schrie ein Offizier: ‹Tut mir leid, Junge, wir können dich nicht an Bord nehmen. Wir sinken, wenn wir auch nur eine Unze schwerer werden.› Ich stand da und wusste nicht, was ich tun sollte. Mein Kopf war ganz leer. Ich glaube, mir war klar, dass ich jetzt sterben müsste, aber ich dachte gar nicht daran. Ich dachte auch nicht an meine Mutter, doch plötzlich sah ich sie. Sie stand rechts neben mir, nicht in Uniform, sondern in einem weichen langen Kleid, das ich seit Jahren nicht mehr an ihr gesehen hatte; das hatte sie getragen, wenn sie an mein Bett kam, um mir den Gutenachtkuss zu geben, als ich noch sehr klein war. Sie sah überhaupt nicht traurig oder aufgeregt aus, sondern lächelte mich genauso an, wie sie es immer getan hatte, wenn ich mein Abendgebet aufsagte. Ich war ganz glücklich, als ich sie sah; ich streckte die Arme aus und berührte ihr weiches seidenes Kleid. Damals muss ich halb wahnsinnig gewesen sein, ich phantasierte. Aber meine Hände berührten wirklich etwas, und es war das Kleid einer Frau.

‹Schnell!›, rief die Frau. ‹Beeil dich!› Ich sah sie an; sie war eine Krankenschwester in amerikanischer Uniform. Sie half mir, in das Rettungsboot Nummer fünf zu klettern; diesmal sagte niemand, dass ich nicht an Bord dürfte und dass wir sinken würden ...»

George schien diesen entscheidenden Augenblick jetzt noch einmal zu durchleben, denn er sah ganz erleichtert aus, fast so, als sei er gerade eben in dieser Minute gerettet worden.

«Ich habe keine Fragen gestellt», fuhr er fort, «und erst Stunden später erfuhr ich, was geschehen war. Die Krankenschwester hatte schon im Rettungsboot gesessen, da sah sie, dass man mich zurücklassen wollte. Sie kletterte zurück auf das brennende Schiff und gab mir ihren Platz. Ich begriff nicht, warum, aber jetzt weiß ich, dass sie etwas ganz Wunderbares getan hat. Die andern erzählten mir, sie hat gesagt, ich sei so jung und ich hätte das Leben noch vor mir. Und dann hat sie gesagt, meine Mutter wäre sicherlich furchtbar unglücklich, wenn ich ertrinke, und sie hat keine Mutter mehr und ist auch nicht mehr jung, und sie findet nicht, dass ihr Leben so wichtig ist; aber ich würde vielleicht ein sehr tüchtiger Mann werden und große und wichtige Dinge tun. Sie opferte sich, damit ich nicht zu sterben brauchte ...»

Seine Stimme war immer leiser geworden. Er senkte den Kopf. Nach kurzem Schweigen sprach er weiter.

«Sie war eine amerikanische Krankenschwester, und es war ein amerikanischer Zerstörer, der uns schließlich auffischte. Unser Boot schlug um, ich erinnere mich nicht mehr, wann. Nur fünf von uns gelang es, sich an dem Wrack anzuklammern; wir hielten uns an ihm und aneinander fest, und wir waren so unterkühlt, dass wir glaubten, wir würden nie wieder warm werden. Die Wellen gingen die ganze Zeit über uns hinweg, und der Wind erschien uns noch kälter als das Wasser. Als der Zerstörer kam, schlief ich schon. Natürlich nicht richtig, denn ich musste mich ja festklammern und weiter um mein Leben kämpfen, aber das tat ich halb unbewusst; ich wusste nicht wirklich, wo ich war und was ich da tat. Sie warfen uns an Tauen befestigte Rettungsgürtel zu, doch wir waren zu schwach, um sie aufzufangen. Außerdem konnten wir ja auch nicht riskieren, die Hände vom Boot zu nehmen. Also sprangen ein paar Matrosen trotz des Sturms ins Wasser und brachten uns an Bord. Aber das habe ich nicht mehr gemerkt. Alles wurde schwarz, sobald ich losließ und aufhörte zu kämpfen. Als ich aufwachte, lag ich in eine Menge Decken eingewickelt auf einem Feldbett, und ein Matrose beugte sich über mich.

‹Bist du okay?›, fragte er.

Ich fühlte mich gut. Sie hatten mich in eine Wanne mit heißem Wasser gelegt, erzählte er mir, und mir warme Sachen von ihnen angezogen. Ich trug einen riesengroßen Pullover, und der gehörte dem Matrosen, der mit mir sprach. Er hieß Joe. Joe hat mir den Pullover zum Andenken geschenkt; ich werde ihn bis an mein Lebensende behalten. Er sieht wirklich ganz toll aus ...»

Georges Geschichte war offensichtlich zu Ende, doch diesmal wurde seine Stimme nicht leiser. Er hörte einfach auf zu sprechen, aber er rührte sich nicht vom Fleck.

Chris sagte: «Wenn wir nach Hause kommen, musst du mir den Pullover zeigen. Ist das das Ende der Geschichte?»

«Ja», sagte George, doch gleich darauf verbesserte er sich: «Nein, eigentlich nicht. Meine eigene Geschichte ist noch nicht zu Ende, und auch die große Geschichte geht immer noch weiter. Sie versenken unsere Schiffe, nicht wahr, und sie bringen unsere Menschen um und lassen sie verhungern und behandeln sie schlechter als Hunde – die Menschen der Vereinten Nationen, meine ich, und das nimmt nie ein Ende, wenn wir nicht gewinnen. Wir müssen siegen, und wir müssen sie schlagen. Ich würde alles tun, alles, um dabei mitzuhelfen. Aber was können wir schon tun?»

Jeder von uns, glaube ich, wiederholte für sich Georges Frage, aber keiner von uns wäre imstande gewesen, sie in dem Augenblick zu beantworten.

«Das müssen wir herausfinden», sagte Chris schließlich. «Es muss doch *irgendwas* geben, was wir tun können, wenn wir es nur wirklich wollen. Und ich will es so sehr! Ich kann es kaum erwarten, dass wir was auf die Beine stellen!»

Er brauchte nicht lange zu warten. Denn an diesem Nachmittag fasste die Gang gewisse Entschlüsse und einigte sich auf gewisse Aktionen, die weitreichende Folgen haben sollten.

9. KAPITEL

DER GROSSE RAT

An Schultagen wurde in der Neuen Welt abends um sechs Uhr gegessen, an Samstagen und Sonntagen um sieben. Jetzt war es halb sechs. Das bedeutete, dass wir noch über eine Stunde zu unserer Verfügung hatten. Ich überlegte, was wir als Nächstes tun sollten, und plötzlich fielen mir die Preise ein, der erste, zweite und dritte Preis, den wir unseren Geschichtenerzählern versprochen hatten. Komisch, dachte ich, ich habe eigentlich keine Lust, zu entscheiden, wer die beste Geschichte erzählt hat, und die Preise entsprechend zu verteilen. Diese Geschichten waren zu wahr, zu real, die konnte man nicht wie literarische Schöpfungen in einem x-beliebigen Wettbewerb beurteilen. Aber da ich nicht in den Geruch kommen wollte, vergesslich oder geizig zu sein, legte ich eine Dollarnote, fünf 10-Cent-Stücke und sechs 5-Cent-Stücke auf den Tisch.

«Nun also», sagte ich fröhlich. «Wie steht's damit, Preisrichter?»

Chris und Betsy steckten die Köpfe zusammen wie Spieler beim amerikanischen Football. Nachdem sie ein paar Sekunden lang lebhaft miteinander diskutiert hatten, gab Chris eine Erklärung ab.

«Wir haben beschlossen», sagte er, «die Frage nach der besten Geschichte fallenzulassen. Sie waren alle sehr gut, finden wir, und überhaupt kann es bei solchen Geschichten keinen Wettbewerb geben. Wir hoffen, die Erzähler sind mit uns einverstanden, wenn wir vorschlagen, dass die Preise in einen Topf geworfen werden sollen und dass die Gesamtsumme von einem Dollar achtzig Cent der erste Beitrag zu einer großen Kriegsanleihen- und Kriegssondermarken-Aktion der Neuen Welt sein soll, deren Beginn wir hiermit empfehlen.»

Er sah sich um und wartete darauf, dass jemand seinen Antrag unterstützen und alle, die dafür waren, ja sagen würden. Aber diese demokratische Prozedur unterblieb. Ich gehörte nicht zur Neuen Welt, Betsy war als Mitinitiatorin des Antrags nicht wahlberechtigt, Nelson war zu gleichgültig, und von den ausländischen Kindern wusste keiner, wie man einen Antrag unterstützt. Sie klatschten nur Beifall und bekundeten so auf ihre eigene unmissverständliche Weise ihre Zustimmung. Björns Beifall war der lauteste und dauerte am längsten.

«Aber das ist herrlich!», rief er, als das Klatschen aufgehört hatte. «Das ist vortrefflich und einzigartig. Ich muss das in höchstem Grade bewundern.»

Chris musste lächeln. «Es ist nicht gerade eine Unsumme, das weiß ich auch», sagte er, «es ist nur ein bescheidener Anfang, aber irgendwie muss man ja anfangen, nicht wahr?»

Björn verstand nicht. «Deine Rede!», beharrte er. «Deine Ansprache! Und dabei war sie durchaus und gänzlich improvisiert! Eine so hervorragende Rede könnte ich nicht mal in meiner eigenen norwegischen Sprache halten!»

«Ach, das!», knurrte Chris. «Das ist doch nichts. Jeder amerikanische Ausschussvorsitzende kann so reden; wir sind einfach daran gewöhnt, verstehst du? Und fast jeder von uns ist irgendwann mal Ausschussvorsitzender gewesen. Aber wie soll die Aktion nun aussehen? Wie kommen wir an richtiges Geld heran? Irgendwelche Vorschläge?»

«Zwei! Zwei Vorschläge!»

Es war Betsy, die um Gehör bat.

«Die Geldstrafen», sagte sie. «Wir haben diese Beträge immer für Partys und Theateraufführungen und allen möglichen Fez verwendet. In Friedenszeiten ist das in Ordnung, aber jetzt nicht mehr. Warum kaufen wir nicht von dem Geld Kriegssondermarken? Wir könnten auch noch viel mehr Geldstrafen verhängen. Bibliotheksstrafen für Bücher, die nicht rechtzeitig zurückgegeben werden, und Verkehrsstrafen, wenn jemand zwei Stufen auf einmal nimmt, und mein Komitee für Schönheit und Anstand könnte Strafen verhängen, wenn jemand im Unterricht Kaugummi kaut; so könnten wir eine Menge Geld einnehmen.»

Chris war einverstanden. «Aber das würde immer noch nicht reichen», sagte er. «Und dein zweiter Vorschlag?»

Betsy sagte, ihr zweiter Vorschlag müsse natürlich diskutiert werden, und außerdem müsse Geepy in diesem Fall seine Zustimmung geben; vielleicht sei sogar die Erlaubnis Seiner Ehren des Bürgermeisters notwendig. «Aber angenommen, sie lassen uns freie Hand; könnten wir dann nicht unsere eigene Aktion in der ganzen Stadt durchführen? Zum Beispiel die Leute dazu bringen, mehr Kriegssondermarken und Anleihescheine zu kaufen, mehr, als sie sonst kaufen würden? Natürlich müssten wir uns was Besonderes einfallen lassen, was ganz Neues und Interessantes, um sie dafür zu gewinnen ...»

Hier wurde Betsy überraschend von Madeleine unterbrochen, und ein Strom von geflüsterten Worten ergoss sich in Betsys Ohr.

«Wie meinst du das?», fragte Betsy ein paarmal, aber schließlich hatte sie anscheinend begriffen.

«Phantastisch!», rief sie. «Das ist es! Das ist eine fabelhafte Idee!»

Die kleine Madeleine, stellte sich heraus, fand unsere Kriegssondermarken bildschön. Man könnte alle möglichen hübschen Dinge daraus machen, schlug sie vor, zum Beispiel Ansteckstäußchen, Gürtel, Zigarettenetuis mit Initialen und so weiter. Diese attraktiven Sachen könnte man zum doppelten Preis der Marken verkaufen und mit dem so verdienten Geld wieder neue Marken kaufen.

Das klang ganz vernünftig, aber keiner von uns vermochte sich einen besonders hübschen Gegenstand vorzustellen, der aus Marken gemacht war.

«Könntest du uns nicht zeigen, was du meinst?», fragte Betsy ihre kleine Freundin. «Könntest du vielleicht ... wart mal!»

Sie stürzte zu meinem Schreibtisch und holte einen Bleistift und ein Blatt Papier. Madeleine griff ungeduldig danach. Sehr schnell und erstaunlich geschickt zeichnete sie auf, was sie im Sinn hatte: eine aus sechs Marken bestehende Blume, einen Gürtel, geschmückt mit unzähligen aus Marken zusammengesetzten V-Zeichen, und ein Etui mit den aus Marken gebildeten Initialen B. B.

«Zellophan!», erklärte sie und zeigte auf die Marken, die

natürlich geschützt werden mussten. «Draht!», sagte sie und zeigte auf den Stängel der Blume, «Draht mit grünem Faden.»

«Nein, so was, Madeleine!» Betsy war ganz aufgeregt. «Du solltest Malerin werden! Oder eine berühmte Modeschöpferin – da liegen deine Begabungen.»

Madeleine nickte ernsthaft.

«Der Gürtel ist blau», sagte sie. «Und B. B. sind deine Buchstaben» – sie meinte die Initialen.

Das war Betsy Bird noch gar nicht aufgefallen. «Danke schön, Schätzchen», rief sie, «danke dafür, dass du meine Initialen gewählt hast, und danke für die Idee – vor allem für die Idee!»

Sogar die Jungen fanden Madeleines Entwürfe hübsch, aber sie meinten, für die Aktion müsse noch mehr getan werden.

«Angenommen», sagte Chris, «Geepy und der Bürgermeister erlauben uns, die Aktion in der ganzen Stadt durchzuführen. Glaubt ihr nicht, unser Altstoff-Komitee könnte da mitmachen? Bis jetzt», erklärte er den Nichtamerikanern, «haben wir nur unsere eigenen Altstoffe in der Neuen Welt gesammelt und sie bei den Sammelstellen abgeliefert. Es wohnen ja auch ein paar Eltern hier, und wir haben alles Altmaterial mitgenommen, was wir zu Hause finden konnten. Aber ich sehe keinen Grund, warum wir nicht in der ganzen Stadt sammeln sollten.»

«Ich auch nicht», sagte Betsy.

Nelson erhob Einspruch.

«Den Altstoffhändlern wäre das nicht recht», wandte er ein. «Schließlich gibt es eine Menge erwachsene Altstoffhändler!»

«Das ist ja gerade der Punkt», sagte Chris eifrig. «Wir könnten sie ablösen; sie könnten ganz leicht bessere Jobs finden, die wichtiger sind und für die man Erwachsene braucht; wir könnten sie für kriegswichtige Arbeit frei machen, jawohl, genau das, wenn wir die ganze Altstoffsache selber übernehmen.»

George hatte nichts mehr gesagt, seit er mit seiner Frage «Aber was können wir schon tun?» die Diskussion ausgelöst hatte. Jetzt meldete er sich zu Wort.

«Hier könnte ein ‹Komitee für Hilfsarbeiten› ganz nützlich sein», sagte er. «Ich war Vorsitzender von so einem Komitee in London, und in unserm Bezirk gab es keinen einzigen Erwachsenen, der seine Zeit verschwenden und seine kriegswichtige Arbeit unterbrechen musste, nur weil irgendwelches brennbare Zeug aus einer Dachkammer herausgeholt oder seine Spenden zum Roten-Kreuz-Hauptquartier transportiert werden mussten oder so was. Die Leute brauchten nur das ‹Komitee für Hilfsarbeiten› anzurufen, und das erledigte die Sache dann. Versteht ihr?»

Bevor Chris antworten konnte, lieferte Rombout seinen Beitrag zu dieser wichtigen Diskussion.

«Das Schlimmste sind Verräter!», verkündete er ziemlich überraschend. «Verräter und die Leute von der Fünften Kolonne sind das Allerschlimmste und auch das Allergefährlichste.»

Wir stimmten ihm alle zu, aber wir wussten nicht recht, was seine mit Nachdruck vorgebrachte Erklärung hier sollte.

«Also ist es unsere Aufgabe», fuhr er unerschütterlich fort, «ein Auge auf sie zu haben, sie zu beobachten und sie zu fassen, bevor sie irgendwelchen Schaden anrichten können.

Könnten wir nicht für diesen Zweck ein streng geheimes Sonderkomitee gründen?»

Chris hielt das nicht für sinnvoll. «Wie können wir sie beobachten, solange wir nicht wissen, wer sie sind?», fragte er mit Recht. «Und wie können wir sie fassen, wenn wir überhaupt nicht wissen, wen wir beobachten sollen?»

Rombout beugte sich Chris' höherer Einsicht. «Kann sein», sagte er, «es war nur so eine Idee ...»

Aber Tschutschu, die Rombout offenbar sehr mochte und jede Idee gut fand, die von ihm stammte, eilte ihm zu Hilfe.

«Könnten wir nicht einfach *alles* beobachten?», fragte sie. «Ich meine, könnten wir nicht einfach die Augen offenhalten und versuchen, jeden ausfindig zu machen, der ein Verräter sein könnte? Die meisten Japaner sind zum Beispiel gemeine Verräter.»

Rombout nickte dankbar.

Aber Chris rief, er kenne ein paar Japaner, die ganz loyal seien, und soweit er wisse, gäbe es hier in der Gegend überhaupt keine Verräter.

«Fassen wir doch mal zusammen!», sagte er. «Was haben wir bisher? Angenommen, unsere Pläne kommen durch und wir organisieren die Markenaktion, die Altstoffaktion und den Kriegshilfseinsatz. Angenommen, jeder von uns hier und jedes Kind der Neuen Welt übernimmt ein paar Häuser, sagen wir mal, jeder ist für einen Block verantwortlich; dann müssen wir doch mit sehr vielen Leuten reden, nicht wahr? Na, wir könnten doch versuchen, die für freiwilligen Hilfsdienst zu gewinnen, und vielleicht könnten wir noch mehr Freiwillige zusammenbringen, die bereit sind, als Dachwarte, Luftschutzwarte, Brandschutzbeauftragte und

Ambulanzfahrer Dienst zu tun. Erst heute Morgen hat ein Mann im Radio gesagt, wir hätten davon noch nicht genug und wir könnten gar nicht zu viel davon haben. Was meint ihr?»

Hier bewies Betsy, dass Mädchen genauso gut wie Jungen sein können, wenn nicht sogar besser, wenn es auf intelligentes und diplomatisches Denken ankommt.

«Ich finde das großartig!», rief sie. «Und wisst ihr, warum? Nicht nur deshalb, weil bei diesen Aktionen bestimmt was herauskommt, sondern auch, weil wir auf diese Weise viele Menschen kennenlernen werden, und wir können ganz leicht feststellen, wie sie über bestimmte Fragen denken, ohne dass wir sie bespitzeln. Wenn es Verräter oder Leute von der Fünften Kolonne in der Stadt gibt, haben wir sicher eine gute Chance, sie früher oder später ausfindig zu machen. Die Menschen werden sich doch kaum die Mühe machen, irgendwas vor uns geheim zu halten, nicht wahr? Schließlich sind wir für sie nur Kinder. So könnten wir insgeheim nach Spionen fahnden, während wir unser übriges Programm durchziehen!»

«Du hast recht!», sagte Chris.

Rombout nickte beglückt, Tschutschu sah hocherfreut aus, und Björn konnte nicht anders, er musste Beifall klatschen.

«Fabelhaft!», kommentierte er. «Ich fühle, wir können Großes vollbringen und bedeutendes Unheil abwenden, wenn wir diese Aufgabe übernehmen.»

«Wir wollen das Ganze morgen früh mit Geepy besprechen», sagte Chris, «und es so bald wie möglich der Versammlung unterbreiten; das heißt, wenn ihr alle damit einverstanden seid, dass wir mithelfen müssen, den Feind zu schlagen, und dass das vielleicht eine Möglichkeit ist.»

Alle waren einverstanden, sogar Nelson. Wenigstens erhob er keine Einwände.

10. KAPITEL

WO STECKT CHRIS?

Als ich am nächsten Tag von meinem gewohnten Sonntagabendspaziergang durch die Stadt zurückkam, hielt mich Horatio in der Drehtür an. Ihr erinnert euch doch noch an Horatio Roosevelt Fairchild, nicht wahr? Dann brauche ich es euch ja nicht noch einmal zu sagen: Horatio ist ein gutaussehender, ganz in Purpurrot gekleideter Farbiger, er hat blitzend weiße Zähne und ein goldenes Herz. Horatio also hielt mich an und sagte: «Ich bin froh, dass Sie zurück sind, Ma'am. Die kleine Betsy ist ganz durcheinander, sie ist schon dreimal hier gewesen; sie ist unsicher, was sie tun soll. Es handelt sich um ihren Freund, Ma'am. Betsy sagt, er ist verschwunden, und sie weiß nicht, wo sie nach ihm suchen soll. Mein Gott, ich bin so froh, dass Sie wieder zurück sind.»

«Du meine Güte, Horatio», rief ich, «das ist eine ernste Sache. Ich habe Chris nicht mehr gesehen, seit die Kinder gestern Abend gegangen sind, und ich habe keinen Schimmer, was sie heute vorhatten.»

Horatio nickte und zuckte gleichzeitig die Achseln.

«Das habe ich ja Betsy auch gesagt», erklärte er mit heiter klingender Stimme. «‹Reg dich nicht auf›, hab ich gesagt, ‹warte einfach, bis Ma'am zurückkommt; es gibt nichts, was Ma'am nicht rauskriegt, wenn sie's drauf anlegt.›»

Ich dankte Horatio für sein Vertrauen zu mir, aber mir war klar, dass er meine Fähigkeiten bei weitem überschätzte. Wo konnte Chris denn bloß sein, und wie sollte ich herausfinden, wo er steckte?

Kaum war ich in meinem Zimmer angelangt, da klingelte das Telefon. «Hier Hunch», sagte Geepy in ungewöhnlich ernstem Ton. «Christopher Senhouse ist nicht zufällig bei Ihnen, oder?»

«Wie lange ist er denn schon überfällig?», fragte ich und setzte unsinnigerweise hinzu: «Nein, er ist nicht hier.»

Geepy war anscheinend sehr aufgeregt.

«Heute Morgen hatten wir eine lange Unterredung, Chris, Betsy und ich», berichtete er mir. «Dann wurde die Versammlung einberufen, und danach fuhr Chris ganz allein mit seinem Rad weg. Wir erwarteten ihn zum Essen zurück, aber als er um halb eins nicht da war, machten wir uns deswegen keine Gedanken. Sie wissen, am Sonntag gibt's immer ein kaltes Buffet, da nehmen wir's mit der Zeit nicht so genau. Doch jetzt ist es acht, das Abendessen ist vorbei, und keine Spur von Chris. Sollte ich nicht doch lieber die Polizei verständigen?»

«Warten wir noch eine Stunde!», schlug ich vor. «Vielleicht kann uns eins von den neuen Kindern einen Hinweis geben. Wenn's Ihnen recht ist, bin ich in ein paar Minuten da ...»

«Gut», sagte Geepy, «und beeilen Sie sich.»

Die Mehrzahl der Kinder hatte sich in der großen Halle versammelt. Sie sahen ziemlich bedrückt aus und standen untätig herum. Viele von ihnen kannte ich nicht so gut – Fanny Middlefog zum Beispiel, Madeleines Zimmergefährtin, und andere. Aber von der Gang waren alle da, bis auf Chris.

Betsy stürzte auf mich zu, als sie mich erblickte.

«Wo ist er?», rief sie. «Ach, Depesche, warum kommt er denn nicht zurück?»

Wieder schämte ich mich, weil sie mir so sehr vertraute, wo ich doch rein gar nichts tun konnte.

«Hast du denn keine Ahnung, wohin er gefahren sein könnte oder wohin er hat fahren wollen», fragte ich sie, «und bist du ganz sicher, dass er keinem der neuen Kinder was davon erzählt hat?»

Betsy schüttelte den Kopf. «Nein, hat er nicht», sagte sie düster.

Geepy war oben in seinem Büro. Er ging erregt auf und ab und warf alle paar Minuten einen Blick auf seine Armbanduhr.

«Eine schöne Geschichte!», begrüßte er mich und rieb sich die sonnengebräunte Stirn. «Das sieht Chris doch gar nicht ähnlich. Wenn etwas mit seinem Rad wäre, hätte er angerufen. Was halten Sie von der Sache?» Er sah mich erwartungsvoll an, und zum dritten Mal an diesem Tag schämte ich mich, denn ich wusste auch nicht, was ich davon halten sollte.

Ich konnte lediglich einen Vorschlag machen: «Warten wir noch bis zehn, dann verständigen wir die Polizei und schicken vielleicht einen eigenen kleinen Suchtrupp los.»

Geepy war einverstanden, und wir gingen hinunter in die Halle. Die Kleinen wurden zu Bett geschickt, und denjenigen von den Größeren, die das wünschten, wurde erlaubt, bis zehn Uhr aufzubleiben. Madeleine war glücklicherweise nicht ganz so jung, wie sie klein war; sie durfte bei den Größeren bleiben; unnötig zu sagen, dass die ganze Gang nicht schlafen gehen wollte.

Ich will euch nicht erzählen, wie wir warteten und warteten, wie die Zeit langsam verstrich und wir schließlich keinen Gesprächsstoff mehr hatten. Mit jedem Stück Holz, das im Kamin zu Asche verbrannte, brannte auch ein bisschen Hoffnung in unseren Herzen zu Asche, und mit jeder Minute, die in den Ozean der Zeit fiel, wuchs unsere Angst. Ich möchte euch auch nicht berichten, wie schrecklich uns zumute war, als die Uhr zehn schlug und immer noch kein Chris aufkreuzte.

Stattdessen wollen wir unserem verschwundenen Freund auf seinem abenteuerlichen Ausflug folgen und herausfinden, weshalb er nicht nach Hause kam. Ich habe die Geschichte dieses Tages später so oft gehört, dass ich sie jetzt fast so erzählen kann, als hätte ich sie selbst erlebt.

Es war eine dumme Idee, die Chris veranlasste, gegen elf Uhr vormittags mit seinem Fahrrad loszufahren. Sie war des Vorsitzenden des Komitees für Auslandsfragen unwürdig, und eigentlich konnte man sie kaum als Idee bezeichnen.

Seine und Betsys erfolgreiche Unterredung mit Geepy hatte in der ganzen Schule eine Diskussion über den künftigen Kriegshilfseinsatz der Neuen Welt ausgelöst. Chris hatte eine Menge reden müssen, und danach wollte er für eine Weile allein sein. Aber außerdem und vor allem war da der Pullover! Dieser herrliche, wenn auch viel zu große Matrosenpullover, den George ihm am vorigen Abend gezeigt hatte und den er einfach super fand. «Auf den bin ich verdammt stolz», hatte George gesagt. «Denk doch bloß, kein anderer Junge auf der Welt hat so einen Pullover oder wird je so was Ähnliches haben. Tut mir leid», setzte er freundlich hinzu, «dass Joe mir nicht zwei geschenkt hat, dann könnte ich dir einen abgeben.»

«Lass nur, schon gut», sagte Chris. Aber in diesem Augenblick fiel ihm ein, dass die Küstenwachen ganz ähnliche Pullover trugen und dass es ihm vielleicht gelingen würde, seinem guten Freund Mike unten bei Hell's Bay einen abzuschwatzen. Zumindest war es den Versuch wert. Wenn er kein Glück hatte, auch gut, niemand würde dann davon erfahren. Hin und zurück konnte er es in drei Stunden schaffen, und wenn er eine Stunde bei seinem Freund blieb, war er immer noch früh am Nachmittag wieder da. Sicher wären Betsy und auch ein paar von den Jungen gern mitgekommen, aber er wollte nicht, dass sie ihn auslachten, wenn Mike nein sagte. Außerdem war es besser, allein mit Mike zu sprechen; wenn er die halbe Gang mitbrachte, ging die Sache bestimmt schief. Also radelte er rasch los, ohne irgendjemandem ein Wort zu sagen.

11. KAPITEL

STATT EINES PULLOVERS

Chris fühlte sich fabelhaft, als er den steilen Weg hinuntersauste, der vom Gipfel des Neue-Welt-Hügels zu der längs der Ozeanküste verlaufenden Autostraße hinabführt. Sein Rad, das früher seinem Vater gehört hatte, besaß keinen Leerlauf, und da er keine Lust hatte, mit den Beinen den schnellen Pedalumdrehungen zu folgen, zog er sie hoch, bis die Knie fast sein Kinn berührten. Er war ein erstklassiger Fahrer; fast nie brauchte er die Hände zum Lenken, und er konnte alle möglichen Kunststücke vollführen.

Es war ein herrlicher Tag; der Ozean leuchtete tiefblau, die Sonne strahlte, eine frische Brise blies liebkosend über den bloßen Kopf unseres Ausflüglers, und was das Ganze noch angenehmer machte: Am Fuß eines Hügels fuhr ein Militärlastwagen an ihm vorbei, Chris hängte sich hinten an, ließ sich über den Hügel ziehen und vollendete die Fahrt in trägem, wenn auch etwas gefährlichem Komfort, ohne eigene Anstrengung. Als hätte sich mit seinen bedeutungsvollen und konstruktiven Tätigkeiten gestern und heute Morgen sein gutes Benehmen sozusagen erschöpft, musste er nun einfach ein bisschen leichtsinnig sein, etwas über die Stränge schlagen.

Hell's Bay liegt ein Stück abseits der Küstenstraße, ist aber mit ihr durch eine schmale, mit Büschen gesäumte Landstraße verbunden. Chris war längere Zeit nicht dort gewesen und war nun ganz aufgeregt, als er all die neuen Schiffe sah, die zu der ursprünglichen, von den Küstenwachen kommandierten Flotte hinzugekommen waren. Die meisten davon waren gewöhnliche Patrouillenboote oder schnittige Yachten, nun in Hilfsschiffe umgewandelt. Doch vor allem interessierte Chris ein funkelnagelneues, wie ein Kriegsschiff gepanzertes Schnellboot, das aber so leicht, schnell und leicht lenkbar aussah wie ein Rennboot. Es kreuzte in Ufernähe vor der Küste, und Chris konnte die Augen nicht von seinem kraftvollen und eleganten Manövrieren abwenden. Während er noch so stand und bewundernd auf das Boot blickte, kam plötzlich wie von nirgendwo her ein mittelgroßer, bleichgesichtiger Mann den Weg entlanggerannt. Als er Chris bemerkte, verschwand er in den Büschen. Da man Zivilisten hier nur sehr selten sah, fesselte der Mann etwa eine Minute lang Chris' Aufmerksamkeit. Er überlegte, ob er den Mann nicht schon einmal gesehen hatte, schob aber diese Frage schnell zugunsten der viel wichtigeren beiseite, wo er seinen Freund Mike suchen sollte. Ich werd's mal dort in dem Haus versuchen, sagte er sich und steuerte auf das Yachtclubhaus zu, das man den Küstenwachen überlassen hatte, als der Ort zu einem wichtigen Stützpunkt ausgebaut worden war.

«Sind alle in der Kantine!», sagte der Wachposten zu dem wohlbekannten Besucher, und Chris ging direkt in den Speisesaal.

«Sei gegrüßt!», sagte Mike. «Willst du vielleicht einen Happen essen?»

Chris wollte.

«Was führt dich zu uns?», fragte Mike, während Chris sich über das riesige Stück Fleisch hermachte, das vor ihm auf dem Teller lag. «Und weshalb hast du dich so lange nicht blicken lassen?»

Chris wollte nicht mit der Tür ins Haus fallen, was den Pullover betraf, und zog es vor, nur die zweite Frage zu beantworten.

«In der letzten Zeit hatten wir ganz schön zu tun bei uns», berichtete er. «Nicht viel Zeit für Vergnügungsfahrten. Wir haben Krieg, weißt du.»

Die Jungs lachten aus vollem Halse.

«Habt ihr das gehört?», fragten sie einer den andern. «Habt ihr unsern guten alten Chris gehört? Wir haben Krieg – *er* sagt *uns* das! Weiß Gott, dem entgeht auch nichts!»

Chris' Ohren färbten sich krebsrot, und plötzlich hatte er gar keinen Appetit mehr.

«Darf ich mir noch mal die Boote ansehn?», fragte er. «Wofür ist denn das neue Prunkstück da?»

«Klar, darfst du», sagte Mike. «Du staunst über ‹Schneid›, wie? So heißt sie jetzt bei uns, U.S.-U-Boot-Jäger ‹Schneid›, und sie ist wirklich eine Schönheit. Wenn du dich beeilst, kannst du sie gerade noch einfahren sehn. Die Jungs müssen jeden Augenblick zurück sein.»

Zwei Wellenbrecher, die sich in die Bucht erstreckten, bildeten einen regelrechten kleinen Hafen. Als Chris angelaufen kam, ankerte die «Schneid» gerade am südlichen Wellenbrecher. Die achtköpfige Mannschaft stürmte zum Essen in die Kantine, und nun war fast kein Mensch mehr in der Nähe. Ein paar Wachposten standen vor ihren Baracken, und einige saßen auf der nördlichen Mauer, ließen die Beine über dem Wasser baumeln und hielten den Blick aufmerksam auf den weit entfernten Horizont gerichtet.

Chris ging zu ihnen und begrüßte sie. Da sie sich ganz schön langweilten, freuten sie sich über seinen Besuch, und etwa fünf Minuten lang ließen alle die Pflichten einer Küstenwache ziemlich außer acht. Dann musste die «Schneid» aus größerer Nähe bewundert werden, und Chris schlenderte zur anderen Mauer hinüber.

Von ferne hörte man dumpfes Grollen. Die Küstenbatterien im Süden!, sagte sich Chris. Wahrscheinlich ein Übungsschießen. Dann erfolgte eine kurze Detonation, anscheinend in geringerer Entfernung. Was ist das?, überlegte er einen Augenblick lang, doch er achtete nicht besonders darauf. Er war jetzt an der südlichen Mole angelangt und ging auf ihr ins Meer hinaus, um die «Schneid» von nahem betrachten zu können.

Sonderbar, dachte er, das ist doch ein modernes Motorboot, und ganz sicher wird sie von wassergekühlten Flugzeugmotoren angetrieben, sie ist bestimmt kein Dampfschiff, hat nicht mal einen Schornstein. Woher dann dieser Rauch?

Denn unverkennbar kam Rauch aus dem Boot, und nicht gerade wenig.

«He!», schrie Chris aus voller Kehle. «Sie brennt!» Er rannte zu den Baracken zurück, als stehe er selber in Flammen.

«Feuer!», brüllte er. «F E U E R !»

Es dauerte nur Minuten, dann war der ganze Stützpunkt in Bewegung wie ein aufgestörter Ameisenhaufen. Sirenen schrillten, zwei riesige Feuerwehrwagen rasten den Wellenbrecher hinunter; alle Küstenwachen kamen angerannt, und jeder behauptete, er hätte als Erster gesehen, dass «der verdammte Pott brennt».

Das Feuer wäre zwar ganz sicher kurz nach dem Augenblick entdeckt worden, in dem Chris den Rauch bemerkte, doch fairerweise muss zugegeben werden, dass man ohne ihn kostbare Minuten verloren hätte. Ein Feuer breitet sich rasend rasch aus, wenn es von einer sanften Brise angefacht wird, und wer weiß, welcher Schaden an dem U.S.-Schiff «Schneid» entstanden wäre, hätten Chris' scharfe Augen nicht den Rauch erspäht und sein rascher Verstand die Gefahr erkannt.

So aber hatte man das Feuer bald unter Kontrolle.

Zuerst sah es so aus, als sei es zufällig entstanden, wahrscheinlich durch ein Streichholz, das irgendjemand in ölgetränkte Lappen und herumliegende alte Sachen geworfen hatte. Aber dann fanden die suchenden Männer ein paar Metallstücke, und da wurde klar, dass eine kleine Bombe explodiert sein musste. Die Bombe, so vermutete man, könnte in der Nacht an Bord der «Schneid» geschafft worden sein oder auch ganz früh am Morgen, bevor sie ihre Übungsfahrt antrat, und das Feuer musste in den zehn oder fünfzehn Minuten ausgebrochen sein, nachdem das Boot geankert hatte.

So weit, so gut, oder vielmehr so schlecht. Das Verbrechen war zwar vereitelt worden, aber den Verbrecher hatte man noch nicht gefasst. Wer konnte das sein, und wohin war er verschwunden?

Sorgfältig wurde das Boot nach weiteren Beweisstücken und weiterer Gefahr abgesucht.

Inzwischen waren alle versammelt, Mike und die übrigen Küstenwachen. Korvettenkapitän Sharp, der Kapitän der «Schneid» und zugleich des ganzen Hafens, übernahm die Untersuchung.

«Verzieh dich lieber», sagte er zu Chris. «Es könnte noch eine Explosion geben, und du willst doch nicht in die Luft fliegen, oder?»

Aber Chris fand, er habe sich das Recht erworben, an diesem Unternehmen teilzuhaben, und bestand darauf, dem Kapitän an Bord der «Schneid» zu folgen.

Sie war ein kleines Schiff, hatte nicht mal eine richtige Kajüte, nur einen von einer Art Dach geschützten erhöhten Kapitänssitz, der durch Telefon mit dem Gatt verbunden war, wo der Steuermann seinen Platz hatte. Doch Bomben können sehr klein und praktisch überall versteckt sein – im MG-Turm oder zwischen den Wasserbomben oder in einem der Sehschlitze.

«Nichts, Sir!» – «Nichts Verdächtiges gefunden!», meldete ein Sucher nach dem anderen dem Kapitän.

«Haben Sie im Hohlraum nachgesehen?», fragte der Kapitän einen der Männer. «Sie wissen doch, der kleine Hohlraum unter und hinter meinem Sitz?»

«Ja, Sir!», kam die Antwort, doch dann hörte Chris, wie der Mann hinzufügte: «Ich habe so gründlich reingesehen, wie's mir möglich war. Es ist ein scheußlich enger Einstiegschlitz, Sir, ich konnte da nicht reinkriechen. Aber es wäre ja auch kein anderer reingekommen, und deshalb hätte niemand da drinnen irgendeine Schweinerei anstellen können.»

Chris hielt den Atem an. «Ich könnte, Sir!», sagte er.

Der Kapitän lachte. «Was könntest du? Eine Schweinerei anstellen oder was sonst?»

«Reinkriechen, Sir!», erklärte Chris eifrig.

«Also gut. Versuch's. Obwohl du sicherlich nichts finden wirst.»

Chris glitt in das Gatt hinab und zwängte seinen Körper durch den schmalen Schlitz. Der Hohlraum, in den er gelangte, war pechschwarz, aber er hatte seine kleine Taschenlampe stets bei sich, und die war jetzt natürlich sehr nützlich. Der Hohlraum war geräumiger, als man hätte erwarten können. Soweit man auf den ersten Blick sehen konnte, war er völlig leer, bis auf ein großes Bündel alter Säcke in einer Ecke. Chris kroch darauf zu, und zu seinem Entsetzen sah er, dass sich das Bündel bewegte. «Das ist ja ...», stieß er durch die Zähne hervor und näherte sich tapfer dem unheimlichen Geheimnis.

In dem Augenblick, als er das Bündel berühren wollte, begann es zu sprechen. «Nein!», sagte es deutlich hörbar, «nein, bitte, bitte, geh weg!»

«Ich denke ja nicht daran!», erwiderte Chris. Seine Stimme klang energisch und entschlossen. «Sofort kommst du da raus! Los, komm! Kriech hinter mir her!»

Das Bündel seufzte schwer. Da es jedoch begriff, dass Widerstand nutzlos war, gab es auf und folgte Chris zu der Öffnung.

«Ich hab's!», schrie Chris, sobald er den Kopf durch den Schlitz gezwängt hatte. «Ziehen wir's raus!»

«Es» war, wie sich herausstellte, ein Junge, ein kleiner Bursche von etwa zehn Jahren, unbeschreiblich schmutzig, mit Staub und Spinnweben bedeckt, ölverschmiert und vor Angst und Erschöpfung kaum imstande zu sprechen.

«Aha!», sagte der Kapitän. «Du bist also die kleine Ratte, die versucht hat, unser Schiff zu verbrennen.»

Der Junge schüttelte nur den Kopf.

«Wie heißt du?», wurde er gefragt.

«Franz», flüsterte er. «Franz Strobl.»

«Deutscher, wie? Sein Akzent klingt auch ganz deutsch. Nun hör mal zu, du verdreckter kleiner Taugenichts: Du wirst uns jetzt sofort erzählen, wer dich geschickt hat und wie du das Feuer gelegt hast, sonst ...»

Der Kapitän war jetzt ganz schön in Rage.

Franz fing an zu weinen. Große Tränen liefen ihm über die Backen und wurden schwarz, als sie sich mit dem Schmutz auf seinem unglücklichen Gesicht vermischten.

«Niemand hat mich geschickt», schluchzte er. «Ich bin weggelaufen. Ich wollte mithelfen, die Japaner zu schlagen. Ich bin kein feindlicher Ausländer! Ich wollte kein feindlicher Ausländer mehr sein! Und ich weiß von keinem Brand! Ich weiß nur, dass es plötzlich da unten ziemlich heiß wurde. Bringt mich nicht um!», flehte er. «Ich bin kein Spion! Ich hab nichts getan!»

«Das sagen alle, wenn sie gefasst werden!», knurrte der Kapitän. «Aber deine jämmerlichen Lügen werden dir nicht helfen; im Gegenteil, so machst du alles noch viel schlimmer für dich. Los, raus mit der Sprache: Wer hat dich geschickt, und wie hast du das Feuer gelegt?»

Franz weinte bloß bitterlich. Er tat Chris leid, und Chris konnte einfach nicht glauben, dass Franz log.

«Darf ich ihn etwas fragen, Sir?» Chris blickte auf den Kapitän.

«Los, frag ihn!»

«Wo ist dein Vater, Franz?»

«Zu Hause, denke ich, in Green Valley, etwa zwanzig Meilen nördlich von hier.»

«Wie sieht er aus?»

«Er ist sehr groß», sagte der Junge. «Und er hat dunkles Haar und eine große Narbe auf der Stirn, die hat er in dem Lager bekommen, in das ihn die Nazis zu Hause in Deutschland gesperrt hatten.»

Er sagt die Wahrheit, fühlte Chris und dachte an den Mann, den er vor etwa einer Stunde gesehen hatte, wie er den Weg entlangrannte – diesen mittelgroßen, bleichen Mann, der weder groß noch dunkelhaarig war und auch keine Narbe im Gesicht hatte und den er ganz sicher schon irgendwo einmal gesehen hatte. Der war es, wenn überhaupt jemand, entschied er für sich, der ist der Schuldige. Aber vielleicht ist er auch derjenige, der Franz geschickt hat?

Der Kapitän sah, dass Chris' Fragen sie nicht viel weiter brachten, und beschloss, das Verhör selber zu führen.

«Also du bist weggelaufen», begann er. «Warum und mit wem?»

Franz zeigte auf eine der Wasserbomben und fragte, ob er sich darauf setzen dürfe. Der Kapitän erlaubte es ihm mit einem Kopfnicken. Franz setzte sich hin. Er sah wie ein Häufchen Elend aus. Er beeilte sich, die Fragen des Offiziers zu beantworten.

«Ich war ganz allein», berichtete er, «und ich brauchte zwei Tage bis hierher. Ich hatte auch nichts zu essen. Ich bin weggelaufen, weil ich ihnen zeigen wollte, ihnen allen, dass ich kein feindlicher Ausländer bin; ich wollte kämpfen ...»

«Was ist dein Vater?», unterbrach ihn der Kapitän. «Ist er deutscher Staatsbürger? Was ist er von Beruf?»

Franz sagte, sein Vater habe eine amerikanische Aufenthaltsgenehmigung, da er vor fast fünf Jahren in die Vereinigten Staaten gekommen sei.

«Aber er ist immer noch Deutscher», sagte er und schluchzte von neuem. «Deshalb hat man ihn ja entlassen und uns zu feindlichen Ausländern gemacht!»

«Also ihr *seid* feindliche Ausländer», sagte der Kapitän. «Was hat dein Vater denn gearbeitet?»

«Nein, sind wir nicht!», widersprach Franz. «Wir hassen die Nazis und die Japaner und alle anderen Feinde Amerikas, und Vater ist Ingenieur, ein sehr guter Ingenieur, und er ist aus Deutschland geflüchtet, weil sie ihn dort in ein Lager gesteckt haben und weil er die Nazis hasst. Aber Mutter und ich mussten dableiben, und es war eine ganz schreckliche Zeit für uns, weil Vater entkommen war. Also sind wir ein paar Monate später auch geflüchtet, und Vater hat uns Geld geschickt, denn er hat ganz gut verdient, bevor er seine Stellung loswurde, und wir sind hierhergekommen und waren alle sehr froh. Aber jetzt sind wir alle sehr unglücklich. Und die Kinder in meiner Schule reden nicht mehr mit mir, und sie sagen, man kann mir nicht trauen, und ich könnte dem Feind was verraten, weil ich selber ein Feind bin. Es ist eine kleine Schule in Green Valley, und wir sind die einzigen Ausländer im ganzen Ort. Vater sagt, es macht ihm nichts aus, wenn sie ihn einen feindlichen Ausländer nennen. Die Hauptsache ist, sagt er, dass wir im Herzen loyal sind und alle Gesetze einhalten und unsere Situation begreifen. Aber ich kann sie nicht begreifen, und ich kann sie auch nicht ertragen. Und ich dachte, wenn ich weglaufe und auf das Boot gehe und das Boot wird in einen richtigen Kampf verwickelt und ich komme aus meinem Versteck vor und helfe, dann kann mich keiner mehr einen Feind nennen, und dann werde ich Amerikaner, und meine Eltern werden auch Amerikaner, und die Kinder in der Schule reden wieder mit mir und haben Vertrauen zu mir und ...»

Offenkundig gab es noch viel mehr, was er loswerden wollte, aber im Augenblick war er ganz außer Atem.

«Und diese Spinnerei sollen wir glauben?» Aber die Stimme des Kapitäns klang doch etwas milder als vorher. «Na, das kannst du alles morgen früh im Polizeirevier erzählen.»

Das Kreuzverhör war für diesmal vorüber, und alle bis auf die Wachposten kehrten zum Clubhaus zurück.

Dort wusch sich Franz den größten Schmutz von Händen und Gesicht und aß den Rest von Chris' Steak, während Chris eine lange, ernste Unterredung mit Kapitän Sharp hatte, in der es kurz zusammengefasst um Folgendes ging. Erstens: Chris hielt Franz für unschuldig, nicht nur weil sich seine Geschichte so glaubhaft anhörte, sondern auch weil er, Chris, der Meinung war, er habe den wahren Schuldigen gesehen, und er beschrieb ihn dem Kapitän. Zweitens: Das Polizeirevier für den ganzen Bezirk befand sich in El Peso, und Chris musste sowieso dahin zurück. Drittens: Der Kapitän selber habe gesagt, Franz solle erst am nächsten Tag den Behörden übergeben werden. Viertens: Chris könnte Franz zur Neuen Welt mitnehmen, dort könnte er übernachten. Fünftens: Wenn es einen Menschen auf der Welt gäbe, der die volle Wahrheit aus dem deutschen Jungen herausholen konnte, dann Direktor Hunch, den nie jemand anlog, da jeder das

Gefühl hatte, Geepys scharfe Augen würden durch ihn hindurchblicken und unweigerlich die Wahrheit herausfinden. Sechstens: Chris verpflichtete sich, Franz nicht entkommen zu lassen und ihn gleich morgen früh zur Polizei zu bringen.

Nur zögernd erklärte sich Kapitän Sharp damit einverstanden, Chris die Sache auf seine Weise regeln zu lassen. Da er wusste, dass Chris ein Freund von Mike war, befahl er den jungen Mann zu sich und befragte ihn, wie zuverlässig und vertrauenswürdig Chris sei. Mikes Bericht war mehr als zufriedenstellend.

«Er gehört dir!», sagte schließlich der Kapitän. «Da du ihn ja gefunden hast, soll er bis morgen früh dein Gefangener sein.»

Chris fand, er sei noch nie so aufgeregt gewesen wie jetzt, als er den schmutzstarrenden, ganz gebrochenen kleinen Franz auf die Lenkstange seines Fahrrads hievte und mit seinem kostbaren und merkwürdigen Fang die Heimfahrt antrat.

Er hatte total vergessen, warum er ursprünglich nach Hell's Bay gekommen war; allein schon das Wort «Pullover» war ihm völlig entfallen. Er hatte auch gar nicht gemerkt, wie schnell die Zeit verging. Zwar war während der Unterredung mit dem Kapitän der Abend hereingebrochen, doch ihm kam nicht mal der Gedanke, dass er in der Neuen Welt längst überfällig war und Geepy hätte anrufen sollen. Er hatte nur eins im Sinn: so schnell wie möglich heimwärts zu jagen.

Sein Gesicht war schweißnass, feuchte Haarsträhnen hingen ihm in die Stirn, und zitternd vor Erschöpfung und Aufregung kam er drei Minuten nach zehn mit seinem Gefangenen in der Neuen Welt an.

12. KAPITEL

INSPEKTOR SNOW UND DETEKTIV TIFF

Der dramatische, wenn auch etwas verworrene Bericht, den Chris uns an diesem Abend gab, schien mir eine gute Story zu sein – das, was wir Reporter einen «Knüller» nennen. Wenn dieser widerliche kleine Deutsche tatsächlich schuldig war und wenn Chris, der ihn gefasst hatte, die Behörden dadurch auf die Spur eines wichtigen Agentenrings gebracht hatte, konnte sich meine Washingtoner Zeitung gratulieren, dass sie diese Meldung als Erste gebracht hatte. Also nahm ich erfreut an, als Geepy mich einlud, bei Franzens Verhör anwesend zu sein.

Als ich am nächsten Morgen in Direktor Hunchs Büro erschien, saßen Chris und Franz bereits auf der niedrigen Holzbank, die als Leiter diente, wenn Geepy ein Buch aus einem der oberen Regalfächer holen musste. Sie wirkten beide mitgenommen und aufgeregt: Man hätte nicht gewusst, wer der «Angeklagte» und wer der «Zeuge» war. Man hätte auch in Franz nicht den schmutzigen kleinen Burschen erkannt, der vor reichlich zehn Stunden hier angekommen und eingeschlafen war, ohne einen Laut von sich zu geben. Er war jetzt sauber und adrett angezogen. Chris hatte ihm offenbar ein paar von seinen eigenen Sachen geliehen, denn sie waren

Franz etwas zu groß. Aber er sah durchaus nicht unangenehm aus: Mit seinem dunklen Teint, dem dunklen Haar und den großen, traurigen, ausdrucksvollen schwarzen Augen erinnerte er an einen hübschen heimwehkranken kleinen Spanier. Vielleicht stammt er aus Süddeutschland, dachte ich; dort sehen viele Leute so aus, kein bisschen nordisch, überhaupt nicht teutonisch!

Mit sorgenvollem Gesicht hörte Franz mit an, was Geepy ins Telefon sagte.

«Tatsächlich?», fragte Geepy. «Ich freue mich natürlich, das zu hören ...»

Auch Franz freute sich, obwohl er nicht wissen konnte, was am anderen Ende der Leitung gesprochen wurde. Ein schüchternes, unsicheres kleines Lächeln huschte über sein Gesicht.

«Der Vater hat also das Polizeirevier angerufen, sobald er merkte, dass der Junge verschwunden war! Wann war das? Freitag Mittag – das stimmt. Und Sie haben einen Ihrer Männer zu ihm geschickt? – Aha. Alles durchsucht, ja?»

Franz zuckte zusammen. Sein dunkelhäutiges Gesicht wurde fast olivenfarbig, denn richtig blass konnte es natürlich nicht werden.

«Ich verstehe!» Geepys Stimme klang recht zufrieden.

Franzens Spannung ließ nach.

«Also, nichts gefunden, nichts Verdächtiges, meine ich? Ja ... ja ... ja, genau das sagt auch der Junge. Was heißt das? Sein Vater schämt sich für ihn? Natürlich, verständlich. Soll ich ihn jetzt aufs Polizeirevier bringen? Geht in Ordnung, Sir. Wir warten. Guten Morgen!»

Er legte den Hörer auf und erklärte uns, die Polizei habe Franzens Fall dem FBI übergeben, das die Untersuchung weiterführen werde. «Inspektor Snow und Detektiv Tiff können jede Minute hier sein.»

Chris versetzte dem Angeklagten einen freundschaftlichen Rippenstoß.

«Hab keine Angst jetzt!», sagte er, als wir die Schritte der Ermittler auf dem Korridor näher kommen hörten.

Mr. Cesar Tiff war Detektiv und der Präsident eines privaten Detektivbüros, das «Das Falkenauge, AG» hieß. Aber er war auch zugleich Vizepräsident, Sekretär und Schatzmeister der Gesellschaft, kurz gesagt, das Personal des «Falkenauges» bestand einzig und allein aus Mr. Tiff. Er war klein, flink, trug eine große Hornbrille und hatte kein einziges Haar auf dem Kopf. Einige Leute behaupteten, er trage seine riesige Brille nur deshalb, weil vier Augen mehr wahrnehmen können als zwei und weil er finde, er sehe damit intelligenter und wichtiger aus.

Der hervorragende Kollege des Detektivs hingegen, Inspektor Waitstill Snow vom FBI, war ein großer, kräftiger Mann, umgänglich, aber recht schweigsam. Man hätte ihn nie für einen Kriminalbeamten gehalten, viel eher für einen Boxer oder Leibwächter. Niemand erfuhr je, ob Inspektor Snow die freiwillige Unterstützung, die ihm «Das Falkenauge, AG» zukommen ließ, tatsächlich schätzte, aber man sah die beiden fast immer zusammen.

«Morgen!», rief das ungleiche Paar von der Tür her. Dann trat Cesar Tiff sogleich in Aktion.

«Du hast dich ja schön in die Nesseln gesetzt!», sagte er zu Chris. «Wie heißt du? Na, egal. Ich weiß es. Hans Struwel, nicht wahr? Hans Struwel, und du kommst aus Italien. Sprichst du überhaupt ein Wort Englisch?»

Chris schnappte nach Luft wie ein aus dem Wasser gezogener Fisch, aber Franz wirkte ganz ruhig und gefasst, nun da die Stunde der Entscheidung gekommen war.

«Ich bin Franz Strobl, Sir!», sagte er und erhob sich höflich von seiner Bank. «Ich komme aus Deutschland, und ich beantworte gern alle Ihre Fragen.»

«Tatsächlich?» Mr. Tiff war etwas verblüfft. Inspektor Snow hatte sich ans Fenster zurückgezogen; er schien an dem Verhör nicht interessiert zu sein.

«Tiffy» pflanzte sich direkt vor Franz auf. Sein kahler Kopf glänzte wie eine Bowlingkugel, seine Brille funkelte.

«Ich habe deinen Fall studiert», erklärte er, «und mir deine Geschichte vorgenommen. Sie ist völlig unglaubhaft – lauter sonderbare Zufälle und fauler Zauber. Zunächst bist du also auf deinem Fahrrad getürmt ...»

Franz schüttelte den Kopf.

«Das willst du doch wohl nicht im Ernst bestreiten?», rief der Detektiv.

«Ich hab gar kein Fahrrad», sagte Franz. «Vielleicht verwechseln Sie mich mit Chris?»

«Nun hör mal zu, mein Junge!» «Falkenauges» Stimme klang jetzt ein wenig verärgert. «Ich verwechsele überhaupt nichts, und es ist auch ganz egal, ob du ein Fahrrad hast oder nicht. Versuch nicht, mich durcheinanderzubringen, indem du meine Aufmerksamkeit von den wesentlichen Tatsachen ablenkst. Du warst auf diesem Zerstörer versteckt, als das Feuer ausbrach – das ist der entscheidende Punkt!»

Er hielt triumphierend inne und machte es Franz dadurch möglich, ihm zum dritten Mal zu widersprechen.

«Mit Ihrer Erlaubnis, Sir», sagte Franz, «die ‹Schneid› ist kein Zerstörer, sondern ein U-Boot-Jäger.»

«Du versuchst mich schon wieder durcheinanderzubringen, wie? Das ist doch egal, ob sie ein Ruderboot oder eine Fähre ist. Sie wurde in Brand gesteckt, nicht wahr? Dich hat man an Bord gefunden, nicht wahr? Und du hast keine Menschenseele gesehen, der man dieses scheußliche Verbrechen zutrauen könnte, oder?»

Franz schluckte. «Nein, Sir», sagte er ziemlich geknickt.

Jetzt griff Inspektor Snow ein.

«Dürfte ich mal dem andern Jungen ganz kurz ein paar Fragen stellen?», sagte er.

«Tiffy» wusste nur zu gut, dass er nicht befugt war, einen Vorschlag des FBI-Mannes abzulehnen, und erteilte deshalb großmütig seine Erlaubnis.

«Tun Sie das, Snow», sagte er, «obwohl ja klar ist, dass er nur ein zufälliger Augenzeuge ist und überhaupt nichts mit dem Verbrechen zu tun hat.»

«Bleib sitzen», sagte Inspektor Snow, als Chris von der Bank aufstehen wollte. «Also, du warst da draußen und hast dir die Boote angesehen, während die anderen beim Essen waren. Du hast Kapitän Sharp erzählt, du hättest einen Mann gesehen, der den Weg langrannte und im Gebüsch verschwand. Würdest du uns diesen Mann bitte beschreiben?»

«Es war ein Zivilist», sagte Chris, «und er sah ziemlich blass aus, soweit ich mich erinnere ...»

«Wie groß etwa?», fragte Inspektor Snow.

«Etwa mittelgroß, schätze ich, aber eher klein als groß.»

«Das ist dieser Japaner!», brüllte «Tiffy», der offenbar nicht imstande war, sich länger als eine Minute im Hintergrund zu halten. «Warum hast du das nicht gleich gesagt! Nach dem fahnden wir doch schon lange!»

«Aber er sah überhaupt nicht wie ein Japaner aus», wandte Chris ein. «Er sah aus wie jemand, den ich schon mal gesehen haben muss.»

«*Natürlich* hast du ihn schon mal gesehen», rief Cesar Tiff. «Dieser Japse treibt sich schon seit Jahren hier rum. Sagtest du nicht, dass er eine amerikanische Uniform anhatte?»

Nein, Chris hatte nichts dergleichen behauptet.

«Spielt auch keine Rolle», entschied der Detektiv. «Diese Japse tauchen in allen möglichen Verkleidungen auf.»

Aber Waitstill Snow schien seinen eigenen Verdacht zu haben. «Also der Mann hat Reißaus genommen, als er dich sah», sagte er. «Ist dir etwas Besonderes an ihm aufgefallen? Irgendetwas Ungewöhnliches?»

Chris dachte angestrengt nach. Er versuchte, sich das Bild des Fremden vor Augen zu rufen, sein Gesicht und die Art, wie er sich bewegt hatte.

«Er hinkte!», rief er plötzlich. «Ich hatte das total vergessen, doch jetzt fällt es mir wieder ein. Er rannte wahnsinnig schnell, aber er zog ein Bein etwas nach; ich erinnere mich ganz genau!»

«Vielen Dank, Junge», sagte Inspektor Snow und kehrte wieder auf seinen Platz am Fenster zurück.

«Da haben wir's!», nickte Detektiv Tiff. «Diese Japse tun sogar, als ob sie hinken, nur um die Behörden irrezuführen!»

Kurze Zeit herrschte Schweigen; dann erkundigte sich Direktor Hunch, zu welchen Schlüssen die Herren in Bezug auf Franz gelangt seien und was aus ihm werden solle.

«Er hat sich mindestens drei Gesetzesübertretungen zuschulden kommen lassen!», erklärte Mr. Tiff feierlich. «Er hat die für feindliche Ausländer verbindliche Fünfmeilenzone überschritten, er hat die Bestimmungen über die Ausgangssperre verletzt, die es feindlichen Ausländern verbieten, nach acht Uhr abends auszugehen, und er ist illegal in ein militärisches Sperrgebiet eingedrungen ... Das genügt für uns, um ihn weiterhin in Gewahrsam zu behalten.»

«Ja, so ist es», sagte Inspektor Snow, als stimme er völlig mit «Falkenauge, AG» überein. «Und außerdem», setzte er hinzu, «ist er erst zehn Jahre alt und kann deshalb nicht zu einer Gefängnisstrafe verurteilt werden. Natürlich können wir ihn auch nicht nach Hause zurückschicken. Er muss unter Aufsicht sein. Er braucht zwei amerikanische Bewährungshelfer, die darauf achten, dass er die Gesetze einhält. Zu schade, dass er nicht in Ihrer Obhut bleiben kann, Mr. Hunch ...», und er sah den Direktor an.

«Wer sagt, dass er das nicht kann?», fragte Geepy.

Sie besprachen den Fall etwa fünf Minuten lang, der Direktor der Neuen Welt und der Inspektor des Federal Bureau of Investigation, Waitstill Snow, während «Tiffy», der von der Diskussion ausgeschlossen blieb, sein Gewicht nervös von einem kurzen Bein auf das andere verlagerte.

Dann fiel die Entscheidung. Franz Strobl, so wurde verkündet, sollte auf Bewährung freigelassen werden und an der Schule bleiben, wo man ihm Gelegenheit geben wollte, die unbedachten Gesetzesverletzungen, die er begangen hatte, wiedergutzumachen und seine Loyalität gegenüber den Vereinigten Staaten durch tadelloses Verhalten zu beweisen. Seine Eltern würden benachrichtigt werden, und wenn nach drei Monaten Franzens Führung durchaus zufriedenstellend genannt werden könnte, wollte man ihm erlauben, nach Hause zurückzukehren.

«Du kannst dich bei diesem Herrn für das Urteil bedanken!», sagte Inspektor Snow mit einem Blick auf Direktor Hunch. «Denn hätte er sich nicht bereit erklärt, dein Bewährungshelfer zu sein und deinen Aufenthalt hier aus seiner Tasche zu bezahlen, hätten wir dich in das Jugendgefängnis schicken müssen. Weißt du das?»

Franz wusste das anscheinend sehr wohl. Seine großen schwarzen Augen hingen an Geepys zerfurchtem freundlichem Gesicht. Zum ersten Mal, seit wir ihn kannten, sah er richtig glücklich aus.

«Willkommen in der Neuen Welt!», sagte Geepy und streckte dem neuen Mitglied die Hand entgegen.

Chris sagte nur: «Mensch, Franz!», und ich merkte zu meiner Überraschung, dass ich sehr zufrieden war, obwohl dieses glückliche Ende kaum mehr eine Zeitungsstory hergab.

Der einzige nicht ganz Zufriedene war Mr. Cesar Tiff.

«Ich weiß nicht, Snow», sagte er, den kahlen Kopf schüttelnd, «ob Sie nicht einen schweren Fehler machen. Na, egal. Nur gut, dass Sie mich haben! Ich werde den Verdächtigen im Auge behalten. Auf ‹Falkenauge, AG› ist Verlass.»

Inspektor Snow warf seinem Helfer einen leicht belustigten Blick zu.

«Und ob!», sagte er.

13. KAPITEL

DER GEHEIMNISVOLLE MR. X

Etwa eine Woche lang kam ich nicht in die Neue Welt und hörte auch nichts von der Gang. Ich wusste, dass jetzt das Baseballtraining anfing und einige Kinder deshalb vollauf beschäftigt sein würden. Chris zum Beispiel musste ganz schön trainieren; man kann kein erstklassiger Pitcher sein, wenn man nicht für beste Kondition sorgt. Auch Betsy war eine gute Spielerin und Kapitän der Mädchenmannschaft. Gerüchteweise verlautete, die Mädchen würden vielleicht sogar in diesen Wochen die Jungen zu einem Wettkampf herausfordern. Das glaubte ich natürlich nicht. Schließlich spielten Betsy und ihre Freundinnen immer noch so genannten «Hallenbaseball», der nicht etwa deshalb so heißt, weil man ihn in einer Halle spielt, sondern wegen des weichen «Hallenballs», der bei diesem Spiel benutzt wird. Aber ob nun die Mädchen tatsächlich die Absicht hatten, die Jungen zu einem Wettkampf herauszufordern oder nicht, Betsy würde sich auf jeden Fall in Topform bringen müssen, sonst würde sie wehmütig daran zurückdenken, wenn die Spiele erst einmal begonnen hatten.

Und wie würde man es mit den Neuen halten?, fragte ich mich. Man musste sie in die Geheimnisse unseres großen

Nationalsports einführen, nicht wahr? Und wenn die Jungen auch so aussahen, als würden sie sich auf diesem Gebiet ganz gut machen, war es doch möglicherweise ziemlich schwierig, ihnen die Regeln einzuprägen und ihnen zu erklären, worum es da eigentlich ging.

Ich musste lachen, wenn ich an die Zeit dachte, als ich selber eine unwissende Anfängerin war, die den Unterschied zwischen dem Catcher und dem Pitcher nicht kannte. Aber was meine Mannschaftskameradinnen am meisten in Rage brachte: Ich richtete mich immer nach den Zurufen der anderen Mannschaft, lief los, wenn ich auf meinem Platz hätte stehen bleiben müssen, und blieb stehen, wenn ich hätte losrennen sollen. Die kleine Madeleine, überlegte ich, würde sich vielleicht ganz ähnlich verhalten.

Und wie mochte sich Franz eingewöhnt haben? War er immer noch ein «Verdächtiger», und spürte ihm «Falkenauge, AG», verkörpert durch Mr. Cesar Tiff, immer noch nach? Ob es mit dem Kriegshilfseinsatz voranging? Oder hatte man die Pläne, die der «Große Rat» an jenem denkwürdigen Nachmittag entwickelt hatte, über der weniger anstrengenden Aufgabe vergessen, die Neuen mit den Geheimnissen des «Superman» oder der «Menschlichen Flamme» bekannt zu machen?

Nun, das alles ging mich wirklich nichts an. Meinen Job hatte ich übrigens seit dem Tag, als die Neuen auf unserem Bahnhof angekommen waren, ziemlich vernachlässigt. Mein Boss, Mr. MacLaughlin, hatte mich bereits wissen lassen, dass er mit meinen Leistungen keineswegs zufrieden sei. Ein Telegramm aus Washington lautete so:

«möchte sie nicht belästigen wäre aber erfreut wenn sie

sich gelegentlich erinnerten dass sie reporter sind stop ihr schwer gekränkter maclaughlin, chefredakteur.»

Und da mein Boss der letzte Mensch auf der Welt war, den ich schwer kränken wollte, beschloss ich ernsthaft, mich auf meine eigene Arbeit zu konzentrieren und mich gegenwärtig nicht weiter um die Neue Welt zu kümmern. Ich wäre auch ganz bestimmt bei diesem Entschluss geblieben, wäre da nicht der Traum gewesen – dieser seltsame, unheimliche Traum, den ich eines Nachts träumte und den ich Chris unbedingt erzählen musste.

Folgendes hatte ich geträumt: Ich wanderte hinunter nach Hell's Bay – oder vielmehr ich flog, wie man es in Träumen zu tun pflegt. Ich schwamm durch die Luft und fragte mich verwundert, wie es viele Träumer tun, warum ich denn nicht öfter flog und was andere Leute davon abhielt zu fliegen, wo es doch so kinderleicht war.

Jedenfalls landete ich an Bord der «Schneid», die aber gar nicht wie ein U-Boot-Jäger aussah, was sie doch eigentlich war, sondern sich als gewaltiges Schlachtschiff von mindestens 60000 Tonnen entpuppte. Ich hätte überrascht sein müssen, dass dieser Kriegsgigant nur mit Kindern bemannt war, doch ich staunte kein bisschen. Im Gegenteil: Ich fand es ganz selbstverständlich, dass Chris der Kapitän der schwimmenden Festung sein musste, und richtig, da stand er in seiner schmucken Uniform und rief der Mannschaft durch ein riesiges goldenes Megaphon seine Befehle zu. Als ich dicht neben ihm weich landete, sagte Kapitän Chris: «Klar, er hinkt, du merkst es, auch wenn er unheimlich schnell rennt! Sieh dich lieber vor, Depesche, er ist gefährlich!»

Ich sagte: «Wo hab ich den schon mal gesehn?»

Chris wiederholte meine Frage, das heißt, er sang sie wie die erste Zeile eines Liedes vor sich hin. Mitten in der Zeile setzte ich ein, und wir machten einen richtigen Kanon aus dem Satz «Wo hab ich den schon mal gesehn?».

Plötzlich erfolgte eine furchtbare Explosion. Sie war so grauenvoll, ihr Donner war so ohrenbetäubend, so markerschütternd, dass sie alles ringsum verschlang – es einfach verschwinden ließ. Chris verschwand, das riesige Schiff verschwand. Auch ich verschwand. Nichts blieb übrig als Dunkelheit, doch etwas Weißes segelte auf mich zu; zumindest kam es mir so vor, obgleich ich dachte, ich sei verschwunden und eigentlich könnte nichts auf jemanden zusegeln, der gar nicht da ist. Aber ihr wisst ja, wie Träume so sind. Zuerst glaubte ich, das Weiße sei ein Vogel, doch als es näher kam, sah ich, dass es eine Nelke war – eine weiße Nelke, die immer größer und größer wurde, bis sie wie eine dicke weiße Wolke aussah. Ich erschrak sehr, doch da löste sich die Nelkenwolke in nichts auf, und zwei Melodien erfüllten die leere Luft, vermischten sich miteinander und ergaben ein misstönendes Geplärr. «Wo hab ich den schon mal gesehn?», sang Chris. Aber Jim Johnson, der Besitzer des Fotogeschäfts in der Main Street, an den ich schon eine ganze Weile nicht mehr gedacht hatte, brummte so etwas wie: «Er ist bloß ein Handelsreisender, Handelsreisender, Handelsreisender ...»

Zuerst ärgerte ich mich nur, weil Jim Chris' Gesang verdarb und die schöne Dixie-Melodie für sein dummes Gebrumm missbrauchte, aber dann waren es die Worte, die mich derart aufbrachten, dass ich darüber erwachte.

«Handelsreisender!», murmelte ich, noch im Halbschlaf. «Komischer Handelsreisender!»

An diesem Morgen hielt ich mich nicht lange mit Frühstücken auf, und ehe Horatio es sich versah, war ich durch die Drehtür gewirbelt und eilte hinauf zur Neuen Welt.

Ich ortete Chris, und da bis zum Beginn der ersten Unterrichtsstunde nicht mehr viel Zeit war, kam ich sofort zur Sache.

«Erinnerst du dich an den Tag, an dem die Neuen angekommen sind?», erkundigte ich mich. Meine Frage war nicht sehr intelligent, denn bestimmt hatten weder Chris noch irgendeiner von uns diesen Tag vergessen. Also machte sich Chris nicht mal die Mühe zu antworten, sondern wartete höflich darauf, dass ich weiterredete.

«Also», sagte ich. «Erinnerst du dich auch, dass Mrs. Caboose eine ganze Weile brauchte, um aus dem Zug auszusteigen ...?»

Chris lachte. «Klar», sagte er, «sie brauchte ziemlich lange, um Aufstellung zu nehmen. Junge, diese Vögel auf ihrem Hut vergesse ich nie! Aber was ist denn los? Ist der lieben Mrs. Caboose was zugestoßen?»

Ich schüttelte den Kopf. «Du und Betsy», fuhr ich fort, «ihr seid den Bahnsteig auf und ab gerannt und habt nach ihr und den Kindern Ausschau gehalten, deshalb weiß ich nicht genau, ob ihr gesehen habt, was ich gesehen habe.»

«Und was hast du gesehen? Den Weihnachtsmann?»

«Lass den Unsinn», bat ich. «Aus dem Zug ist nur noch ein anderer Fahrgast gestiegen – ein bleichgesichtiger junger Mann ohne Hut, ohne jegliches Gepäck, in einem Mantel, der ihm etwas zu groß war. Hast du diesen Mann gesehen?»

Zwischen Chris' Brauen bildeten sich zwei nachdenkliche Falten.

«Augenblick mal!», rief er. «Doch, ich hab ihn gesehen! Und das – das ist der Kerl – das ist der Kerl, den ich unten in Hell's Bay getroffen habe! Ich wusste doch, dass ich ihm schon mal begegnet bin! Auf dem Bahnhof – ja, dort war es und an dem Tag! Natürlich hab ich da nicht groß auf ihn geachtet. Leider! Sonst hätten wir vielleicht aufgepasst, wohin er geht oder ob er hier jemanden kennt.»

«Er kennt jemanden!», versicherte ich. «Jim Johnson hat ihn abgeholt, aber ich glaube nicht, dass Jim ihn schon vorher kannte, denn sie trugen beide eine weiße Nelke als Erkennungszeichen.»

«Was du nicht sagst!», rief Chris erschüttert.

Wir schwiegen beide etwa eine Minute lang.

«Natürlich ist es höchst unwahrscheinlich, dass Jim irgendwas damit zu tun hat», sagte ich schließlich. «Sicher hat er keine blasse Ahnung, wer unser geheimnisvoller Mann ist und was der im Schilde führt. Deshalb reden wir am besten mit niemandem darüber, dass wir die beiden zusammen gesehen haben. Vielleicht versuche ich an einem der nächsten Tage, mit Jim zu sprechen. Bist du ganz sicher, dass es derselbe Mann ist?»

«Absolut sicher. Das ist der Kerl, den ich in Hell's Bay gesehen habe!»

«Aber du sagtest, der Mann in Hell's Bay hätte gehinkt, nicht wahr? Ich bin mir nicht sicher, ob dieser Mr. X auf dem Bahnhof gehinkt hat. Mir scheint, nein. Was meinst du?»

Chris zuckte die Achseln.

«Ich weiß es nicht. Vielleicht hat er nicht gehinkt. Aber deshalb bleibt er doch derselbe!»

Ich überlegte. «Trotzdem ist es immer noch möglich, dass wir uns irren», gab ich zu bedenken.

«Nein, wir irren uns nicht!» Chris schien sich seiner Sache sehr sicher zu sein. «Doch wenn Mr. X auf dem Bahnsteig nicht gehinkt hat, dann muss er sich nach seiner Ankunft irgendwie ein Bein verletzt haben, oder aber – wart mal – oder er hinkt eigentlich überhaupt nicht, sondern hat nur so getan, um uns irrezuführen. Erinnerst du dich, dass Inspektor Snow mich fragte, ob mir irgendwas Sonderbares oder Ungewöhnliches an dem Mann aufgefallen ist? Deutet das nicht darauf hin, dass er jemanden im Verdacht hat, der irgendwie sonderbar oder ungewöhnlich ist? Der Mann kann doch absichtlich gehinkt haben, um uns zu täuschen!»

«Nicht schlecht», sagte ich, «gar nicht schlecht – warum bewirbst du dich nicht bei ‹Falkenauge, AG›?»

Aber Chris hatte jetzt keinen Nerv für Witze.

«Ich überlege gerade», dachte er laut. «Er hinkte ganz natürlich, außerdem ging alles so schnell, dass er gar keine Zeit hatte, so was vorzutäuschen. Nein», schloss er, «ich glaube, unsere erste Idee stimmt: Der Mann hat sich irgendwann in der Zeit zwischen seiner Ankunft und dem Sonntag verletzt!»

Ich versuchte zum hundertsten Mal, etwas ganz Wichtiges zutage zu fördern, das irgendwo in meinem Gedächtnis begraben lag.

«Das alles», sagte ich, «erklärt doch nicht, wieso mir der Mann so bekannt vorkam, als ich ihn auf dem Bahnhof sah. Wenn ich mich doch nur erinnern könnte ...»

Die Schulglocke läutete.

«Sozialkunde!», sagte Chris. «Geepys Stunde. Na tschüs denn.»

Er raste davon und ließ mich mit meinen quälenden Gedanken über das Wie und Wo des geheimnisvollen Mr. X allein.

14. KAPITEL

VON EINBRUCH, GUMMI UND BLECH

Eines schönen Samstagmorgens erschien die «El Peso Gazette» mit folgender ungewöhnlicher Schlagzeile:

«Seltsamer Dieb bricht in nobles El-Peso-Anwesen ein. Nichts gestohlen!» Die folgende kurze Notiz las sich wirklich sehr sonderbar.

«Wie jetzt bekanntgegeben werden kann», hieß es, «wurde einer der hervorragendsten Bürger unserer Stadt kürzlich das Opfer eines äußerst merkwürdigen Einbruchs. Der Einbrecher, der mit großer Raffinesse und Kühnheit vorging, muss, wie jetzt feststeht, mindestens dreißig Minuten in dem betreffenden Haus verbracht haben, ließ aber nichts mitgehen. Da er sich mit Leichtigkeit viele sehr wertvolle Gegenstände hätte aneignen können, liegt die Vermutung nahe, dass der ungewöhnliche Dieb nach etwas Bestimmtem gesucht hat, was er indessen nicht fand. Wie es der Mann fertigbrachte, in die im zweiten Stock gelegene Wohnung einzudringen und sie wieder zu verlassen, konnte noch nicht ermittelt werden. Alle Türen hatten Sicherheitsschlösser, und es wurde kein Versuch gemacht, sie aufzubrechen. Die Polizei bemüht sich weiter, den bescheidenen Dieb ausfindig zu machen.»

«Das ist doch ...», sagte ich zu mir, nachdem ich den Artikel gelesen hatte. Dann trabte ich zum Polizeirevier, um mir weitere Informationen zu holen.

«Tut mir leid, Ma'am», erklärte der diensthabende Beamte, «wir können nicht mehr bekanntgeben, als wir bereits der Presse mitgeteilt haben. Angesichts der bedeutenden Stellung des Betroffenen muss dieser Fall mit besonderer Sorgfalt behandelt werden ...»

In diesem Augenblick stürmte Präsident Sheepbot in das Büro und schwenkte die heutige «El Peso Gazette».

«Was ist das?», brüllte er und deutete auf die Schlagzeile. «Ich habe Ihnen doch gesagt, ich wünsche kein Aufsehen in dieser ...»

Er hielt inne, als er mich bemerkte.

«Da haben wir's!», rief er erbost. «Jetzt wird natürlich ganz Washington davon erfahren!»

Ich sagte, er könne sich auf meine Diskretion verlassen, aber insgeheim fragte ich mich, ob nicht doch etwas Wichtiges gestohlen worden sei.

«Um Gottes willen!», riefen wir alle drei gleichzeitig und hielten uns die Ohren zu, denn plötzlich hatte ein grässlicher Lärm eingesetzt, ein hohes, durchdringendes Schrillen, wie ich es noch nie gehört hatte. So was wie eine Superpfeife, dachte ich, als ich mit Präsident Sheepbot und dem Polizeibeamten auf die Straße hinaustrat.

Dort bot sich uns in der Tat ein überraschender Anblick: die seltsamste Parade, die man sich vorstellen kann, eine Parade von Kindern auf Fahrrädern. Aber das Allersonderbarste war die Verkleidung der Kinder und die Art, wie sie trotz ihrer unheimlich schweren Ausrüstung Rad fuhren. Sie hatten sich alte Gummireifen und -schläuche wie Halskrausen umgelegt oder trugen sie als Gürtel und riesenhafte Armbänder. Die gewichtigen Schmuckstücke baumelten um ihre Hälse, ihre Hüften und über ihren Schultern, und ihre Köpfe zierten Kränze aus Gummiringen.

Es dauerte ein paar Augenblicke, bis ich Chris erkannte, der die Parade anführte, denn er war besonders reich geschmückt und völlig verkleidet. Sein tief in die Stirn gezogener Helm war aus einer alten Wärmflasche gebastelt, und er trug einen regelrechten Panzer aus Gummireifen. Chris fuhr, wie es seine Gewohnheit war, freihändig; er hatte die gummibewehrten Arme hochgereckt wie ein Dirigent, der seinem Orchester das Zeichen zum Einsatz gibt, und in jeder Hand hielt er zwei Tennisbälle. Aus seinem Mund ragte etwas, das wie eine dicke schwarze Zigarre aussah, aber da keine Zigarre, egal wie dick oder wie schwarz sie ist, das nervtötende Geräusch hervorzurufen vermag, das Chris verbreitete, schloss ich, das Ding zwischen seinen Zähnen müsse die Superpfeife sein, deren Schrillen uns auf die Straße gelockt hatte.

Er winkte mir zu, als er an mir vorbeiradelte, aber natürlich konnte er nichts sagen. Stattdessen stieß er auf seiner Zigarre einen besonders ohrenbetäubenden Pfiff aus.

Die Formation der Parade sah so aus: Chris als der Anführer fuhr allein an der Spitze, gefolgt von zwei Jungen, George und Iwan; die dritte Reihe bildeten drei Kinder, Tschutschu, Rombout und die kleine Madeleine; dann kam eine Viererreihe, bestehend aus Björn, Nelson und zwei älteren Jungen, die ich nicht kannte. Zum Schluss wurden die Reihen so breit, dass sie den ganzen Fahrdamm einnahmen.

Madeleine, die nicht kräftig genug war, um Reifen zu

schleppen, steckte in einem riesigen Gummiregenmantel, mit einem Stück Gartenschlauch als Gürtel. Björn hatte seine flachsblonde Mähne unter einer komisch aussehenden Badekappe versteckt und die Arme durch ein sperriges Paar Ärmel geschoben: alte Gummistiefel ohne Sohlen.

Wer die Hände frei hatte, gebrauchte sie, um die Fahrradklingeln zu betätigen, und alle schrien aus voller Kehle.

«Gum – mi!», brüllten sie im Takt. «Gebt uns Gum – mi! Gebt uns Gum – mi! Gebt uns noch mehr Gum – mi!»

Der Lärm war ohrenbetäubend, und die Wirkung war geradezu sensationell. Die Leute drängten sich auf den Bürgersteigen, hielten sich die Ohren zu und sahen sich die Parade belustigt, aber doch mit etwas gequältem Gesichtsausdruck an. In den Fenstern ringsum zeigten sich noch mehr Zuschauer; der ganze Verkehr kam zum Stillstand, und eine Menge Autos, die nicht vorbeikonnten, folgten dem Zug und verstärkten den Lärm und das Getöse durch ihr ungeduldiges Hupen.

«Du lieber Gott!», sagte Präsident Sheepbot, als die letzte Reihe Kinder an uns vorüber war, «haben Sie in Ihren schlimmsten Albträumen je so etwas erlebt?»

Nein, sagte ich, noch nie, aber die Sache hätte mir gefallen. «Außerdem», fuhr ich fort, «macht sie bestimmt Eindruck. Die Kinder werden ganz sicher auch noch das letzte Stück alten Gummi aus uns herausholen, glauben Sie nicht auch? Es ist doch wirklich erstaunlich, was sie schon alles gesammelt haben! Sieht ganz so aus, als ob El Peso das Gummirennen in diesem Teil der Staaten gewinnt – und zwar mit Abstand!»

«Mag sein», sagte Präsident Sheepbot. «Aber nun zurück zu ernsteren Dingen. Was also diesen Artikel betrifft ...»

Doch der Polizeibeamte, zu dem er sprach, hörte offenbar gar nicht hin. Tief in Gedanken versunken, sah er aus wie ein Mann, der im Begriff steht, eine bedeutende Entdeckung zu machen.

«Was ist denn los mit Ihnen?» Präsident Sheepbot war es gewohnt, dass ihm alle Leute ungeteilte Aufmerksamkeit widmeten, und die Geistesabwesenheit des Beamten ärgerte ihn. «Stimmt irgendwas nicht?»

«Ich überlege gerade», sagte der Beamte, «diese Pfeife – Sir – haben Sie die gehört?»

Ich musste laut lachen, und sogar Präsident Sheepbot konnte ein Lächeln nicht unterdrücken.

«Ob ich die gehört habe?», sagte er. «Mann, haben Sie den Verstand verloren? Ich hätte das Ding auch dann hören müssen, wenn es zehn Blocks weit weg ertönt wäre! Zu meinem Pech aber hat dieser dumme Junge mir direkt in die Ohren getrillert. Sie tun mir jetzt noch weh, und ich glaube, ich muss zu meinem Ohrenarzt, sobald ich hier fertig bin.»

«Freut mich, dass Sie das sagen, Sir!» Der Beamte schien über Präsident Sheepbots schmerzende Ohren äußerst beglückt zu sein. «Natürlich tut mir das leid», beeilte er sich hinzuzufügen, «aber ich freue mich, dass Sie meine Meinung über die Pfeife teilen. Zehn Blocks weit weg! Man konnte sie überall in der Stadt hören! Das ist der springende Punkt, Sir. Es ist eine ganz außergewöhnliche Pfeife. Ich frage mich, woher die Kinder die haben!»

«Das ist ja alles sehr interessant», erklärte Präsident Sheepbot, «aber ich habe eigentlich keine Lust, mich mit Ihnen weiter über Kinderspielzeug zu unterhalten. Was hingegen diese unglückselige Zeitungsnotiz betrifft ...»

Hier zogen sich die beiden Männer in das Polizeibüro zurück, und ich zog es vor, sie allein zu lassen.

Inzwischen, überlegte ich, musste die Parade bei der Statue des Generals Grant in der Main Street angelangt sein, wo wir alle Gegenstände aus Gummi, die wir nicht mehr brauchten, hinbringen sollten. Nach ihrer Triumphfahrt durch die Stadt würden die Kinder nun ihre Beute bei dem Gummihaufen abladen, der sich bereits dort auftürmte, und es erschien mir nur fair, dorthin zu gehen und ihnen zu ihrem wirklich großen Erfolg zu gratulieren.

Erst nachdem ich die Gang begrüßt hatte, merkte ich, dass Franz fehlte.

«Franz musste zu Hause bleiben», sagte Chris. Er war immer noch ziemlich außer Atem von den Anstrengungen der Parade.

«Warum?», fragte ich. «Hat er was angestellt? Was Dummes, meine ich?»

Nein, Franz hatte sich tadellos benommen. «Reine Vorsichtsmaßnahme, vermute ich», sagte Chris, «oder vielleicht möchte ihn Geepy ein bisschen für das bestrafen, was er getan hat, bevor er hierherkam. Aber es ist schade, dass er nicht mitmachen durfte. Er hat wirklich schwer gearbeitet, damit unsere Parade ein Erfolg wird. Wie hat dir unser Pfeifkonzert gefallen? War es laut genug?»

«Es war ein hervorragendes, unvergessliches Pfeifkonzert», versicherte ich ihm.

«Das hätten wir ohne Franz nicht hingekriegt, weißt du», gestand Chris. «Siehst du das hier? Das ist die Pfeife, die er für uns gemacht hat. Sie ist aus Holz geschnitzt und sieht aus wie eine ganz gewöhnliche Pfeife, doch Franz hat was erfunden, damit sie anders klingt und viel lauter. Ich hab keine Ahnung, wie er das fertiggebracht hat, aber er hat tagelang daran gebastelt; hat alle möglichen komischen Zeichnungen gemacht, dann ein zweites Stück Holz in Stücke zersägt, dann seinen Entwurf verbessert, dann seine Pfeife nach den neuen Plänen verändert, dann das Ganze wieder vollkommen verändert, bis es schließlich fertig war. Sein Vater ist Ingenieur, weißt du, und Franz hat immer schon gern so Sachen erfunden. Junge, war er stolz, als wir ihm sagten, wir würden seine Pfeife für unsere Parade brauchen. Und dann konnte er sie nicht mal hören!»

«Die Polizei hat sich merkwürdig lebhaft für diese Pfeife interessiert», sagte ich. «Sie wollte auch wissen, woher ihr sie habt.»

«Jesses, das ist ja furchtbar! Die werden sich doch nicht etwa über den Krach beschweren? Wir kriegen doch hoffentlich keinen Ärger, oder?»

Bevor ich mich dazu äußern konnte, drehte Chris sich um und berichtete den anderen, dass «die Bullen was gegen unsere Pfeife haben» und sie alle «hinter Franz her» seien.

«Hört mal», versuchte ich zu erklären, «ich glaube eigentlich nicht, dass die Polizei es so gemeint hat ...» Aber die Kinder waren derart erschreckt, dass sie nicht auf meine Worte hörten, und es begann eine erregte Diskussion über die Lage.

«Ich muss hoffen», sagte Björn, «dass sie nicht etwa eine schwere Strafe über Franz verhängen! Ich mag Franz, denn man muss ihn einfach mögen; außerdem hat er die Pfeife ja nur erfunden, aber den gesamten Lärm haben wir vollführt, deshalb müssen wir auf jeden Fall die ganze Strafe zusammen erleiden.»

«Aber gewiss doch!» Iwan war völlig einverstanden mit Björns kleiner Rede. «Wir haben es gemeinsam getan, und deshalb müssen wir die Strafe auch gemeinsam auf uns nehmen, wenn es eine geben sollte!»

Es herrschte beträchtliche Verwirrung, und alle versicherten, Franz sei ganz unschuldig und dürfe unter keinen Umständen bestraft werden.

«Wir wollen ihm auf jeden Fall nichts davon erzählen», schlug Chris schließlich vor. «Vielleicht kommt gar nichts nach, und wir möchten ihn doch nicht grundlos aufregen, nicht wahr?»

Alle nickten ernst.

Nur Björn, der immer von allem die Schokoladenseite sah, war nicht einverstanden.

«Oder vielleicht und möglicherweise hat diesen zahlreichen Polizisten die Pfeife auch gefallen, und sie wird zu großem Ruhm gelangen, und auch Franz wird zu großem Ruhm gelangen, und wir alle werden ganz berühmt, weil wir einen so wunderbaren Lärm gemacht haben.»

Aber Chris glaubte das nicht, und auch keiner von den anderen.

«Bullen mögen keinen Krach!», erklärte er. «Sind welche in der Nähe? Los, zischen wir ab!»

Sie schwangen sich auf ihre Räder. Da offensichtlich keine Polizisten in der Nähe waren, stieß Chris auf seiner Pfeife einen Abfahrtspfiff aus, der mir durch Mark und Bein ging und mich an Präsident Sheepbots Ohrenschmerzen erinnerte und ebenso an das geheimnisvolle Verbrechen, das in der Wohnung des Präsidenten begangen worden war. Das wiederum erinnerte mich an Chris' und mein beunruhigendes

Rätsel, den geheimnisvollen Mr. X. Ich beschloss, mal mit Jim Johnson zu reden.

Es war jemand in Jims Geschäft – genauer gesagt, ein Kunde, und noch genauer gesagt, Nelson Sheepbot. Er musste die Gang gleich nach der Parade verlassen haben und zu Jim gegangen sein, während wir Übrigen über Franz und die Pfeife diskutierten.

«Deine Fotos sind gleich fertig», versprach Mr. Johnson seinem Kunden. «Sie müssen nur noch einen Augenblick trocknen. Das sind ja fabelhafte Aufnahmen, die du da hast! Du willst mir doch nicht erzählen, dass du sie selber gemacht hast?»

Nelson blinzelte ihn schläfrig an, fühlte sich aber sichtlich geschmeichelt.

«Niemand sonst könnte sie gemacht haben», sagte er, und diesmal öffnete er tatsächlich den Mund weit. «Es ist so was wie ein Geheimobjekt, wissen Sie; niemand darf mit einem Fotoapparat da rein. Bei mir ist es natürlich was anderes. Ich kann jederzeit rein, ohne durchsucht zu werden. Deshalb habe ich diese Aufnahmen für meine Privatsammlung gemacht. Ich zeige sie auch niemandem.»

«Das finde ich sehr vernünftig», lobte ihn Jim Johnson. «Aber ich begreife eigentlich nicht, was an der ganzen Sache so geheim ist. Tausende von Leuten wissen über die Fabrik deines Vaters Bescheid, sie kennen dort faktisch jede Ecke und jeden Stein ...»

Nelson lächelte ein wenig hochmütig. «Nein, kennen sie nicht», erklärte er. «Nicht diese Ecke, darauf können Sie wetten! Ich meine den neuen Trakt, wissen Sie, und der ist noch nicht mal fertig. Niemand hat ihn bisher gesehen außer den Männern, die ihn bauen. Und natürlich die Wachmänner. Wir stellen auch noch mehr Wachmänner ein; Vater meint, wir dürfen kein Risiko eingehen; die Sache ist viel zu wichtig, und wir können unmöglich weiter mit den paar alten Schlafwandlern auskommen, die wir jetzt als Wachmänner haben!»

«Natürlich nicht», sagte Mr. Johnson, «ganz gewiss nicht!»

Dann holte er Nelsons Fotos. «Du brauchst mir dafür nichts zu bezahlen», schlug er vor. «Es ist so lästig, nicht wahr, für jede Kleinigkeit Geld hinzublättern. Ich werde ein Kreditkonto für dich eröffnen, dann kannst du bezahlen, wann immer du willst.»

Der Gedanke gefiel Nelson. «Einverstanden, Mister», sagte er gnädig.

Ich wartete, bis er gegangen war, dann zog ich einige Filme aus meiner Tasche, die Jim für mich entwickeln sollte.

«Netter Junge», sagte ich mit Bezug auf Nelson. «Vielleicht ein bisschen zu offenherzig.»

Jim Johnson schüttelte den Kopf. Seine kleinen Schweinsäuglein blickten heute sehr ernst, und sein dickes rosiges Gesicht strahlte vor Freundlichkeit.

«Sie können's mir glauben», erklärte er, «Nelson ist ein hochintelligenter Junge, der genau weiß, mit wem er spricht. Ich kenne ihn seit seiner Geburt, bin so eine Art Onkel für ihn; ich hab ihn schon als Baby fotografiert ... Wie viele Abzüge wollen Sie von Ihren Aufnahmen?»

Ich sagte, ich hätte gern zwei Abzüge von jeder Aufnahme. «Natürlich nur von den guten. Übrigens», setzte ich hinzu, «ich bin gar nicht zufrieden mit den Filmen, die ich verknipst habe. Und Sie scheinen auch keine große Auswahl vorrätig zu haben. Was ist mit dem Vertreter, der neulich hier war? Bringt der nie neue Ware mit?»

Jim schien sich über meine Frage zu freuen. Er sah mir mit einem schlauen und belustigten Ausdruck in die Augen und sagte: «Bob hat Ihnen gefallen, was? So heißt er – Bob Gardener. Ich kann's Ihnen nicht verdenken; er ist ein gutaussehender Bursche, Ihr Freund. Wirklich schade, dass er die meiste Zeit nicht hier sein kann. Im Augenblick», sagte er und suchte in seiner Jacketttasche nach irgendetwas, «im Augenblick ist er in Tulsa in Oklahoma, wenigstens hat er mir vor ein paar Wochen von dort geschrieben. Hier haben wir's – wollen Sie mal einen Blick auf Bobs Handschrift werfen?»

Die Ansichtskarte, die er mir zeigte, kam tatsächlich aus Tulsa. Sie lautete: «Lieber Mr. Johnson: Die Geschäfte gehen hier besser, als ich annahm. Herzliche Grüße. Lassen Sie mich wissen, wenn Sie neue Ware brauchen und ob Sie letztes Mal mit meinen Diensten zufrieden waren. In Erwartung Ihrer baldigen Aufträge verbleibe ich Ihr

Robert Gardener.»

So große Mühe ich mir auch gab, ich konnte in dieser kurzen Mitteilung absolut nichts Verdächtiges entdecken. Die Tatsache, dass die Karte vor drei Wochen aufgegeben worden war, bedeutete ein hieb- und stichfestes Alibi für Mr. Robert Gardener alias den geheimnisvollen Mr. X. Denn es war jetzt genau drei Wochen weniger einen Tag her, dass die «Schneid» in Flammen aufgegangen war, und da niemand gleichzeitig in Hell's Bay in Kalifornien und in Tulsa in Oklahoma sein kann und dieser Mann X tatsächlich in Tulsa war, als das geschah, konnte er mit dieser Angelegenheit nichts zu tun haben. Ich schämte mich ein wenig, dass ich einen anständigen, harmlosen Geschäftsfreund von Jim zu Unrecht verdächtigt hatte, und kaufte schnell alles Mögliche, um Jim eine Freude zu machen.

Dann ging ich nach Hause und rief Chris an.

«Hör zu», sagte ich, «wir haben uns geirrt: Der Mann auf dem Bahnsteig und der, der die ‹Schneid› zu verbrennen versuchte, sind nicht identisch.»

Und ich erzählte ihm von Jim Johnson und Mr. Gardeners Ansichtskarte. «Diese Karte», erklärte ich, «beweist die Unschuld unseres Handelsreisenden. Sie ist sozusagen ‹Beweisstück A› zu seinen Gunsten.»

Chris brach in lautes Lachen aus.

«Depesche», wieherte er, «du bist wirklich kein guter Detektiv! Begreifst du nicht, dass Jim dir irgendeine Postkarte aus Tulsa gezeigt haben kann, einfach irgendeine? Woher wissen wir denn, ob der Mann, der diese Karte geschrieben hat, irgendwas mit unserem Mr. X zu tun hat? Wahrscheinlich hat er gar nichts mit ihm zu tun. Beweisstück A – dass ich nicht lache! Das ist doch totaler Blödsinn! Na, keine Sorge, wir werden's herausfinden!»

Das saß! Mein Gesicht war so rot wie eine rote Rübe, als es mich aus dem Spiegel anblickte, der dem Telefon gegenüber hing.

«Gratuliere», sagte ich verächtlich zu meinem verlegenen Ebenbild, «gratuliere, Miss Sherlock Holmes! Warum bleibst du nicht mit deinem Strickstrumpf zu Hause, statt dich derartig lächerlich zu machen? ‹Totaler Blödsinn!› Und damit hat er verdammt recht, ob's dir nun gefällt oder nicht.»

Natürlich gefiel es mir nicht! Und ich dachte auch nicht gern an Chris' fröhliches Gewieher zurück – den Spaß, den er auf meine Kosten gehabt hatte. Doch mir gefiel seine scharfsinnige, kluge Reaktion, denn schließlich war Chris mein Freund, und intelligente Freunde sind mir nun mal lieber als einfältige. Euch nicht auch?

15. KAPITEL

KOMM SCHON, NELSON!

In gewisser Hinsicht war Nelson selber schuld daran, dass sich die Geschichte von der großen Keilerei und seiner eigenen Niederlage so schnell überall herumsprach. Ich fand, er hätte ein paar Tage zu Hause bleiben sollen, anstatt mit geschwollenem rechtem Auge und bandagiertem linkem Arm durch die Straßen zu stolzieren. Kein Wunder, dass die Leute fragten, was denn da passiert sei, und dass schließlich alle von uns wussten, warum die Keilerei angefangen und wie sie geendet hatte.

Und das ist die Geschichte des Streits, wie sie mir Nelson selbst berichtete und später Chris und die anderen, die dabei waren.

Franz war allein im Garten, als die Gang nach der Parade heimkam. Genauer gesagt: Er saß hoch über dem Garten auf der breiten Mauer, die das Gelände der Neuen Welt einschließt. Dort oben war es angenehm und ganz ruhig; deshalb hatte er diesen Platz zu seiner Privatwerkstatt erkoren. Im Augenblick war er damit beschäftigt, Fahnenstangen zu vergolden, die Stangen aller Fahnen der Vereinten Nationen, für die Chris vor langer Zeit den Stoff gekauft hatte. Die große Büchse mit Goldbronze funkelte in der Sonne, und die bunten Flaggen, die Franz über die ganze Mauer gehängt hatte, leuchteten hell und festlich. Er arbeitete gerade an der Stange für die tschechoslowakische Fahne, überzog sie sorgfältig mit einer gleichmäßig dicken Goldschicht. Denn obwohl die Tschechoslowakei durch keinen ihrer jungen Bürger in der Neuen Welt vertreten war, wussten doch alle Kinder, dass die Tschechoslowakische Republik zu den Vereinten Nationen gehörte, genauso wie Jugoslawien, Polen, Griechenland und viele andere Länder, deren Fahnen auch alliierte Fahnen waren und es deshalb verdienten, dass man ihre Stangen vergoldete.

Hin und wieder unterbrach Franz seine Arbeit, saß nur da und lauschte. Mit erwartungsvoller, gespannter Miene horchte er in die anscheinend vollkommene Stille hinein. Da ... hatte er nicht etwas gehört? Etwas Schönes und ungemein Erfreuliches? Das schwache, aber deutliche Schrillen einer Pfeife? Da ... da war es wieder – diesmal sogar noch deutlicher! Franz lächelte, als hätte er die Engel allein für sich singen gehört. Sie funktioniert!, sagte er zu sich. Donnerwetter, ich hab nicht geglaubt, dass ich sie hier oben hören würde!

Er sprach immer Englisch, auch wenn er mit sich selber redete. Denn obgleich er seine deutsche Muttersprache liebte, wollte er sie nicht mehr sprechen. Er hätte es nicht erklären können, doch er fühlte, dass die Nazis alles, womit sie in Berührung kamen, verschandelten und missbrauchten, und solange sie «zu Hause» in Deutschland an der Macht blieben, wurde auch die deutsche Sprache verschandelt und missbraucht.

«Fertig, Tschechoslowakei», sagte er und verpasste der

Fahnenstange in seiner Hand einen letzten Pinselstrich. Er sprach mit ihr, als sei sie ein Mensch. «Weißt du, was ich tun werde, wenn ich erwachsen und ein amerikanischer Ingenieur bin? Dann besuche ich dich und baue Brücken für dich und Autobahnen und alles mögliche andere, und dann helfe ich dir alle Orte wiederaufzubauen, die die Nazis auf der Landkarte ausradiert haben. Denn dann ist es nicht mehr ihre Landkarte. Dann haben wir den Krieg gewonnen, und dann machen wir all das Schlimme, Böse und Dumme, was sie angerichtet haben, wieder gut. Und ich werde dabei helfen – verstehst du?»

Als die Arbeit fertig und alle Fahnenstangen prächtig vergoldet waren, verließ Franz seinen Platz auf der Mauer und steckte die Stangen in die lockere Gartenerde. Da standen sie nun in einer langen, geraden Reihe, wie Soldaten in Habachtstellung.

«Ich bin General», informierte Franz seine Truppen, «und ihr seid meine tapferen Soldaten, die Streitkräfte der Vereinten Nationen!»

Er schritt die Front ab, hin und zurück, zufrieden mit seiner Arbeit, seiner «Armee» und dem Leben im Allgemeinen.

Und dann wurde es noch schöner, als Chris erschien und Franz alles über die Parade erfuhr, wie sie eingeschlagen hatte, wie geräuschvoll und erfolgreich sie verlaufen war. Er sog jedes Wort des Berichts in sich ein und konnte nicht genug Einzelheiten darüber hören, wie sich alles abgespielt hatte.

«Wohin seid ihr zuerst gefahren?», fragte er. «Seid ihr durch die Fleet Street oder die Market Street gekommen? Wie hat es ausgesehen? Haben die Leute gelacht? Seid ihr in Reih und Glied geblieben? Ist jemand gestürzt? War es nicht furchtbar schwer? Was habt ihr an den Sammelstellen gemacht? War der Haufen wirklich hoch – der Gummihaufen am Standbild von General Grant? Reichte er bis zu seinem Gürtel oder bis zu seiner Nase? Wie viele Pfund waren es, was meinst du? Warum sagst du gar nichts, Chris?»

«Du lässt mich ja nicht», sagte Chris. «Solange du mir Löcher in den Bauch fragst, kann ich doch nicht antworten, oder?»

«Doch, du kannst!», rief Franz. «Ich möchte doch so viel wissen – ich möchte alles wissen, damit ich es mir genau vorstellen kann, damit ich es vor mir sehe, als wäre ich dabeigewesen! Ach, ich wünschte, ich wär's!»

«Na weißt du», Chris' Stimme klang plötzlich ein bisschen verlegen, «vielleicht ist es ganz gut, dass du nicht dabei warst – vielleicht hätte dir jemand eine Menge Fragen gestellt, und ...»

Von ferne ertönten Stimmen. Sie gehörten, wie sich herausstellte, Betsy, Björn und Nelson, die in den Garten gekommen waren, um nach den beiden Jungen Ausschau zu halten. Als sie über den Rasen gingen, sagte Nelson:

«Machen wir doch einen Wettlauf! Und ... der Verlierer muss den nächsten englischen Aufsatz für den Gewinner schreiben!»

Bevor Björn und Betsy noch begriffen hatten, was er meinte, raste Nelson schon los, so schnell er konnte. Die beiden anderen rannten hinter ihm her, konnten ihn aber nach seinem ziemlich unfairen Blitzstart nicht mehr einholen. Atemlos langten sie alle drei dort an, wo Franz, Chris und die Fahnen standen.

«Ich hab gewonnen!», schrie Nelson. «Betsy ist Zweiter

und Björn Dritter. Er muss den Aufsatz für mich schreiben! Tu was für dein Englisch, Björn, sonst erkennt Geepy bestimmt deinen Stil, und dann sitzen wir beide in der Patsche!»

Björn zuckte die Achseln. «Ich werde mein äußerstes Bestes tun!», erklärte er.

Inzwischen bewunderte Betsy Franzens Werk. «Das hast du großartig gemacht, Franz», sagte sie. «Ich kann die nächsten Siege kaum erwarten, denn dann brauchen wir die Fahnen wirklich!»

Aber Franz grübelte noch über das nach, was Chris gesagt hatte, bevor die anderen gekommen waren. «Warum sollte mir irgendjemand eine Menge Fragen stellen? Worüber denn?»

Chris zögerte. «Nun gut», sagte er schließlich. «Ich wollte es dir eigentlich gar nicht erzählen.» Und nun erklärte er dem Erfinder der Pfeife die Lage.

Franz gab keinen Ton von sich, sondern blickte nur angstvoll von einem zum anderen. Was meint ihr, schienen seine Augen zu fragen, wird es sehr schlimm werden?

Unglücklicherweise war Nelson der Erste, der auf seine stummen Fragen antwortete.

«Klingt nicht gerade gut, wie?», sagte er. «Ich zum Beispiel beneide dich weiß Gott nicht. Erstens ist es absolut kein Spaß, wenn man mit der Polizei zu tun kriegt, vor allem nicht, wenn man auf Bewährung hier ist. Zweitens weiß ich gar nicht, ob du überhaupt etwas erfinden darfst, denn schließlich bist du ein feindlicher Ausländer, nicht wahr, und dein Vater hat seine Arbeit verloren, weil wir keine feindlichen Ausländer in unseren Fabriken haben wollen.

Wir brauchen auch deine Erfindungen nicht, meine ich, und deinen gesetzwidrigen Krachmacher schon gar nicht.»

Franz wurde sehr bleich, aber er sagte immer noch kein Wort. Auch Chris sagte nichts, denn sosehr ihm Nelsons Standpunkt missfiel, war er sich doch nicht sicher, ob man ihn rundweg ablehnen durfte. Björn war der Erste, der antwortete.

«Was für eine niederträchtige Ansicht», rief er wütend, «was für ein gemeiner Gedanke! Du darfst das nicht glauben, Franz, denn Nelson glaubt es auch nicht wirklich, er will uns nur verladen, er macht nur Spaß – nicht wahr, Nelson?»

«Überhaupt nicht», sagte Nelson, «aber du weißt ja nicht, was du da redest, du bist doch selber Ausländer. Du solltest es lieber uns Amerikanern überlassen, uns gegen die Feinde unseres Landes zu schützen.»

Endlich griff Chris ein. «Jetzt hör mal zu, Nelson!», sagte er. «Ich bin kein Ausländer, nicht wahr? Und mir missfällt die Art, wie du redest. Du weißt sehr gut, dass Franz kein feindlicher Ausländer ist, nur weil er in Deutschland geboren wurde! Er steht auf unserer Seite, und bei unserem Kriegseinsatz hat er wahrhaftig mehr geleistet, als du bisher vorgelegt hast. Vielleicht bist du deshalb so wütend! Und warum sollte Björn nicht wissen, was er sagt? Warum sollte er alles uns Amerikanern überlassen? Weil er Ausländer ist? Aber er lebt bei uns, und seine Landsleute kämpfen zusammen mit uns, und sie gehören ebenso zu den Vereinten Nationen wie wir. Nur das allein zählt – hörst du?»

Nelson antwortete nicht.

Da sagte Betsy: «Nimm mal an, du wärst in Washington, Nelson, und dort fände ein großer Kriegsrat statt, an dem alle unsere Verbündeten teilnehmen. Würdest du dann zu dem chinesischen Botschafter sagen: ‹Halten Sie die Klappe, Herr Botschafter, Sie sind nur ein Ausländer, und Sie wissen nicht, wovon Sie reden! Überlassen Sie nur ja alles uns Amerikanern!›? Nein, das tätest du bestimmt nicht. Denn dann würden die Chinesen vielleicht aufhören zu kämpfen, und wir müssten alleine gegen die Japaner kämpfen, und das gefiele dir doch nicht, oder?»

Nelson blieb stur. «Ihr kommt euch wohl alle sehr schlau vor», sagte er.

Franz hatte die Auseinandersetzung nicht mit angehört. Da er sich nicht mit Nelson anlegen wollte, hatte er sich in seine kleine «Werkstatt» auf der Mauer zurückgezogen. Niedergedrückt und geistesabwesend sah er einen kleinen Packen Fotos durch, die dort lagen und die vorher nicht dort gelegen hatten.

«Wo sind meine Aufnahmen?», brüllte Nelson plötzlich. «Ich hab sie vor ein paar Sekunden hier hingelegt! Eben hab ich sie noch gehabt! Jemand hat sie mir gestohlen. Jemand hat sie weggenommen!»

«Hier sind sie», sagte Franz. «Ich wusste nicht, dass es deine sind!»

«Lüge!», rief Nelson. «Natürlich hast du es gewusst! Du wusstest auch, dass sie streng geheim sind, Fotos, die niemand sehen darf, am allerwenigsten du! Wie kannst du es wagen ... Ach, du dreckiger kleiner ... du ... du ... du S P I O N !»

Franz stieß einen kurzen Schrei aus, als habe ihn jemand geschlagen. Dann stürzte er auf Nelson zu, und seine schwarzen Augen waren weit aufgerissen vor Zorn.

«Los, komm!», forderte er heiser. «Wir kämpfen es aus.»

Nelson steckte die Hände in die Taschen und zuckte mit den Schultern. «Wofür hältst du mich denn?», sagte er verächtlich. «Ich kämpfe doch nicht mit einem Spion!»

Franz taumelte zurück. «Was kann ich tun?», fragte er fast unhörbar. «Lieber Gott, was kann ich tun?»

Chris warf rasch seinen Mantel ab.

«Vergiss es, Franz», sagte er. «Aber du wirst es nicht so schnell vergessen, Nelson, du nicht! Los, komm jetzt. Du hast es herausgefordert, und jetzt zeig ich's dir ein für allemal.»

Und der Kampf begann.

Nelson war ein ganzes Stück größer als Chris, aber Chris war in Wut, und er kämpfte für etwas, woran er glaubte. Franz war zu Unrecht angegriffen und beleidigt worden und hatte nicht mal die Möglichkeit bekommen, sich zu verteidigen. Er, Chris, hatte gesehen, wie Nelson die Fotos auf die Mauer gelegt hatte; vielleicht hatte Nelson das ganz in Gedanken getan, aber sein Verhalten war trotzdem gemein und boshaft gewesen. Chris war nicht gewillt, das so einfach hinzunehmen.

«Da!» Er zielte auf Nelsons Schulter, aber Nelson duckte sich, und Chris' Faust landete mit großer Wucht auf Nelsons rechtem Auge.

Nelson brüllte auf. «Feigling!», schrie er, dann beugte er sich vornüber, krümmte sich wie vor Schmerzen, aber in Wahrheit hob er einen großen Stein auf und schleuderte ihn auf seinen Gegner. Er traf nicht, aber die Tatsache, dass er tatsächlich einen Stein geworfen hatte, brachte Chris in Weißglut. Er trat ein paar Schritte zurück, nahm einen kurzen Anlauf und sprang den anderen an wie eine wütende Katze. Nelson schlug lang hin und stand nicht wieder auf. Er hatte sich den Arm verletzt und sah ein, dass es klüger sei, aufzugeben.

«Hast du genug?» Chris kniete neben dem besiegten Feind.

«Klar hat er genug», sagte Betsy. «Hör auf, Chris! Du hast dir doch nicht wirklich was getan, Nelson, oder?» Nelson stöhnte.

Björn sagte: «Das war ein guter, bemerkenswerter Kampf!»

Franz stand nur da und hielt Nelsons Fotos in der ausgestreckten Hand.

«Es tut mir leid, Nelson», sagte er, «und natürlich hätte ich sie mir nicht ansehen sollen.»

Nelson erhob sich langsam. Er sah wirklich bemitleidenswert aus mit seinem rechten geschwollenen Auge und dem schmutzverschmierten Gesicht.

«Ich krieg ihn nicht hoch», sagte er und versuchte, den verletzten Arm zu heben.

«Das tut mir sehr leid», wiederholte Franz, als hätte er Nelson das zugefügt.

«Macht nichts», sagte Nelson, «es wird schon wieder werden, denke ich.» Seine Stimme klang jetzt gar nicht mehr wütend oder gereizt, sondern wie die Stimme eines Menschen, der gekriegt hat, was er verdiente, und das auch weiß.

«Möchtest du nicht Franz etwas sagen?», fragte Chris. «Du brauchst nicht, aber vielleicht möchtest du es ... schließlich hast du vorhin ganz gemeine Sachen gesagt, nicht wahr?»

Nelson biss sich auf die Lippe. «Du willst mich doch nicht etwa dazu zwingen?», fragte er.

Chris schüttelte den Kopf.

«Na dann ...» Nelson ging auf Franz zu und nahm ihm sanft die Fotos aus der Hand.

«Okay!», sagte er. «Und ... und ... du bist natürlich kein Spion, Franz. Ich weiß nicht, warum ich das vorhin gesagt habe. Also – vergiss es!»

Franz ließ den Kopf sinken.

«Schon gut», murmelte er. «Ich hab's schon vergessen.»

Sie gingen alle fünf zum Haus zurück. Betsy befeuchtete ihr Taschentuch im alten Brunnen vor dem Hauptgebäude und gab es Nelson. «Leg dir das aufs Auge!», sagte sie freundlich.

Es war sonderbar, aber irgendwie schien dieser Kampf die Luft gereinigt und die Stimmung zwischen Nelson und den anderen entschieden verbessert zu haben. Keiner war mehr auf den anderen geladen. Nelson hatte bestimmt eine Wut auf Franz gehabt, vielleicht weil er ihn irgendwie beneidete oder aber wegen seiner albernen Abneigung gegen «Ausländer» oder einfach, weil er schlechte Laune hatte und auf jemanden wütend sein wollte. Franz war vom Gipfel des Glücks in tiefe, dunkle Verzweiflung und Demütigung gestürzt, und auch Björn war schwer gereizt worden. Betsy hatten alle drei furchtbar leidgetan. Aber Chris hatte den Tag gerettet: Er hatte Nelson eine Lektion erteilt, die dieser schon lange verdiente. Denn schließlich hatte sich Nelson bei verschiedenen Gelegenheiten sehr schlecht benommen, und es geschah ihm nur recht, wenn er endlich lernte, dass Gehässigkeit sich nicht auszahlt. Natürlich hätte er seine Niederlage übelnehmen und Franz deswegen noch mehr hassen können, aber das war nicht der Fall, denn er war nicht wirklich schlecht, nur ganz schön verzogen und eingebildet. Er fühlte sich immer allen anderen überlegen und glaubte, er könnte sich alles leisten. Aber das konnte er nicht – diesmal nicht, dafür hatte Chris gesorgt, und Nelson erkannte das ohne Groll an.

Es wurde noch ein ganz wunderbarer Tag. Neben dem Haus spielten George, Iwan und Madeleine Tennis, und Rombout und Tschutschu, die, wie ihr vielleicht schon gemerkt habt, sich sehr gern mochten, saßen auf dem Rasen, unterhielten sich über die Parade und tauschten ihre endlosen Erinnerungen an die Niederlande und China aus.

Niemand stellte Nelson irgendwelche Fragen, nicht mal Geepy schien sich dafür zu interessieren, wie es zu «dem kleinen Unfall» gekommen war, und hätte nicht Nelson selber es uns Übrigen erzählt, würde nie jemand etwas davon erfahren haben.

Der Himmel war wolkenlos, die Luft so frisch und klar wie nach einem Gewitter; draußen an der Mauer flatterten die Fahnen aller Vereinten Nationen fröhlich im Wind, und ihre goldenen Stangen funkelten.

16. KAPITEL

WILLKOMMEN, ELTERN!

Einmal im Monat besuchten die Eltern ihre Kinder in der Neuen Welt, das heißt diejenigen Eltern, die nahe genug wohnten.

Der «Elterntag» war ein großes Ereignis und machte den letzten Sonntag jedes Monats zu einer recht aufregenden Angelegenheit. Denn, wie Chris immer sagte: «An Eltern, die man jeden Tag sieht, ist nichts besonders Aufregendes, aber wenn man sie vier Wochen lang nicht gesehen hat, ist man ganz aus dem Häuschen, wenn sie einen besuchen kommen.» Das Flugzeugwerk, in dem die meisten Eltern arbeiteten, lag zwar nur wenige Meilen entfernt, aber in der Regel wurden dort keine Besucher zugelassen, und die Kinder waren kaum je dort gewesen. Nur Nelson genoss das Privileg, das Werksgelände betreten zu dürfen, wann immer er Lust dazu hatte, denn schließlich war Präsident Sheepbot der Oberkommandierende des ganzen Unternehmens, und Master Sheepbot junior profitierte von der hohen Stellung seines Vaters. Die übrigen Kinder hingegen sahen ihre Eltern tatsächlich nur am «Elterntag».

Der «Elterntag», von dem ich euch berichten möchte, fand am Sonntag genau zwei Wochen und einen Tag nach der großen Gummiparade statt und war besonders festlich und ereignisreich.

Der Morgen und der Vormittag verliefen wie üblich. Wie stets fand der Gottesdienst in der Kapelle der Neuen Welt statt, und getreu seiner sonntäglichen Gewohnheit las Geepy den Zuhörern, die sich im Schatten der beiden großen Palmen versammelt hatten, eine von Abraham Lincolns Reden vor.

Kurz nach dem Mittagessen aber begannen die Gäste einzutreffen. Die meisten kamen im eigenen Wagen, und für diejenigen, die kein Auto besaßen, war der Kleinbus der Neuen Welt zum Bahnhof geschickt worden. Charles – ihr erinnert euch an Charles, nicht wahr? Wir trafen ihn zuletzt am Bahnhof an dem Tag, als die Neuen ankamen – fuhr durchs Tor, und sein Gefährt war vollgeladen mit Ehrengästen. Vielleicht sollte ich sie nicht Ehrengäste nennen, weil auch ich zufällig unter ihnen war. Da ich jedoch kein «Elternteil» bin, zähle ich nicht wirklich mit. Aber Geepy hatten die neuen Kinder ein wenig leidgetan, deren Eltern beim besten Willen nicht kommen konnten, denn Großbritannien, China, Norwegen, Frankreich und Russland lagen alle in weiter Ferne. Sogar die Stadt New York, wo Rombouts Vater bei der Bewegung Freie Niederlande arbeitete, lag weit weg. Und obwohl Franzens Eltern in Green Valley wohnten, nur etwa dreißig Meilen entfernt, hätten sie ebenso gut am Nordpol leben können, was ihre Chancen betraf, die Neue Welt zu besuchen. Die Fünfmeilenzone war für «feindliche Ausländer» ebenso unüberwindbar wie jedes andere unüberwindliche Hindernis.

Deshalb hatte Geepy vorgeschlagen, *ich* sollte die Neuen besuchen, damit sie sich nicht so einsam und verlassen vorkämen. Ich glaubte eigentlich nicht, dass sie sich so fühlten, und außerdem, falls doch, war ich nur ein sehr, sehr schwacher Ersatz für ihre geliebten Eltern. Aber Geepy lachte, als ich ihm das sagte. «Seien Sie unbesorgt», beruhigte er mich, «selbst der schwächste Ersatz ist besser als überhaupt keiner!»

Nun, da war ich also, im Kleinbus mit einer aufgeregten Schar von Müttern und Vätern, die dem Wiedersehen mit ihren Kindern erwartungsvoll entgegensahen.

Die freundliche, etwas rundliche Dame, die neben mir saß, war zufällig Chris' Mutter.

«Wie geht's ihm?», fragte sie begierig, als sie erfuhr, ich sei eine Freundin von Chris. «Ist er gewachsen? Bestimmt doch. Weiß er, dass ich komme? Hat er sich anständig aufgeführt? Wie macht er sich in Mathematik? Na, wir werden ja sehen.»

Chris' Vater, erzählte sie mir, habe heute nicht mitkommen können. Er arbeitete im Flugzeugwerk, und Sonntag oder nicht Sonntag, Flugzeuge mussten gebaut werden, immer mehr und immer bessere. «Wir werden sie brauchen», sagte sie und lächelte mich freundlich an, «wir werden sie brauchen, um Hitler und Hirohito den Garaus zu machen.»

Charles trat auf die Bremse. Wir waren an der Neuen Welt angelangt.

Bevor wir auch nur hatten aussteigen können, kam ein Haufen Kinder herbeigestürzt, um uns zu begrüßen. Betsy warf sich ihrem Vater geradewegs in die Arme; Chris stand mit roten Ohren an der Tür und sagte: «Tag, Mama!»; die Neuen scharten sich um mich und versicherten mir, ich sei ein fabelhafter Gast und nicht etwa ein schwacher Ersatz. Sie waren sehr höflich, fand ich.

Betsy war anscheinend kein bisschen enttäuscht, obwohl ihre Mutter nicht mitgekommen war. «Ach, das ist ja wunderbar!», rief sie, nachdem ihr Vater ihr erklärt hatte, dass Mrs. Bird daheim bleiben musste, weil jeden Augenblick ein Baby ankommen konnte. «Das ist herrlich! Ich hab mir immer eine kleine Schwester oder einen kleinen Bruder gewünscht! So eine Überraschung! Und ich lerne gerade alles über Säuglingspflege, wir nehmen das in Wissenschaftskunde durch. So eine tolle Überraschung!»

Inzwischen waren wir alle in das Schulgebäude gegangen, und dort erwartete uns Geepy in der großen Halle. Es kamen noch mehr Autos vorgefahren, und immer mehr Eltern gesellten sich zu uns.

Geepy hieß uns alle herzlich willkommen und verlas anschließend einen Brief Seiner Ehren des Bürgermeisters, den er soeben erhalten hatte.

«Es bereitet mir große Freude», schrieb Seine Ehren der Bürgermeister, «den Schülern der Neuen Welt durch Sie den aufrichtigen Dank unserer Stadt El Peso auszusprechen. Die von Ihren Schülern veranstaltete Gummiaktion war eine wesentliche Hilfe bei der ganzen Kampagne. In unserer Stadt wurde mehr Gummi gesammelt als in jeder anderen gleich großen Stadt unseres Landes. Das erfuhr ich aus Washington, wo El Peso offiziell als leuchtendes Beispiel dafür angeführt wurde, was unsere Nation zu leisten vermag, wenn jeder Bürger seinen Teil dazu beiträgt. In diesem besonderen Fall haben Ihre Schüler, sehr geehrter Herr Direktor, mehr als ihren Teil beigetragen und damit ihrer Stadt und ihrem Land einen großen Dienst geleistet. Glauben Sie mir ...» usw.

«Na», sagte Geepy, nachdem er fertiggelesen hatte, «das ist

doch wirklich ein schöner Brief, oder? Wir können sehr stolz darauf sein. Ich schlage vor, wir lassen ihn einrahmen. Wer möchte das übernehmen?»

Franz hob den Arm.

Geepy war einverstanden. «Also gut, Franz. Ich bin froh, dass du es tust, denn zu dieser Arbeit braucht man großes handwerkliches Geschick!»

Franz errötete vor Freude. Es war das erste Mal, dass er öffentlich auserlesen und ausgezeichnet worden war, und noch dazu vor einer so glanzvollen Versammlung! Obwohl man ihm lediglich eine Aufgabe übertragen hatte, war ihm zumute, als hätte er einen Orden bekommen.

Ich warf einen Blick auf Nelson, denn ich war neugierig, ob er noch immer wütend auf Franz war und was seine Verletzungen machten. Von der «Medizin», die Chris ihm vor zwei Wochen verabreicht hatte, sah man kaum noch etwas, der Verband war verschwunden, und er konnte den Arm frei bewegen. Der bräunlich blaue Schatten unter seinem rechten Auge nahm sich sehr interessant aus; Nelson erschien nicht mehr so bleich wie sonst, wirkte nicht mehr wie mit Mehl bestäubt. Aber ich bin mir nicht sicher, ob sich das nur auf den farbigen Schatten unter seinem Auge zurückführen ließ, denn sein allgemeines Verhalten war heute ganz anders als sonst. Er benahm sich nicht arrogant, er wirkte nicht mal verschlafen, sondern unterhielt sich lebhaft mit seinem Vater, Präsident Sheepbot. Mich begrüßte er viel freundlicher als gewöhnlich. Vielleicht hat ihm Chris' «Medizin» doch ganz gutgetan, überlegte ich, oder aber Freund Nelson ist durch irgendetwas aufgemuntert worden, wovon ich nichts weiß.

Inzwischen hatte Geepy die verschiedenen Komiteevorsitzenden gebeten, uns Bericht über den Kriegshilfseinsatz der Neuen Welt zu erstatten, und staunend erfuhr ich, welches Tempo die Kinder dabei vorgelegt hatten. Selbst die näher rückende Baseballsaison hatte offensichtlich das umfassende Kriegshilfsprogramm der Schule nicht ernstlich beeinträchtigen können. Das Komitee für Hilfsarbeiten war emsig tätig und hatte drei Gemüsegärten in der Stadt in Pflege genommen. Das Altstoffkomitee und das Komitee für Kriegssondermarken und Kriegsanleihescheine hatten die Erlaubnis erhalten, ihre Einsätze in der Stadt durchzuführen, und es waren bereits ganz tolle Ergebnisse zu verzeichnen. Auch Madeleines Plan war in die Tat umgesetzt worden; Betsy gab den Verkauf von nicht weniger als siebenundzwanzig aus Marken gefertigten Ansteckstäußen bekannt, wobei siebenundzwanzig Dollar Verdienst herausgesprungen waren; die Sträuße bestanden jeweils aus zehn Zehn-Cent-Marken und wurden für zwei Dollar das Stück verkauft. Von dem so gewonnenen Geld hatte man neue Marken gekauft. Die Schule hatte sich auf mögliche Luftangriffe vorbereitet, hatte Luftschutzwarte ernannt, die darauf achten sollten, dass in den Räumen kein Feuer ausbrach, und Dachwarte, deren Aufgabe es war, die Dächer zu beobachten. Auch Boten waren gewählt worden, die die Polizei oder die Feuerwehr verständigen sollten, falls die Telefonleitung der Neuen Welt unterbrochen wurde. Außerdem hatte man Strickgruppen gebildet und eine Erste-Hilfe-Station eingerichtet; jeder, der das wollte, konnte an einem Erste-Hilfe-Kurs teilnehmen.

Und was den Plan betraf, nach Spionen Ausschau zu halten – auch den hatte unsere Gang verwirklicht, während sie ihr ganzes übriges Programm bewältigte. Glücklicherweise jedoch war bisher kein Angehöriger der Fünften Kolonne entdeckt worden, und El Peso wurde als eine völlig loyale Stadt gepriesen. Chris und ich wechselten Blicke des Einverständnisses in Bezug auf diese Feststellung, und zum hundertsten Mal versprachen wir uns gegenseitig, «diesen Mann X» ausfindig zu machen, denn solange er und seine Komplizen sich noch auf freiem Fuß befanden, war unsere Stadt nicht wirklich sauber.

Geepy war hochzufrieden mit den Berichten der Komiteevorsitzenden und sagte das auch.

«Aber jetzt», schlug er vor, «wollen wir unseren Gästen die Schule und das Schulgebäude zeigen. Auch die Zeugnisse, damit das Schlimmste vorüber ist. Abendessen gibt es um sieben», verkündete er. «Tee wird um vier serviert für alle, die Durst haben. Um fünf treffen wir uns alle wieder hier; wir haben eine Überraschung für euch, die euch, glaube ich, gefallen wird. Und die übrige Zeit wollen wir euch bei eurem Zeitvertreib nicht stören. Verehrte Gäste, liebe Schüler – der Tag gehört euch! Nehmt ihn und macht etwas Schönes daraus!»

Dann folgten kritische Augenblicke: Die Kinder mussten ihre Zeugnisse vorzeigen.

«Mathematik ist doch eigentlich nicht wichtig», erklärte Chris seiner Mutter. «Man braucht sie im Grunde niemals wirklich! Geschichte ist was ganz anderes, die ist sehr nützlich. Deshalb habe ich mich auch angestrengt, um eine gute Zensur in Geschichte zu kriegen. Und das ist mir gelungen, nicht wahr?»

«Aber du bist ja auch in Französisch ziemlich schwach»,

sagte Mrs. Senhouse kopfschüttelnd. «Tut mir leid, Chris, aber das ist kein besonders tolles Zeugnis!»

Auch Chris tat es leid, denn er wollte doch, dass seine Mutter sich freute. «Na weißt du», sagte er und überlegte, was er nun vorbringen sollte, «es ist nicht gerade sehr gut, aber doch ziemlich gut, nicht wahr? Sieh mal Turnen und Werkunterricht! Da bin ich recht gut, und beides ist viel wichtiger als Französisch, finde ich. Außerdem ...», jetzt endlich kam ihm der rettende Geistesblitz, auf den er gehofft hatte, «... außerdem brauche ich für Französisch ja nicht zu pauken. Ich lerne es viel leichter von Madeleine. Sie ist Französin, weißt du, und ich brauche nichts weiter zu tun, als ab und zu mit ihr zu sprechen. Sie hat mir schon Verschiedenes beigebracht. Hör mal: Vive la France libre! Hübsch, was? Das bedeutet so was wie: Lang lebe das Freie Frankreich, oder: Das Freie Frankreich soll lange leben – ich weiß es nicht ganz genau.»

Wir, die Neuen und ich, hatten dicht bei Chris und seiner Mutter gestanden und deshalb unabsichtlich den größten Teil ihres Gesprächs mit angehört. Madeleine freute sich sehr, als Chris ihren kleinen Lieblingssatz zitierte. Aber auch alle anderen Neuen waren in bester Stimmung, weil sie nämlich ihre Zeugnisse niemandem zu zeigen brauchten. Denn ich dachte nicht im Traum daran, meine Stellung als Elternersatz auszunutzen und Neugier in Bezug auf die Zensuren zu bekunden. Doch Björn, der so offenherzig war, dass er nichts für sich behalten konnte, bekannte plötzlich: «Ich habe sehr mittelmäßige Noten einstecken müssen, die wirklich beinahe beklagenswert sind. Rechtschreibung ist jammervoll und viele andere Fächer auch. Zum Glück kommt dann eine nette Einschätzung. Sie lautet etwa so: ‹Björn bemüht sich stets, sein Bestes zu geben, und auch sein Charakter verdient Anerkennung.›»

Er lachte geschmeichelt. «Und wie sieht dein Zeugnis aus, George?», fragte er. «Bitte, stell dir vor, ich wäre dein Vater und ich sagte jetzt zu dir: ‹George, lieber Faulpelz, ich hoffe dringend auf ein prachtvolles Glanzzeugnis.›»

George kicherte. «Stellt euch bloß vor, mein alter Herr würde so was sagen!», rief er.

Ich überlegte gerade, was ich als Unterhaltung vor dem Tee vorschlagen könnte, da gesellten sich Betsy und ihr Vater zu uns und befreiten mich von aller Verantwortung für die nächste Stunde.

«Wollt ihr nicht mitkommen und euch meine Babys ansehen?», fragte Betsy.

Ich sagte, riesig gern, was mich betreffe, doch ihre Einladung verwirrte mich einigermaßen. Soweit ich wusste, war Betsys kleine Schwester oder kleiner Bruder noch nicht auf der Welt, und selbst wenn das Baby inzwischen angekommen war, konnte es nicht hier sein, und selbst wenn es hier war, konnte es sich doch nicht um mehrere Babys handeln. Aber ich hatte längst aufgehört, Fragen zu stellen, was die Gang anging, und so zog ich einfach mit und fragte mich, was wir als Nächstes zu erwarten hätten.

In Betsys Zimmer bot sich mir folgender Anblick: Sechs Kleinkinder zwischen zwei und fünf Jahren standen hinter einem kleinen Gitter und sahen uns mit großen, erstaunten Augen an. Das Gitter war so niedrig, dass das älteste Kind mit Leichtigkeit hätte hinüberklettern können, aber alle hielten es anscheinend für unübersteigbar.

«Das haben wir selbst gemacht», erklärte Betsy, «und ebenso die Spielsachen! Wie gefällt euch unser Dorf?»

Das Liliputdorf bestand aus acht reizenden Häuschen, einer Kirche und einer Tankstelle. Es war aus Pappe und wirklich sehr hübsch, und die Kleinen standen darin wie Gulliver zwischen den Hütten der Zwerge.

«Das ist mein Kindergarten», sagte Betsy schließlich. «Ich habe diese Kleinen dreimal die Woche hier, Montag, Mittwoch und Freitag, immer nachmittags. Heute sind sie nur deshalb hier, weil ich sie Daddy zeigen wollte. Ihre Mütter arbeiten, und ihre Väter sind meistens eingezogen, deshalb haben ein paar Leute in der Stadt beschlossen, die Kleinen zu betreuen, sie zu füttern und mit ihnen zu spielen, wenn ihre Eltern nicht da sind. Natürlich gibt's etwa hundert solche kleinen Kinder in der Stadt, aber ich kann mich nur um sechs kümmern, nicht um mehr, und kann sie auch nur an drei Nachmittagen in der Woche nehmen.

Es macht mir jedoch großen Spaß, und es passt gut zu meiner Arbeit in Naturkunde, außerdem ist es auch nützlich, wo wir doch bald ein eigenes Baby haben werden!»

Mr. Bird lächelte stolz.

Inzwischen spielte die Gang mit den Kleinen und brachte sie zum Lachen. Der große Bär Iwan stand kopf; George gelang es, wie ein Affe auszusehen, indem er die Zunge unter die Unterlippe schob, sodass sie wie die eines Pavians vorstand; Björn bombardierte das Dorf mit allen möglichen Dingen, die stets in seinen Taschen zu finden waren: Murmeln, Brotkrusten, Büroklammern, Sicherheitsnadeln und Erdnüssen; Rombout blies herzzerreißend auf seinem Taschenkamm; Tschutschu schmückte alle Kleinkinder mit

Papierhelmen; Franz schnitt Fenster in eins der Papphäuser und stellte eine richtige Kerze dahinter, die nun das ganze Dorf anmutig erhellte; und Madeleine, die beschlossen hatte, komische Bildchen für die Kleinen zu zeichnen, versuchte ein paar Buntstifte von einem kleinen Jungen auszuleihen, der jedoch hartnäckigen Widerstand leistete. All dies verursachte erheblichen Lärm, außerdem machte es den Kleinen keinen richtigen Spaß; eins nach dem anderen fing an zu weinen. Vergeblich bemühte sich Betsy, ihre kleinen Schützlinge zu beruhigen.

«Sie haben Angst», erklärte sie uns, «es ist zu viel für sie und zu aufregend!»

Aber die Gang verstand nicht, dass irgendetwas zu viel oder zu aufregend für irgendjemanden sein konnte, und Björn drückte mehr oder weniger die allgemeine Ansicht aus, als er sagte: «Diese Babys sind ein klein wenig dumm und können gar nicht schätzen, was wir hier zu ihrer Unterhaltung tun. Es sind einfach sechs ziemlich langweilige Bälger!»

Betsy meinte, ihre Kleinen seien kein bisschen langweilig. «Sie haben Angst», rief sie, «mein Gott, das ist doch ganz natürlich! Ihr habt bloß keine Ahnung von Kindern, das ist es!»

«Gehn wir Tee trinken», schlug George vor. «Wenn wir uns nicht beeilen, kriegen wir keinen mehr.»

Madeleine sagte: «Ich möchte keinen Tee – keinen Appetit. Ich glaube, ich bin zu aufgeregt. Bitte stellt euch vor ...» Sie schluckte und warf mir aus den Winkeln ihrer klugen Feldmausaugen einen Blick zu. «Nein», korrigierte sie sich, «ihr könnt euch nicht vorstellen, welche Riesenüberraschung wir für euch um fünf Uhr vorbereitet haben!»

Ich sah auf meine Armbanduhr. Es war jetzt halb fünf.

17. KAPITEL

DAS KONZERT

Kann ich Sie mal einen Augenblick sprechen?», fragte Präsident Sheepbot, als wir uns zum Tee einfanden.

«Natürlich», sagte ich. «Stimmt irgendwas nicht?»

«Es ist nur ... nun ... es geht um den Einbruch in mein Haus. Sie haben doch Ihrer Zeitung in Washington nichts darüber mitgeteilt, nicht wahr?»

«Natürlich nicht», versicherte ich. «Ich habe doch versprochen, dass ich nichts dergleichen tun werde. Aber weshalb eigentlich die Aufregung? Es wurde nichts gestohlen, also begreife ich nicht, warum sich irgendjemand für diesen verrückten Dieb interessieren sollte!»

Der Präsident seufzte. «So einfach ist das alles nicht», sagte er bedeutungsvoll. «Es wurde nichts gestohlen, das ist richtig, aber ich bin mir durchaus nicht sicher, ob nichts berührt oder benutzt wurde – wenn Sie verstehen, was ich meine.»

Offen gestanden, ich verstand nicht. «Berührt?», fragte ich. «Benutzt? Wie? Warum? Der Dieb hätte sich doch bestimmt nicht so viel Mühe gemacht, nur um Ihre Zahnbürste oder Ihre Schere zu benutzen oder Ihre Kissen zu berühren, nicht wahr?»

«Meine liebe junge Dame!» Mr. Sheepbot gab sich außerordentlich überlegen. «In meiner Wohnung habe ich eine ganze Menge Dinge außer Zahnbürsten, Kissen und Scheren – wichtige Dinge, verstehen Sie, geheime und hochwichtige Objekte wie zum Beispiel Karten, Pläne und Blaupausen. Ich brauche wohl nicht zu betonen, dass solche Unterlagen nicht in meiner Wohnung herumliegen – sie werden immer sorgfältig weggepackt und eingeschlossen. Aber ich weiß nicht, ob es dem Dieb nicht gelungen ist, eine bestimmte Schublade aufzubrechen und verschiedenes von dem, was darin liegt, zu kopieren. Der Gedanke daran ist mir grässlich, doch das erscheint mir durchaus nicht unmöglich, auch wenn die Schlösser keine Spuren von Gewaltanwendung erkennen lassen. Diese Spione und Saboteure sind heutzutage ganz schön clever und bedienen sich aller möglichen neuen wissenschaftlichen Methoden, um ihre Pläne auszuführen ...»

Wieder seufzte er und blickte mich mit seinen wasserblauen, blassen Augen forschend an.

«Verdoppeln Sie Ihre Wachen!», sagte ich. «Das heißt, wenn meine Annahme zutrifft, dass diese Karten und Blaupausen dem Spion bestimmte Informationen über das Flugzeugwerk gegeben haben könnten.»

«Darum bemühe ich mich ja, aber gute Wachmänner sind jetzt schwer zu kriegen, wo alle gesunden Männer eingezogen sind oder zivilen Kriegsdienst leisten. Na, wir werden es schon in den Griff kriegen. Ich musste bloß mit jemandem darüber sprechen; es lässt mir keine Ruhe, wissen Sie, und manchmal werden die Probleme leichter, wenn man darüber redet, finden Sie nicht auch?»

«Könnte ich bitte diesen Stuhl haben?»

Es war George, der uns unterbrach, und ohne die Antwort abzuwarten, zog er den Stuhl weg, auf den Präsident Sheepbot sich gerade hatte niederlassen wollen.

«Wir richten jetzt den Zuhörerraum her, Sir», erklärte George höflich. «Eigentlich haben wir ja keinen, deshalb nehmen wir stattdessen die Halle.»

Wohin man blickte, trugen Kinder Stühle, schoben Teetische beiseite und rückten den Stutzflügel so, dass er besser zur Geltung kam. Alle Fahnen wurden hereingebracht und die Wände damit dekoriert.

«Spielt jemand was vor?», fragte ich Chris, der gerade an mir vorbeirannte. Mit der einen Hand balancierte er kühn ein mit Teetassen beladenes Tablett.

«Jemand!», wiederholte er verächtlich. «Wart's ab! Du hast nicht zufällig irgendwo eine alte Bratsche, wie? Uns fehlen Bratschen, deshalb muss ich Piccoloflöte spielen, aber Bratsche wäre mir lieber; Saiteninstrumente machen viel mehr Spaß, finde ich.»

Er sprach so lebhaft, dass die Teetassen unweigerlich ins Rutschen kommen mussten, und als er aufhörte zu reden, kippten zwei um, fielen auf den Fußboden und zersprangen in tausend Stücke. Während Chris verlegen mit roten Ohren die Scherben zusammensuchte, versammelten sich die Orchestermitglieder und begannen ihre Instrumente zu stimmen.

Also das war's! Das war die Überraschung, von der Geepy und Madeleine gesprochen hatten. Und alles, was recht war, keiner von uns Außenstehenden hatte so etwas erwartet! Alle Vorbereitungen, alles Üben, alle Proben waren ganz heimlich vor sich gegangen.

Es war noch kein großes Orchester – wahrscheinlich fehlte es der Neuen Welt an Instrumenten. Es gab drei erste Geiger: Betsy, Iwan und einen anderen Jungen, und zwei kleinere Jungen spielten die zweite Geige. George und Rombout hatten sich zwei sehr eigenartig aussehende Trompeten verschafft, und Madeleine saß am Stutzflügel, der sich plötzlich geradezu riesig ausnahm.

Auch das Cello erschien gewaltig, verglichen mit Tschutschu, die es spielen sollte. Nelsons Trommeln sahen sehr schön aus und ebenso die beiden Flöten, die Franz in den Händen hielt. Ich wusste, dass die eine, die Piccoloflöte, Chris gehörte. Björn als der einzige Bratschespieler des Orchesters stand vor einer schweren Aufgabe, aber er war fest entschlossen, die kommende Schlacht gegen einen weit überlegenen Feind zu gewinnen. Sein Stimmen machte allein so viel Geräusch wie das der fünf Geiger zusammen.

Das Konzert begann mit der Sternenbannerhymne. Sie klang überraschend gut, auch wenn die Trompeten sich ein wenig unsauber anhörten und die Pedale etwas außerhalb von Madeleines Reichweite waren, sodass es ihr nur selten glückte, sie zu erwischen, wenn sie gebraucht wurden. Aber der Dirigent, ein etwas älterer Junge, dessen Namen ich vergessen habe, tat sein Bestes, die Spieler zusammenzuhalten und sie mit dem Schwung und der Begeisterung echter Musiker zu erfüllen. Das nächste Stück auf dem Programm war die britische Nationalhymne. Die einfache Melodie des «God Save the King» ertönte klar und feierlich. Die dritte Melodie hätte ich sicher nicht erkannt, wäre nicht Rombout bei den ersten Takten so aufgeregt gewesen, dass er seine Trompete kaum blasen konnte. Das muss der Wilhelmus sein, überlegte ich, die Nationalhymne der Freien Niederlande.

Sie spielten sie alle, die Hymnen der Vereinten Nationen, und nach Rombout war zuerst Björn an der Reihe, aufgeregt zu sein, dann Iwan und darauf Tschutschu und Madeleine. Ja, tatsächlich, sogar das befremdliche Musikstück, das die Chinesen zur Nationalhymne erkoren haben, war in dem Programm enthalten. Die Trommeln spielten eine ziemlich wichtige Rolle in dieser lebhaften Nummer, und Nelson entlockte seinen Instrumenten geschickt und mit großer Begeisterung dumpfe Töne. Er ist tatsächlich anders geworden, empfand ich, nicht mehr Präsident Sheepbots hochnäsiger, schlafmütziger Liebling, der sich nie für irgendwas interessierte! Jetzt ist er interessiert, er ist richtig hingerissen! Bumm, tsching, bummbumm, trommelte er drauflos, ein begeisterter Trommler für die Vereinten Nationen.

Als Nächstes kam die mexikanische Hymne an die Reihe, und es war wirklich jammerschade, dass kein Mexikaner anwesend war, um sie zu hören – auch kein Grieche, Pole oder Jugoslawe, um seine spezielle Hymne zu hören. Sicher hätten sie sich darüber gefreut, wie diese Kinder ihre kämpfenden Länder ehrten, indem sie die Luft mit ihrer kämpferischen Musik erfüllten.

Franz war der Einzige hier, der keine Nationalhymne hatte, denn er wollte kein Deutscher mehr sein, war aber auch noch kein Amerikaner. Doch er spielte seine Partien gut und lauschte allen Hymnen mit der gleichen andächtigen Hingabe. Manchmal, wenn einige Instrumente etwas durcheinanderkamen und der Dirigent offensichtlich Schwierigkeiten hatte, sich zu behaupten, nahm Franzens Flöte die Melodie auf und trug sie über den Sturm hinweg sicher und süß in unsere Herzen und Ohren.

Die Zuhörer waren entzückt über das Konzert und klatschten nach jeder Nummer aus vollem Herzen Beifall. Vor allem die Eltern der Instrumentalisten strahlten vor Stolz.

«Ich hatte keine Ahnung, dass er so was kann!», flüsterte mir Chris' Mutter zu, als Chris und Franz ein kleines Duett zusammen spielten, «er muss heimlich sehr viel geübt haben. Aber ich hätte ihm ja auch nie zugetraut, dass er einen U-Boot-Jäger vor dem Verbrennen rettet. Ich glaube, der Krieg hat ihn ganz schön verändert.»

Das stimmte. Der Krieg hatte die ganze Gang verändert und auch alle anderen Kinder hier oben. Es war, als seien sie von einem neuen Geist beseelt, von Begeisterung und Hingabe erfüllt, von einem neuen Verlangen, sich zu bewähren. Aber dieser neue Eifer hatte sie durchaus nicht in Musterkinder verwandelt; sie waren nicht etwa plötzlich ehrgeizige Streber geworden, verstanden nur besser, worum es in diesem Krieg ging. Der Krieg war nun zu ihnen nach Hause gekommen, nichts weiter; sie wussten, er musste gewonnen werden, und sie hatten entdeckt, wie er einzig zu gewinnen war. Sie hatten begriffen, dass der Sieg von jedem Einzelnen von uns abhing und dass er nur in gemeinsamer Anstrengung errungen werden konnte.

Deshalb hatte der neue Geist in der Neuen Welt Einzug gehalten, deshalb blickten die Kinder so ernst und entschlossen drein, als sie sich über ihre Instrumente beugten, und deshalb klang ihre Musik so herzbewegend feierlich, auch wenn sie nicht immer ganz richtig spielten.

Mit «Gott segne Amerika» endete das Konzert, und niemand erwartete zu dieser späten Stunde die Ankunft von drei weiteren Gästen. Aber da waren sie! Drei Herren kamen mit festen, entschlossenen Schritten in den Raum marschiert.

Detektiv Tiff war der Erste, den ich erkannte, denn «Falkenauge, AG» drängte sich als Einziger durch die Stuhlreihen und pflanzte sich vor dem Orchester auf. Inspektor Waitstill Snow vom FBI, von Natur aus weniger unternehmungslustig, blieb dicht bei der Tür stehen, während der dritte Gast sich irgendwo in meiner Nähe mitten zwischen den Zuhörern niederließ.

Ich blickte auf Franz, der seinerseits mit unbeschreiblich angstvollem Ausdruck «Tiffy» ansah. Aber wenn er hoffte, das Gesicht des Detektivs würde etwas über den Grund seines plötzlichen Erscheinens verraten, hatte er sich gründlich geirrt, denn Cesar Tiff war ganz unnahbare Würde und eiserne Zurückhaltung. Was Waitstill Snow betraf, so lieferte sein Verhalten ebenfalls keine Aufschlüsse. Der Inspektor stand einfach da, den quadratischen Kopf leicht gesenkt, die Augen niedergeschlagen, und lauschte den Schlussakkorden. Ich forschte in den Zügen des dritten Gastes nach einem möglichen Hinweis auf das Warum dieser Invasion, aber auch dessen Gesicht war völlig undurchdringlich.

Weshalb sind die bloß hergekommen?, fragte ich mich, zweifelte aber keinen Augenblick daran, dass das plötzliche Erscheinen der «Behörden» etwas mit Franz zu tun hatte. War es möglich, dass ich mich in Bezug auf Nelsons verändertes Wesen irrte und dass er Franz doch angezeigt hatte? Dass er der Polizei von seinen streng geheimen Fotos erzählt hatte und von Franzens angeblichem Versuch, sie zu stehlen? Schon allein der Umstand, dass der kleine Fremde sich die

Fotos angesehen hatte, konnte den Argwohn der Beamten geweckt haben. Vielleicht würde man ihm auch die Pfeife zum Vorwurf machen. Unleugbar war sie grässlich laut gewesen, und Franz hätte sich als «feindlicher Ausländer» ruhig verhalten sollen, obwohl er in guter Absicht gehandelt hatte. Jedenfalls sah mir das Ganze nicht gerade rosig aus, und es erschien mir durchaus möglich, dass man den kleinen Deutschen festnehmen würde. Bei diesem Gedanken bekam ich ein komisches Gefühl in der Magengegend, und als ich zu Franz hinblickte, wusste ich, dass er sich noch elender fühlte. Er war sehr bleich geworden oder vielmehr olivgrün und starrte unverwandt auf Cesar Tiff, wie ein Kaninchen auf die Schlange starrt.

«Gott segne Amerika!», sangen die Geigen, und «Gott segne Amerika!», flehte in hymnischer Inbrunst das ganze Orchester; «Meine schöne Heimat!», jauchzte es. Aber die Flöten waren verstummt: Weder Franz noch Chris beteiligten sich am Jubel der letzten Akkorde.

Sobald die Musik geendet hatte, winkte Detektiv Tiff Franz, er solle ihm folgen, und alle vier, die drei Beamten und der Junge, verließen den Raum.

Chris kam zu mir gestürzt. «Was hältst du davon?», fragte er aufgeregt. «Dieser Tiff ist ein richtiges Ekelpaket – weißt du, was er zu Franz gesagt hat, bevor er ihn abführte? ‹Komm, junger Mann, gehn wir; ich habe versprochen, dich im Auge zu behalten, und das Versprechen habe ich gehalten!› Klingt gar nicht gut, wie?»

«Kannst du dir einen Grund für all das vorstellen?», fragte ich. «Hat Franz vielleicht was angestellt, kann man einen Verdacht gegen ihn haben? Er ist ziemlich viel allein gewesen, nicht wahr? Hältst du es für möglich, dass er irgendetwas ausgefressen hat?»

Chris schüttelte den Kopf. «Nein», sagte er, «nicht möglich.»

Dennoch war keinem von uns wohl in seiner Haut, und uns wurde noch bänglicher zumute, als ein paar Minuten später Inspektor Snow zurückkehrte und dann wieder hinausging, gefolgt von Geepy und Präsident Sheepbot.

«Lieber Gott!» Jetzt schien Chris wirklich schwer besorgt zu sein. «Das sieht böse aus!»

Während unseres Gesprächs war der «Konzertsaal» verschwunden, und die Halle hatte ihr normales, alltägliches Aussehen wiederbekommen.

Draußen in der Küche legte die Kochklasse letzte Hand an das Festessen.

Björn erschien und redete über das Konzert.

«Musik», sagte er, «ist etwas Großes und Schönes. Wahrscheinlich ist die Musik größer und schöner als andere Künste. Sie macht mich fröhlich und ernst und glücklich und stolz und erfüllt mich mit Heimweh, aber zugleich gibt sie mir auch ganz sehr das Gefühl, hier heimisch zu sein. Außerdem ist es lobenswert, dass Musik überall auf der ganzen Welt verstanden werden kann; niemand ist gezwungen, eine neue Sprache zu lernen, wenn er Musik verstehen will. Es war äußerst wunderbar, auch wenn unsere norwegische Nationalhymne zu langsam gespielt wurde. Wie war die Bratsche?»

Da Chris und ich beide nicht ganz bei der Sache waren, wir unsern eigenen Gedanken nachhingen, sagten wir nur, die Bratsche habe sich gut angehört.

«Das ist hoch befriedigend für mich», erklärte Björn

glücklich. «Ich dachte schon, ich wäre womöglich gar nicht zu hören gewesen. Es ist zutiefst mühsam für eine einsame Bratsche in einem mächtigen Orchester, sich Gehör zu verschaffen. Jetzt bin ich sehr erleichtert, weil ihr mir gesagt habt, dass sie laut genug und gut war.»

Da ertönte der Gong. Das Essen war fertig. Zehn oder zwölf Tische waren hübsch gedeckt und mit Blumen geschmückt. Ich saß neben Betsys Vater, aber der Stuhl links von mir blieb leer. Vielleicht sollte mir die Ehre zuteil werden, Cesar Tiff zum Tischnachbarn zu bekommen.

«Das Konzert war wirklich wunderschön, nicht wahr?», sagte Mr. Bird. «Schade, dass meine Frau es nicht hören konnte.»

«Ah», sagte ich und blickte geistesabwesend zur Tür, «da sind sie endlich!»

Und da kamen sie – Geepy und Präsident Sheepbot, «Tiffy» und Waitstill Snow, Franz und der unbekannte Gast. Ein Blick auf Franzens Gesicht genügte mir: Nun wusste ich, dass nichts Schlimmes geschehen war, dass im Gegenteil alles fabelhaft lief. Auch Geepy sah ganz glücklich aus, und sogar «Falkenauge, AG» trug ein schwaches Lächeln zur Schau, das eigentlich nicht zu seinem Gesicht passte. Präsident Sheepbot setzte sich auf den freien Stuhl zu meiner Linken.

«Also», sagte er, «das ist in Butter! Alles ist bestens geregelt!»

«Spannen Sie mich nicht auf die Folter!», bat ich. «Sie wissen, wir Reporter sind so neugierig wie Ziegen, doch Sie speisen mich mit ein paar quälenden Verallgemeinerungen ab. Können Sie mir nicht bitte erzählen, was in Butter und was bestens geregelt ist?»

«Wir haben sie gekauft», erklärte der Präsident geheimnisvoll, «oder vielmehr, wir werden sie kaufen. Denn natürlich müssen zuerst alle möglichen Formalitäten erledigt werden.»

«So», sagte ich, «Jetzt ist mir klar, Sie *wollen*, dass ich leide; nur zu denn, machen Sie weiter so! Foltern Sie mich!»

Es war ganz ungewöhnlich, dass eins der Kinder während des Essens aufstand, wenn es nicht gerade mit dem Tischdienst an der Reihe war. Als Chris seinen Platz neben Franz verließ und eilig auf unseren Tisch zusteuerte, wusste ich, dass Franz ihm alles erzählt hatte, dass Chris es mir wiedererzählen und meine Qual bald vorüber sein würde.

«Hast du schon gehört?», fragte Chris. «Sie haben sie gekauft! Das heißt, sie werden sie kaufen – ist das nicht phantastisch?»

«Chris, Junge», flehte ich ihn an, «bitte, drück dich deutlicher aus, bitte!»

Jetzt endlich sprach Chris das erlösende Wort.

«Die Pfeife», sagte er. «Franzens Pfeife! Die Polypen hatten gar nichts gegen sie, ganz im Gegenteil. Sie finden sie gut, weil sie so laut ist, dass sie in der halben Stadt zu hören ist. Deshalb, sagen sie, soll sie als Alarmpfeife bei Luftangriffen verwendet werden, weil die Sirenen sich nicht so bewährt haben; die waren nicht laut genug, und eine Menge Leute verwechselten sie mit unseren gewöhnlichen Polizei- und Krankenwagensirenen. Dein Polyp – derjenige, der mit dir gesprochen hat, erinnerst du dich? – hat den andern von der Pfeife erzählt, und sie haben mit den Leuten von der Zivilverteidigung und mit dem FBI geredet, und die haben die Sache geprüft und sind schließlich hergekommen, um zu sehen, was man tun kann. Franz sagt, sie waren alle sehr nett. Und, sagt er, sie haben ihm eine Menge Fragen über seinen Vater gestellt, und vielleicht besorgen sie ihm einen Job. Sie meinen, er muss ein guter Ingenieur sein, weil er Franz beigebracht hat, so tolle Erfindungen zu machen. Und der Mann von der Zivilverteidigung – das ist der da neben dem Inspektor – sagte, ihm ist viel wohler, weil nun die Pfeife erfunden worden ist. Und auch alles andere ist in Ordnung. Inspektor Snow sagt, Franz wird nicht mehr verdächtigt. Er sagt, sie wissen ganz genau, wer die ‹Schneid› in Brand zu stecken versucht hat, und sie hoffen, dass sie den Betreffenden in den nächsten Tagen fassen. Und sie haben auch gesagt, Franz ist vollkommen unschuldig und wird eine Menge Geld für seine Erfindung kriegen. Natürlich kriegt er das Geld nicht selber, weil er viel zu jung ist, doch sie sagten, sie geben es seinem Vater, und der wird es für ihn aufheben. Aber Franz will das nicht. Er will von dem Geld Geschenke kaufen und sie den Küstenwachen bringen – Wollsachen, Bücher, Schokolade, Zigaretten und so weiter. Er sagt, es soll eine Spende von uns allen sein – eine Spende der Neuen Welt. Ist das nicht super?»

Ich sagte, es sei super; Präsident Sheepbot erklärte, er werde sich freuen, Franzens Vater kennenzulernen, sobald Herr Strobl die Erlaubnis erhalte, die Fünfmeilenzone zu überschreiten, um sich in dem Flugzeugwerk um eine Stellung zu bewerben; und Mr. Bird winkte seiner Tochter so stürmisch mit der Serviette zu, als sei er noch nicht ganz erwachsen.

An den meisten Tischen war die Geschichte von der Pfeife bereits herum.

«Tiffy» hatte sie der rechts von ihm sitzenden Mrs. Senhouse erzählt, die sie ihrerseits dem rechts von ihr sitzenden George anvertraut hatte. Tschutschu hatte die Neuigkeit von Inspektor Snow höchstpersönlich erfahren und sie an Rombout weitergegeben. Nelson hatte seinen Nachbarn, den Mann von der Zivilverteidigung, interviewt und ließ nun Madeleine wissen, was der gesagt hatte. Betsy, die neben Chris saß, hatte Franzens Originalbericht gehört, und Iwan hatte Teile der kurzen Rede aufgeschnappt, die Geepy den in seiner Nähe sitzenden Eltern und Lehrern neben ihm gehalten hatte.

Nur Björn, an dessen Tisch zufällig niemand die Geschichte kannte, wusste noch nicht, was geschehen war. Hingebungsvoll mit essen beschäftigt, nahm er offenbar gar nicht wahr, welche fröhlichen, angeregten Diskussionen rings um ihn aufgeflammt waren. Da ich ein einigermaßen gut erzogener Mensch bin, wollte ich nicht während des Essens aufstehen, nur um Björn ins Bild zu setzen, aber andererseits hatte ich, da ich eine Reporterin bin, keine Ruhe, bevor ich nicht meine berufliche Pflicht erfüllt hatte. Also schrieb ich die Geschichte rasch auf meine Papierserviette und bat einen der vorbeieilenden jungen Servierer, sie Björn zu geben.

Postwendend erhielt ich folgende Antwort: «Liebe Depesche, ich bin wundervollstens erstaunt. Das ist wahrhaft beglückend und auch sehr erhebend. Und wie werden sich die Küstenwachen freuen! Ich habe auch einen Vorschlag zu unterfertigen. Wenn wir die schönen Pfeifengeld-Geschenke übergeben, wollen wir eine Erklärung für die Küstenwachen schreiben und eine schriftliche Siegesverpflichtung abgeben. Wir müssen sie alle unterschreiben, aber nicht mit unseren

Namen, denn die sind zu zahlreich. Wir müssen unbedingt einen einzigen Namen für uns alle zusammen haben, und deshalb schlage ich vor, dass wir uns ‹Die Vereinten Kinder› nennen und auch so unterschreiben. Missfällt Ihnen dieser Vorschlag? Herzlichst Ihr Björn.»

Da war sie nun, die Verwirklichung des Wunschtraums, den ich vor langer Zeit geträumt hatte. Erinnert ihr euch noch an den Tag, an dem ich Chris das große Geheimnis entlockte und eine grandiose Schlagzeile entwarf, die nie gedruckt wurde: «Die Neue-Welt-Schule in El Peso bereit für die Vereinten Kinder!» So hatte sie gelautet, meine Schlagzeile. Nun, jetzt war sie endlich Wahrheit geworden! Und die Kinder, die sich hier aus allen Teilen der Welt zusammengefunden hatten, waren kein lockerer Haufen mehr, keine buntscheckige Ansammlung: Sie waren zu einer festen Gemeinschaft zusammengewachsen.

«Nein», rief ich zur Verblüffung von Präsident Sheepbot zu Björn hinüber, «er missfällt mir ganz und gar nicht. Kannst du mich hören, Björn? Er gefällt mir! Er gefällt mir ganz ungeheuer!»

Mein prominenter Nachbar dachte offensichtlich, ich hätte den Verstand verloren, aber das war mir egal. Ich sah die glücklichen Gesichter der Kinder rings um mich, hörte das lebhafte Stimmengewirr, und ich war so erfreut, dass mich nichts mehr ärgern konnte. Auf die Gefahr hin, Präsident Sheepbot schwer zu verstören, der mich angstvoll betrachtete, stand ich auf, erhob mein Glas und brachte einen Toast auf die Neue Welt aus.

«Dreimal hoch!», rief ich. «Dreimal hoch die Vereinten Kinder, und ihnen allen viel Glück!»

18. KAPITEL

MR. BALUSTER ZU EHREN

In den nächsten paar Wochen ereignete sich nicht viel. Das heißt, nichts besonders Sensationelles. Denn natürlich geschah immer etwas in El Peso – dafür sorgten die Vereinten Kinder, wenn schon niemand sonst.

Da war zum Beispiel der Tag, an dem die Gang in das Blumenzimmer des «Ambassador» eindrang, wo gerade ein Galaempfang für den Herrn stattfand, der mit einem streng geheimen Sonderauftrag aus Washington gekommen war. Aber diese Geschichte kann man nicht in einem Satz erzählen, dazu ist sie zu lang, deshalb berichte ich euch einfach die Tatsachen, eine nach der anderen.

Als ich die gedruckte Einladung erhielt, an einem Empfang zu Ehren von Mr. Cornelius F. Baluster aus Washington, D.C. teilzunehmen, war ich kein bisschen überrascht. Dank Horatio Roosevelt Fairchild wusste ich alles über Mr. Balusters Anwesenheit in El Peso, lange bevor es viele andere wussten.

«Das ist kein gewöhnlicher Gast, Ma'am!», hatte mir Horatio eines Tages mitgeteilt. Er meinte den Herrn aus Washington, der gerade angekommen war. «Denn wenn er das wäre, hätten nicht beide, Seine Ehren der Bürgermeister und Präsident Sheepbot, ihn vom Bahnhof abgeholt und hierher begleitet. Wirklich! Ma'am, für einen x-beliebigen Gast machen diese beiden Herren so was bestimmt nicht. Er hat was mit der Regierung zu tun, Ma'am, darauf können Sie Gift nehmen! Und er hat auch was mit dem Krieg zu tun! Ich denke mir, der wird einen Bericht oder so was über unseren Kriegshilfseinsatz und unsere Produktion schreiben. Wissen Sie, warum? Weil er direkt vor meiner Nase so was hat verlauten lassen. ‹Halten Sie unbedingt den Termin›, meinte er zu Präsident Sheepbot. ‹Verschieben Sie die Eröffnung bloß nicht, denn ich muss meinen Bericht auf die Stunde genau vorlegen.› Also sagte ich mir: Junge, sagte ich, dieser Herr hier wird einen Bericht schreiben, und er ist auch kein gewöhnlicher Gast.»

«Welche Eröffnung meinte er denn?», erkundigte ich mich.

«Ich weiß genauso wenig wie Sie, Ma'am.»

«Und was glaubst du?»

«Es geht um den neuen Trakt, Ma'am. Den neuen Trakt, den sie an das Werk angebaut haben. Der ist jetzt fast fertig. Er ist hochwichtig, heißt es, aber ich versteh nichts von solchen Sachen.»

Überflüssig zu sagen, dass diese Unterhaltung mit Horatio wilde Anstrengungen meinerseits zur Folge hatte, ein Interview mit dem betreffenden Herrn zu erlangen. Doch Mr. Baluster blieb zugeknöpft. Selbst auf dem Empfang glückte es mir nicht, etwas Wesentliches aus ihm herauszubekommen.

Mir fiel auf, dass einige Leute ihn mit «Mr. Secretary» anredeten, während andere ihn «Exzellenz» nannten. Entweder die einen oder die andern mussten sich also irren, möglicherweise beide, und so sagte ich einfach «Sir» zu ihm, denn das ist in jedem Fall richtig.

Präsident Sheepbot widmete mir viel Zeit und Aufmerksamkeit. Immer wenn ich einen Versuch machte, mit dem Ehrengast ins Gespräch zu kommen, trat er rasch neben mich, verwickelte uns beide in eine lange Unterhaltung und verhinderte so mein Vorhaben. Offensichtlich fürchtete er, ich könnte den «Diebstahl» erwähnen und die geheimen Blaupausen, die vielleicht kopiert worden waren.

Der Empfang fand an einem Nachmittag statt, und alle, die in El Peso etwas darstellten, nahmen daran teil. Über vierzig reiche und einflussreiche Leute waren erschienen, um den Abgesandten ihrer Bundeshauptstadt zu begrüßen, und jeder bemühte sich, vor ihm im allerbesten Licht zu erscheinen.

Deshalb lag Chris goldrichtig, als er vorschlug, eine «Invasion» zu machen.

«Sie können sich nicht gut weigern», argumentierte er, nachdem der Gedanke aufgekommen war. «Dann müssten sie sich schämen! Sie können doch nicht wollen, dass sie der Ehrengast für eine Bande kleinlicher unpatriotischer Knicker hält, nicht wahr? Deshalb werden wir uns gar nicht mit Kriegssondermarken aufhalten, sondern ihnen Anleihescheine zu 18 Dollar 75 Cent je Stück verkaufen, und zwar eine Menge.»

Da der Überraschungseffekt bei jedem Überfall ungeheuer wichtig ist, stürmten Chris und sein neunköpfiges Schockkommando ohne vorherige Ankündigung das Blumenzimmer. Hätte ein Mensch ohne Kopf den Raum betreten, es hätte nicht plötzlicher Totenstille eintreten können als jetzt angesichts der zehn Kinder, die niemand eingeladen hatte und die sich benahmen, als gehörte das Hotel ihnen.

Sie marschierten in die Mitte des Saals und übersahen geflissentlich den verzweifelten Versuch des Oberkellners, sie aufzuhalten und hinauszudrängen. Chris nickte nur dem protestierenden Mann ebenso überlegen wie freundlich zu. «Das ist schon in Ordnung, Bill!», versicherte er ihm. «Horatio sagt, es ist okay, außerdem haben wir was Wichtiges zu erledigen.»

Die Kinder trugen ihre Ausgehanzüge und -kleider, in denen sie sehr adrett und gesittet aussahen. Gleichzeitig aber lag etwas Unbeugsames und sogar leicht Drohendes in ihrer Erscheinung; etwas, was anzeigte, dass sie genau wussten, was sie wollten, und erst dann wieder verschwinden würden, wenn sie es bekommen hätten.

Da weder Chris' noch Betsys Eltern reich und einflussreich genug waren, um an einer so illustren Zusammenkunft teilzunehmen, war Präsident Sheepbot der einzige anwesende Vertreter der Elternschaft.

Er starrte Nelson an wie einen Geist, aber da er mit keinem Angehörigen der Invasionstruppen identifiziert werden wollte, hütete er sich, seinen sich ihm nähernden Sohn anzureden. Nelson hatte ein dickes schwarzes Buch in der Hand – ein Scheckbuch, wie sich herausstellte. «Wir wollten kein Risiko eingehen», erklärte er mir später. «Wir dachten, es könnten ja welche ihr Scheckbuch vergessen haben, deshalb brachten wir für alle Fälle unsere eigenen Scheckformulare mit.»

Chris' Ansprache war kurz, aber wirkungsvoll. Außerdem war sie ein taktisches Meisterstück und zielte darauf ab, den Feind dazu zu bringen, sich freiwillig zu ergeben.

«Sie haben uns nicht eingeladen», sagte Chris der Wahrheit gemäß, «und Sie haben uns nicht erwartet. Doch wir wissen, dass Sie alle auf genau die Gelegenheit gewartet haben, die wir Ihnen jetzt bieten. Sie alle wollen, dass dieser Empfang Ihrem Ehrengast unvergesslich bleibt, Sie alle wollen, dass er ein echter Erfolg, ein Sieg für unsere Stadt wird. Und Sie alle begreifen, dass der Sieg nie so einfach zu erringen ist» – er schnippte mit den Fingern –, «sondern dass man dafür teuer und reichlich bezahlen muss. Wir wissen, dass Sie bereits viele Kriegsanleihescheine und Marken gekauft haben, aber wie Sie richtig sagen, man kann nicht zu viel davon kaufen. Außerdem ist es ein Unterschied, ob man für sich ein paar Anleihescheine kauft, wenn niemand davon erfährt, oder ob man aus dem Kauf eine richtige Demonstration macht, eine Siegesdemonstration, die viele andere Leute begeistern und Ihrem Ehrengast eine Vorstellung von Ihrem großartigen Patriotismus geben wird. Deshalb sind wir gekommen: um Ihnen bei Ihren Bemühungen zu helfen, diesen Empfang zu einem unvergesslichen Ereignis zu machen. Kaufen Sie Kriegsanleihescheine, meine Damen und Herren, und Sie werden Ihr Fest zu einem Sieg machen, zu einer weiteren gewonnenen Schlacht der Vereinten Nationen. Ich danke Ihnen.»

Natürlich habt ihr bemerkt, dass Chris es in seiner Ansprache geschickt so darstellte, als hätten alle im Blumenzimmer Versammelten den glühenden Wunsch, Mr. Baluster zu ehren, indem sie in noch nie dagewesener Höhe Anleihescheine kauften, und als seien Chris und sein Kommando gerade rechtzeitig erschienen, um ihr heimliches Verlangen zu befriedigen. Schlau, nicht wahr? Selbstverständlich war Chris nicht der einzige Autor dieser scheinbar improvisierten Rede. Die Gang hatte sie sich zusammen ausgedacht. Man muss sogar zugeben, dass Nelson ein paar recht nützliche Gedanken zur Diskussion beigesteuert hatte, und ihm war es auch gelungen, sich für genau eine Stunde von der Bank seines Vaters die richtigen Kriegsanleihescheine «auszuleihen». Der Bankangestellte war mitgekommen und wartete nun in der Hotelhalle, um die kostbaren Papiere wieder in sein Büro zurückzubringen, denn er glaubte nicht, dass «diese verrückten Kinder» auch nur einen einzigen Schein verkaufen würden. Aber darin irrte er sich gewaltig.

«Dank sei Ihnen zahlreiche Male!», sagte Björn hocherfreut zu Jim Johnson, der ziemlich dicht bei Mr. Baluster stand. «Das ist wahrlich königlich, das ist bedeutend. Haben Sie das gehört, Sir?», wandte er sich an den Ehrengast. «Mr. Johnson, der Inhaber unseres Fotogeschäfts, hat gerade seine noble Absicht kundgetan, fünf Anleihescheine zu kaufen.»

Nein, Mr. Baluster hatte diese Erklärung nicht gehört. Aber auch Björn nicht und überhaupt niemand, denn niemand konnte sie gehört haben, da Jim Johnson sie gar nicht abgegeben hatte. Er sah ziemlich betroffen aus, und einen Augenblick lang wusste er nicht, was er tun sollte. Seine kleinen Schweinsäuglein blickten bald auf Björn, bald auf Mr. Baluster, der seinerseits den Vorgang neugierig beobachtete.

«Na klar!», sagte Jim schließlich und langte in seine Westentasche. «Hier hast du, Sohn, ich bin *immer* glücklich, wenn ich mein Äußerstes für mein Land tun kann.» Er zog sein Scheckbuch hervor und schrieb einen Scheck über dreiundneunzig Dollar und fünfundsiebzig Cent aus.

An einer anderen Stelle des Saales bedrängten Rombout und Tschutschu Seine Ehren den Bürgermeister, der von prominenten Bürgern umringt war und deshalb fühlte, dass er ein Beispiel geben musste. Er kaufte also sechs Anleihescheine, was zur Folge hatte, dass drei andere Herren jeder drei kauften, was wiederum bedeutete – Augenblick mal! – was bedeutete – sechs plus drei mal drei ist fünfzehn, nicht wahr? –, was bedeutete, dass Rombout und Tschutschu binnen vier Minuten nicht weniger als fünfzehn Scheine verkauft hatten.

Ich war gespannt, wie die kleine Madeleine sich behaupten würde. Obwohl längst nicht mehr so schüchtern wie zu Anfang, war sie doch nicht gerade ein Draufgänger. Auch ihre Winzigkeit war in einer solchen Situation ein deutlicher Nachteil: Unter so vielen Erwachsenen konnte sie leicht übersehen werden. Aber Madeleine war zu einer Generaloffensive entschlossen, die den Sieg bringen musste, und eröffnete einen kühnen Angriff auf Präsident Sheepbot, der sie wie ein schwer befestigter strategisch wichtiger Berg überragte. Der Präsident, der sich mit einem gleich großen Herrn unterhielt, bemerkte das kleine Mädchen nicht einmal, dessen Stimmchen kaum an sein Ohr drang. Das Schlachtenglück schien sich gegen die tapfere Angreiferin zu wenden, da zog Madeleine, einem spontanen Einfall gehorchend, einen Stuhl heran, kletterte hinauf und hatte damit eine günstige Ausgangsstellung für die entscheidende Attacke gewonnen. Ihr Kopf war jetzt auf einer Höhe mit Mr. Sheepbots Kopf und ihm ganz nahe, und sie war entschlossen, entweder zu siegen oder unterzugehen. Die Position des Verteidigers verschlechterte sich noch durch die von George und Iwan ausgeführte Zangenbewegung, die darauf abzielte, den Präsidenten einzukreisen und ihm den Rückzug abzuschneiden.

Die kleine Madeleine vergaß vor lauter Aufregung, dass sie Englisch sprechen musste, und begann ihre Kanonade in ihrer Muttersprache, auf Französisch.

«Monsieur le President ...», flüsterte sie beschwörend in sein linkes Ohr, «je vous en prie ...»

Mr. Sheepbot war ein gebildeter Mann und wusste, was das hieß: «Herr Präsident ... ich bitte Sie», und da Madeleine sich nicht auf bloßes Flüstern beschränkte, sondern auch einen Packen Anleihescheine unter der Nase ihres Opfers schwenkte, begriff er, worum sie «bat». Ein Blick über seine Schulter zeigte ihm, dass er von überlegenen feindlichen Kräften umzingelt war, und ein Blick auf das Gesicht des Herrn, mit dem er sich unterhalten hatte, als der Angriff begann, verriet ihm, dass dieser Verbündete ihn im Stich ließ. Der Herr sah höchst belustigt aus und dachte offensichtlich nicht im Traum daran, ihm zu Hilfe zu kommen.

Nur um den Augenblick seiner Kapitulation hinauszuzögern, sagte Präsident Sheepbot: «Ich weiß zwar nicht, was du willst, kleines Mädchen, aber ich weiß, dass artige kleine Mädchen nicht auf Stühle klettern.»

Überflüssig zu sagen, dass dieser schwache Gegenangriff völlig wirkungslos blieb. Madeleine gewann ständig an Boden; es gelang ihr sogar, den einzigen Alliierten des Präsidenten, der sich übrigens schändlich neutral verhalten hatte, in ihren aktiven Sympathisanten zu verwandeln.

«Kluges Kind», bemerkte dieser Herr und lächelte Madeleine wohlgefällig zu. «Hamlet, alter Knabe», wandte er sich an den belagerten Präsidenten, «du solltest ihr ihren Wunsch lieber erfüllen, wenn du sie loswerden willst. Doch ich verstehe eigentlich nicht, warum du dir wünschen solltest, etwas so Niedliches loszuwerden!»

Ich hatte nicht gewusst, dass Präsident Sheepbots Vorname Hamlet war, und fand das ziemlich komisch. Aber die kleine Madeleine hatte die Worte des Herrn gar nicht gehört. Wie eine begeisterte Grille summte und flüsterte sie weiter in «Hamlets» Ohr. Sie sprach jetzt Englisch, und ganz gegen seinen Willen freute ihn das, was sie sagte.

«Wir haben auf Sie gerechnet!», hauchte Madeleine mit überzeugender Inbrunst. «Wir haben gehofft, dass Sie hier sein würden – Sie vor allem. Denn alle wissen, wie großzügig und wie patriotisch Sie sind. Sie waren unsere größte Hoffnung – mit Abstand die größte!»

Der Präsident sah geschmeichelt aus. «Tatsächlich?», fragte er mit lebhafter Stimme. «Und ich werde euch auch nicht enttäuschen. Obwohl ich bereits mehr als meinen vollen Anteil gekauft habe, nehme ich euch fünf Scheine ab – na, was sagst du nun?»

Die kleine Madeleine aber wollte sich nicht mit einem Verhandlungsfrieden zufriedengeben, sie wollte den Sieg. Deshalb tat sie, als habe sie das Friedensangebot des Präsidenten nicht gehört.

Ihr schien plötzlich etwas sehr Lustiges einzufallen, und sie brach in fröhliches Lachen aus. «Es ist wirklich komisch», kicherte sie. «Nelson glaubte nicht, dass Sie irgendwas kaufen würden. Können Sie sich das vorstellen, dass Ihr eigener Sohn Sie so schlecht kennt? ‹Lasst meinen alten Herrn zufrieden›, hat er gesagt, ‹er ist viel zu pedantisch, um so eine Überraschung gut zu finden; er wird sie nicht mal verstehen!›»

Der Präsident runzelte die Stirn. «Tatsächlich?», fragte er noch einmal, aber in anderem Ton.

«Ja, Sir», zwitscherte Madeleine. «Ja, tatsächlich! Natürlich haben wir ihm nicht geglaubt, und schließlich haben wir eine Wette abgeschlossen. ‹Dein Vater›, sagte ich zu Nelson, ‹wird zehn Anleihescheine kaufen – ich weiß es, und ich gehe jede Wette darauf ein!› Nelson sagte: ‹Abgemacht! Ich wette, er kauft keine einzige. Wenn du gewinnst und er tatsächlich nicht weniger als zehn Stück kauft, gebe ich dir vier Dollar – mein ganzes Taschengeld für diesen Monat, und wenn du verlierst, musst du mein Porträt malen!› Natürlich hat er diesen Vorschlag nur deshalb gemacht, weil ich kein Taschengeld kriege und weil ich so gern male. Aber es ist eine schöne Wette, finden Sie nicht auch, und lustig außerdem!»

«Sehr lustig!», pflichtete ihr der Präsident ernst bei. «Nelson glaubt also, ich werde nichts kaufen? Und hat sein ganzes Taschengeld darauf verwettet? Er meint, ich würde eure Überraschung nicht mal verstehen? Na, der wird eine nette kleine Extraüberraschung erleben! Vielleicht versteht er die nicht. Elf! Verstehst du – ich kaufe elf Stück! Und dieser Unsinn mit Herrn Nelsons Porträt kommt überhaupt nicht in Frage, verstanden!»

Die kleine Madeleine sprang von ihrem Stuhl herunter. «Hurra!», rief sie. «Ich habe gewonnen! Ich hab's gewusst, ich hab's gewusst! Hurra, ich habe gewonnen!»

Ich weiß nicht, ob sie sich so über die gewonnene Wette oder über die siegreiche Schlacht freute; ich glaube eher, über Letztere, denn ich bin nicht ganz sicher, ob es diese

Wette wirklich gab oder ob das Ganze nur eine der vom «Kommando» ausgeheckten Kriegslisten war.

Was folgte, war nichts weiter als der Abschluss der Operation, geschickt ausgeführt von Nelson und Franz, die den geschlagenen Feind so lange verfolgten, bis er seinen illustren Namen auf einen von Nelsons Blankoschecks geschrieben hatte. Denn selbst wenn Nelson die besagte Wette nicht abgeschlossen hatte, so hatte er doch gewiss recht mit seinem Argument, dass Leute ihre Scheckbücher oft zu Hause lassen, und Präsident Sheepbot hatte seins tatsächlich vergessen. Franz kümmerte sich um die mathematische Seite der Sache und löste rasch die Aufgabe, 18 Dollar 75 Cent im Kopf mit elf zu multiplizieren.

«Zweihundertsechs Dollar und fünfundzwanzig Cent!», verkündete er ehrfürchtig. «Mein lieber Mann, so eine Menge Geld!»

Inzwischen hatten sich Iwan und George dem Herrn neben Mr. Sheepbot genähert – dem, der ihn «Hamlet» genannt hatte – und ihm im Nu vier Anleihescheine verkauft. Chris und Betsy trugen einige kleinere Scharmützel aus, die ihnen eine Beute von neun Scheinen einbrachten; die verkauften sie an neun verschiedene Leute, einen davon an mich. Zum Schluss aber sammelten sie alle vorhandene Munition, um sie in einem kühnen Frontalangriff auf Mr. Baluster selbst abzuschießen. Keiner weiß, wie vernichtend diese letzte Attacke sich hätte auswirken können und wie viele Anleihescheine noch hätten an den Mann gebracht werden können, denn es waren nur noch sechs übrig, und die kaufte der Ehrengast mit Vergnügen.

«Ist das zu glauben?», sagte Björn, als er erfuhr, dass alle fünfzig Anleihescheine Käufer gefunden hatten. «Ist das vorstellbar? Was für ein phantastischer Triumph!»

Und wenn ihr es bedenkt, war es nicht wirklich eine fabelhafte Leistung für eine Gruppe von Kindern, innerhalb einer halben Stunde neunhundertsiebenunddreißig Dollar und fünfzig Cent zu sammeln und einen so beachtlichen Beitrag für unsere Kriegshilfe zu leisten? Wenigstens fanden das die meisten Leute.

Präsident Sheepbot war derart erfreut, dass er sogar eine Unterhaltung zwischen mir und Mr. Baluster zu verhindern vergaß, und so gelang es mir zu guter Letzt doch noch, dem Ehrengast etwas zu entlocken.

«Unglaublich!», rief Mr. Baluster. «Diese Kinder sind einfach toll!»

«Ja, nicht wahr?», sagte ich. «Wie lange beabsichtigen Sie bei uns zu bleiben, Sir? Wenigstens bis Donnerstag, hoffe ich. Sie werden doch nicht die Eröffnung des neuen Trakts in unserem berühmten Flugzeugwerk versäumen wollen, nicht wahr?»

Mr. Baluster war verdutzt. «Donnerstag?», fragte er. «Aber die Eröffnung ist doch für Mittwoch angesetzt, wie?»

«Natürlich», stimmte ich hastig zu, «ich muss das Datum verwechselt haben. Wie dumm von mir! In El Peso passiert immer so viel, da weiß man manchmal wirklich nicht, was wann ist.»

In Wahrheit hatte ich nichts durcheinandergebracht, denn ich hatte überhaupt keine Ahnung gehabt, wann die Eröffnung stattfinden sollte. «Donnerstag» war eine bloße Vermutung gewesen, doch sie hatte ihren Zweck erfüllt, dem freundlichen Mr. Baluster das richtige Datum zu entlocken.

Du solltest dich was schämen, dachte ich ziemlich schuldbewusst. Dauernd legst du arglose Leute mit deinen Tricks herein, und noch dazu mit uralten Tricks! Du solltest dich was schämen wegen deiner blöden Neugier!

Und trotzdem freute ich mich wie ein Schneekönig, dass ich nun das wichtige Datum wusste. Hatte es noch jemand mitbekommen? Aus irgendeinem Grund schaute ich mich nach Jim Johnson um, doch offenbar hatte er Björns Ansturm nicht aushalten können, denn er war nirgends zu sehen.

Draußen in der Hotelhalle übergab die Gang dem wartenden Bankangestellten die Ausbeute ihres «Überfalls».

«Donnerwetter!», hörte ich ihn sagen, als ich vorbeiging. «Alles losgeworden! Na, wenn das nichts ist! Diese Kinder ...», murmelte er verblüfft und schüttelte den Kopf, «diese Kinder ...»

19. KAPITEL

FLIEG, FLUGZEUG, FLIEG

Es war völlig unnötig gewesen, dass ich Mr. Baluster das Datum der großen Eröffnung entlockt hatte, denn zwei Tage nach dem Empfang im Blumenzimmer erfolgte die öffentliche Bekanntgabe, und eine ganze Menge Leute wurden zu dem Ereignis eingeladen.

Die eigentliche Eröffnung vollzog sich am Morgen, als der Herr aus Washington, verschiedene offizielle Persönlichkeiten der Stadt El Peso und eine Reihe von Autoritäten auf dem Gebiet des Flugzeugbaus aus dem ganzen Land durch das Werk geführt wurden. Die Feier für die Arbeiter jedoch und für uns übrige gewöhnliche Leute fand am Nachmittag statt. Da der neue Trakt und seine Einrichtungen immer noch als militärisches Geheimnis betrachtet wurden, zeigte man uns den Gegenstand der Feier nicht, sondern man hatte uns einfach gebeten, uns in der großen Eingangshalle eines der älteren Gebäude zu versammeln.

Die Reden hatten bereits begonnen, und Seine Ehren der Bürgermeister hielt gerade seine Ansprache, als die Gang erschien. Alle waren sie außer Atem, auch entsprach ihre Kleidung nicht ganz dem Anlass: Sie trugen ihre Alltagskluft. Einige der Neuen waren offensichtlich aus den Sachen herausgewachsen, in denen sie angekommen waren – vor wie vielen Monaten? Iwans und Björns Arme waren viel länger als ihre Ärmel, und ihre Shorts waren viel kürzer, als es der Anstand gebot.

«Wir haben nicht gedacht, dass wir das schaffen würden!», flüsterte Chris mir zu, als alle zehn Kinder sich nicht weit von mir in eine der hinteren Reihen setzten. «Erstens ist Kindern der Eintritt hier verboten. Und als Nelson seinen alten Herrn schließlich davon überzeugt hatte, dass man uns reinlassen sollte, wollte uns die alberne Miss Talstraesser nicht gehen lassen. Sie unterrichtet Volkstanz an der Schule, und ein paar von uns nehmen an ihrer Volkstanz-Arbeitsgemeinschaft teil. Das ist ganz blöd, verdirbt uns immer die Mittwochnachmittage. Aber – nun sind wir hier. Was hat er denn bisher gesagt?»

Jemand vor uns machte «pst!», und ich antwortete nicht. «Seid ihr – weggerannt?», fragte ich nach einer Weile. Chris schüttelte den Kopf, aber da er zugleich auch die Schultern zuckte, war es nicht ganz klar, was er meinte.

«Wir sind weggetanzt», gestand er schließlich, «sind einfach mitten in so einem öden alten Rundtanz abgehaun.»

Er lachte. «Zuerst war Miss Talstraesser hoch begeistert über unsere Leistung, denn wir hatten so einen schönen großen Kreis gebildet, und sie sagte, endlich hätten wir es gelernt, den Raum auszufüllen. Dann fing das ‹Fangen› an – die Jungen müssen die Mädchen irgendwann bei dem Tanz fangen –, und auch da war sie noch sehr zufrieden. ‹Das ist hübsch!›, hat sie gerufen, so laut sie konnte, denn wir waren schon ziemlich weit weg, ‹das ist sehr, sehr, sehr hübsch, Kinder!› Sie versucht immer, mit englischem Akzent zu sprechen, dabei ist sie eigentlich Deutsche oder so was. Ich kann Miss Talstraesser nicht leiden», schloss er, während neue Pst-Rufe aus der Reihe vor uns kamen, «sie ist eine affektierte dumme Ziege, weiter nichts.»

Die Reden nahmen kein Ende. Nach dem ehrenwerten Herrn Bürgermeister war Präsident Hamlet Sheepbot an der Reihe. Dann folgte ein sympathisch aussehender Mann im Monteuranzug, der im Namen der Arbeiter sprach. Dann bedankte sich Mr. Cornelius F. Baluster bei all jenen, «die mitgeholfen haben, diesen großen Tag möglich zu machen». Dann dankte einer der leitenden Ingenieure Mr. Baluster dafür, dass er so freundlich gewesen sei, hierher zu kommen. Und zum Abschluss ergriff noch einmal Präsident Sheepbot das Wort, dankte allen für alles und gab die anscheinend allerwichtigste Erklärung des Tages ab, denn die Leute applaudierten wie wild, als sie sie hörten.

«Wir wollen diesen Tag mit einem Fest beschließen», erklärte er. «Es ist alles vorbereitet. Ab sechs Uhr abends treffen wir uns an denjenigen Stätten der Stadt, die für ein solches Fest in Frage kommen und die die meisten von uns kennen dürften ...»

Lachen bei den Zuhörern.

«Da wir zu viele sind und nicht alle in einem dieser Etablissements unterkämen, sind sowohl das ‹Ambassador› wie der ‹Kristallpalast› angewiesen worden, jedes Mitglied dieser großen, glücklichen Familie willkommen zu heißen und bestens zu betreuen – wenn Sie wissen, was ich meine ...»

Noch mehr Gelächter.

«Also lassen Sie es sich gutgehen», schloss der Präsident seine wichtige Erklärung, «und seien Sie ja nicht schüchtern. Vergessen Sie nicht: Es geht alles auf Rechnung des Hauses!»

An dieser Stelle setzte der Beifall ein. Die Zuhörer waren außer sich vor Begeisterung. Die Konservativeren unter den Gästen klatschten, aber einige Arbeiter pfiffen durch die Finger, und eine Gruppe junger Ingenieure verfiel wieder in die Gewohnheiten ihrer College-Tage und stampfte wie wild mit den Füßen auf den Boden.

Als wir das Gebäude verließen, kamen uns Inspektor Snow und Detektiv Tiff entgegen, die beide wahrscheinlich dienstlich hier waren. Aber während der FBI-Beamte sich weder in seinem Äußeren noch in seinem Benehmen von den zivilisierten Männern aus dem Publikum unterschied, war die Aufmachung von «Falkenauge, AG» höchst auffällig. Er trug zur Abwechslung eine dunkle Brille, und trotz des warmen Tages ging er ganz in Schwarz. Eine dicke Aktenmappe unter dem einen Arm, einen Schirm unter dem anderen, versuchte er mit dem hochgewachsenen, weißgekleideten Inspektor Schritt zu halten.

«Er stolziert wie ein Vogel, nicht wahr?», stellte Betsy sehr zutreffend fest. «Beinahe wie eine beleidigte Krähe oder so was.» Und tatsächlich hatte auch die Art, wie «Tiffy» seinen Kopf hin und her ruckte, etwas seltsam Vogelhaftes.

«Tut mir leid», rief er, als er uns erblickte, schwang die Aktenmappe und den Schirm, als wären es Flügel, und machte ein Gesicht, als könnte er jeden Augenblick davonfliegen. «Tut mir leid, wir können nicht mit euch sprechen, wir haben zu viel zu tun. Was macht ihr übrigens hier? Kinder gehören doch wohl kaum hierher. Außerdem hat man uns nichts davon gesagt, dass ihr hier sein würdet; ihr steht nicht auf unserer Liste; wer ist dafür verantwortlich? Na, egal, wenn irgendwas passiert, werden wir natürlich dafür zur Rechenschaft gezogen, da beißt die Maus keinen Faden ab. Kommen Sie, Snow, wir haben keine Minute zu verlieren.»

Er flatterte davon und erwartete offenbar, dass ihm der Inspektor auf dem Fuße folgte.

Doch Waitstill Snow schien es nicht besonders eilig zu haben.

«He, ihr», sagte er und griente breit, «was wird denn da in der Neuen Welt zusammengekocht?»

«Rostbraten!», erwiderte Björn verbindlich. «Zum Mittagessen ein großer Rostbraten und viele vielfältige Gemüse. Ist sicher schon bald fertig.»

Er war ganz verblüfft, als wir alle loslachten.

«Was ist denn daran so albern?», flüsterte er George zu. «Warum finden das alle so komisch?»

Während George es Björn erklärte, hatte Mr. Snow eine freundschaftliche Unterhaltung mit Franz. Wie ging es Franzens Vater, wollte er wissen. Hatte er schon die Genehmigung erhalten, nach El Peso zu kommen und sich hier nach einer Stellung umzusehen?

Franz sagte, sein Vater habe den Antrag mit der Post abgeschickt, und soweit er wisse, könne die Antwort jeden Augenblick eintreffen.

«Sehr gut», rief der Inspektor. «Einen Mann wie deinen Vater können wir bestimmt brauchen. Wo steckt übrigens Cesar? Hat jemand Mr. Tiff gesehen?»

«Ich, Sir», sagte Björn, der beweisen wollte, dass er ein äußerst aufmerksamer und gewissenhafter Beobachter und überhaupt nicht albern oder komisch war. «Mr. Tiff ist da draußen und gebraucht seinen Schirm gegen Sonnenschein, Präsident Sheepbots hochmanierlichen Hund, der nur an Mr. Tiffs Aktenmappe riechen wollte. Also verfolgte ihn Mr. Tiff, der sich höchstwahrscheinlich nicht so viel aus Hunden macht. Wahrscheinlich trägt er auch deshalb den Schirm bei sich, denn andererseits regnet es doch gar nicht.»

Armer Björn! Er hatte sein Bestes getan, um dem Inspektor eine seriöse Information über das Ergehen und die gegenwärtige Tätigkeit von «Falkenauge, AG» zukommen zu lassen, doch Waitstill Snow lachte, als habe ihn wer gekitzelt.

«Nein, weiß Gott», gluckste er, «regnen tut es nicht! Ganz bestimmt nicht! Aber hör mal, ich will dir etwas verraten. Das ist kein gewöhnlicher Schirm, was Tiffy da hat, und er ist auch nicht als Waffe gegen Hunde bestimmt. In diesem Schirm ist eine lange Klinge verborgen, ein richtiger Degen, und ich würde keinem raten, Cesar tätlich anzugreifen. Er ist ein erstklassiger Fechter und ein toller Kämpfer, ob ihr's nun glaubt oder nicht.»

Keiner von uns wusste, ob der Inspektor sich mit uns einen Spaß machte oder ob er im Ernst sprach, denn es sah «Tiffy» ähnlich, mit einem im Schirm verborgenen Degen herumzulaufen, auch passte es sehr gut zu seiner dunklen Brille und seiner ganzen wichtigtuerischen kleinen Erscheinung.

«Sehn wir uns hier mal ein bisschen um», schlug Nelson vor, nachdem Mr. Snow uns verlassen hatte. «Wenn es euch interessiert, könnte ich euch Verschiedenes zeigen.»

Obwohl es bereits später Nachmittag war, ging in allen Fabrikgebäuden rings um uns die Arbeit auf Hochtouren weiter.

«Unsere Leute arbeiten in drei Schichten», erklärte uns Nelson, «und unsere Maschinen stehen beinahe nie still.

Vater sagt, wir können es uns nicht leisten, das Tempo auch nur für ein paar Stunden zu drosseln. Deshalb konnten wir heute auch nicht allen Arbeitern freigeben, sondern nur denjenigen, die den neuen Trakt gebaut haben, weil dieser Teil des Werks noch nicht in Betrieb ist.»

Bevor wir in das Werk hineingelassen wurden, hatte jeder von uns ein Abzeichen angesteckt bekommen, das uns als Besucher auswies und auf dem eine Nummer stand. Die Arbeiter, erzählte uns Nelson, trugen ähnliche Plaketten. «Die haben sogar noch ein Foto drauf», sagte er, «damit man genau weiß, wer hierhergehört und wer nicht.»

Augenblicklich gehörten wir also hierher. Wir kamen uns sehr wichtig vor und trugen unsere Abzeichen, als wären es Orden.

In dem Gebäude, das wir betraten, herrschte entsetzlicher Lärm. Dutzende riesiger Maschinen summten, donnerten, kreischten, dröhnten und stampften; jedes menschliche Wesen, das sich bemerkbar machen wollte, musste sich die Lunge aus dem Leibe schreien. Und wie klein sie aussahen, diese menschlichen Wesen, verglichen mit den eisernen Ungeheuern, deren Herren sie waren!

Zahlreiche verschiedenartige Prozesse gingen gleichzeitig vor sich, und es wäre schwierig gewesen, zu sagen, was hier produziert wurde. Dass alle diese Nieten, Metallschienen, Schrauben und Stahlplanken zu Flugzeugen zusammengesetzt wurden, hätten nur wenige Leute erraten können.

Bis auf Nelson, der hier zu Hause war und dem der vielstimmige Lärm wie eine vertraute Melodie in den Ohren klang, waren wir alle zuerst wie betäubt. Das elektrische Licht, grellweiß und blendend, das unsere Gesichter leicht grünlich erscheinen ließ, trug auch noch zu der unwirklichen, fast traumhaften Atmosphäre des Ortes bei.

«Was ist denn das?»

Franz hatte sich offenbar aus dem verwirrenden Zauberbann befreit, der uns Übrige immer noch gefangenhielt. Sein lebhaftes technisches Interesse gewann die Oberhand.

«Das ist ein Teil der Tragflächen!», antwortete Nelson brüllend.

«Sieht beinah aus wie eine Hobelbank», schrie Franz und deutete auf eine vor uns stehende mittelgroße Maschine. Aus ihrem Mund floss ein endloser Strom silbrigglänzender Späne.

«Aluminium!», erklärte Nelson. «Sie schleifen die Bleche glatt!»

«Sie» waren ein Arbeiter und eine Arbeiterin, die das hungrige Ungetüm mit der einzigen Speise fütterten, nach der es verlangte: Hunderten und Tausenden dünner Aluminiumplatten.

«Sind die hübsch!» Madeleine war entzückt über die zarten silberschimmernden Locken, die das Tier ausspie. «Darf ich sie mal anfassen?»

«Aber klar, Kleine!», rief der Arbeiter. «Du darfst dir sogar ein paar als Andenken mitnehmen, wenn du möchtest. Sie bringen dir Glück, wenn du sie richtig behandelst.»

Überflüssig zu sagen: Nicht nur Madeleine, sondern die ganze Gang folgte dieser Aufforderung im Nu. Die Taschen voller knisternder Späne, wanderten sie tiefer in den Märchenwald des Werks hinein. Auch ich hatte mir drei der schimmernden Locken eingesteckt, und obwohl ich eine erwachsene Reporterin bin, die an so was wirklich nicht glauben sollte, habe ich sie bis heute und bin fest überzeugt davon, dass sie mir Glück bringen.

Als wir uns dem Mittelteil des Gebäudes näherten, veränderte sich das Bild: Die Kräne und Maschinen wurden größer und noch geheimnisvoller, und sie beförderten und produzierten nicht mehr Schrauben und Späne, sondern Cockpits, Geschütztürme und riesige Tragflächen.

Habt ihr je einen viermotorigen Bomber oder auch nur ein ganz gewöhnliches Flugzeug in einer Fabrik oder in einem Schuppen stehen sehen? Wenn ja, dann wisst ihr, wie riesenhaft sich diese fliegenden Vögel ausnehmen, wenn sie ein Dach über dem Kopf haben. Man hat ein ganz sonderbares Gefühl, wenn man sich vorstellt, dass solche schweren Riesen tatsächlich vom Boden abheben, dass sie über die sieben Weltmeere schweben, hoch über den Wolken, und dass sie, den Befehlen ihrer tapferen Besatzung gehorchend, unser Land und unsere Freiheit verteidigen helfen.

«Sind das Liberators?», erkundigte sich Franz. Nein, es waren keine Liberators, aber man gab Franz auch keine Auskunft darüber, was sie nun eigentlich waren. Die meisten Dinge rings um uns waren «militärische Geheimnisse», die niemandem mitgeteilt werden durften.

Iwan versuchte herauszufinden, wie viele Flugzeuge dieses Werk im Monat produzierte. Rombout machte sich Gedanken über ihre Bewaffnung: Waren sie mit richtigen Kanonen bestückt oder nur mit Maschinengewehren? Tschutschu interessierte das Blindflugsystem, und George beschäftigte das Problem, wie lange man braucht, um das Fahrgestell auszufahren. «Wie schnell können sie fliegen?», fragte Madeleine. «Wie viel Pfund Bomben tragen sie?», erkundigte sich Chris, und «Können sie nach Europa und wieder zurück fliegen, ohne aufgetankt zu werden?», wollte Betsy wissen.

In keinem Fall gab es eine Antwort.

Stattdessen deutete der junge Vorarbeiter, auf den alle diese Fragen einprasselten, stumm auf eins der Plakate an der Wand. Darauf stand:

JEDER MUSS SICH HIER BEWÄHREN,
DICH BEWÄHREN MUSST AUCH DU.
ALLES, WAS DIR HIER BEGEGNET,
IST GEHEIM. DEIN MUND BLEIBT ZU!

Ein netter, vernünftiger Vers, fanden wir und hörten auf mit unserem Gefrage.

Björn, der sich nach nichts erkundigt hatte, stand da, ganz verloren in den Anblick eines fast fertigen Flugzeugs, und einer der majestätischen Flügel breitete sich über seinen Kopf wie ein glänzender Baldachin.

«Mein Wunsch wäre», sagte er, ohne den Blick von dem Flugzeug zu wenden, «mein höchster Wunsch wäre, ein Heckschütze zu sein, denn dann würde ich da drinnen sitzen und wäre ganz allein mit meinen tollen Kanonen, und nachdem wir das feindliche Objekt besiegt und dem hässlichen Feind bereits den Rücken gedreht hätten, würde ich immer noch alles sehen, zum Beispiel die schönen Feuer, die wir entzündet haben, und wenn irgend so ein scheußliches böses feindliches Jagdflugzeug uns unverschämt verfolgen würde, dann würde ich es wahrscheinlich abschießen. Und ich wäre ganz allein ...»

Dass er als Heckschütze «ganz allein» wäre, schien Björn besonders zu gefallen, und ich finde, das bewies seine Courage. Denn es ist wirklich viel schlimmer, in einer lebensgefährlichen Situation allein zu sein, als ihr zusammen mit Freunden zu trotzen, die einem schon durch ihre Gegenwart Mut machen.

Da hier keine Lebensgefahr irgendwelcher Art drohte, hatten sich Chris und Rombout selbständig gemacht und sich auf eine eigene kleine Expedition begeben.

Sie sahen sehr viel Interessantes, zum Beispiel die Kantine des Werks, wo gerade gewaltige Mengen Suppe, Fleisch, Kartoffeln, grüne Bohnen und Torte zum Mittagessen aufgetischt wurden, und dann gelangten sie in eine Art Umkleideraum, jedenfalls sah der Raum ganz so aus, denn an den Wänden waren viele Kleiderhaken, Bänke standen da, und es gab auch ein paar Wandschirme aus Holz, hinter denen man sich ungestört umziehen konnte.

«Raus hier!», flüsterte Chris Rombout zu, sobald sie den Raum betreten hatten. «Ich glaube, das ist nichts für Besucher.»

Rombout nickte, und die beiden wollten gerade wieder hinausgehen, da erregte eine Unterhaltung hinter einem der Wandschirme ihre Aufmerksamkeit, und sie blieben stehen.

«Ich hab dir doch gesagt, dass du dich hier nie blicken lassen sollst!», sagte eine wütende Männerstimme. «Es ist viel zu gefährlich. Wie hast du das übrigens geschafft? Und weshalb zum Teufel kommst du überhaupt?»

«Ich musste», sagte die zweite Stimme, aber so leise, dass man nicht sicher sein konnte, ob ein Mann oder eine Frau sprach. «Ist doch egal, wie ich das geschafft habe. Bin einfach mit einem Haufen dämlicher Gäste hereingeschlüpft. Also pass auf: Wir müssen die Sache verschieben. Im ‹Ambassador› und im ‹Kristallpalast› finden irgendwelche Feiern statt ...»

«Na und?», sagte die Männerstimme verächtlich. «Was macht das schon! Wir starten die Sache um fünf nach sechs, egal, was da gefeiert wird. Oder kannst du den Gedanken nicht ertragen, nicht mit den andern zu feiern?»

«NEIN!», flüsterte die zweite Stimme ganz deutlich. «Nein, wahrhaftig, das kann ich nicht. Begreifst du denn nicht, was los ist? Ihr seid alle eingeladen, nicht wahr? Und alle andern werden auch dasein, nicht wahr? Na, meinst du nicht, es wäre gut, wenn du dich wenigstens eine halbe Stunde lang im ‹Kristallpalast› sehen ließest? Meinst du nicht, es könnte sonst alles gefährdet werden und du als Erster in Verdacht geraten? Ich gehe jedenfalls hin, obwohl niemand auch nur im Traum auf den Gedanken käme, *mich* zu verdächtigen!»

Es gab eine kurze Pause. Chris und Rombout hielten den Atem an.

«Also gut», sagte der Mann schließlich. «Hast du Nummer drei Bescheid gesagt?»

«Noch nicht, Boss. Schließlich brauchte ich ja zuerst dein Einverständnis.»

«Du hast es, Schatz. Und jetzt beeil dich lieber. Wir machen es eine Stunde später. Fünf nach sieben, auf die Minute! Alles andere ist okay?»

«Bestens», versicherte die Flüsterstimme. «Ich glaube

übrigens, dass die Feier uns zupass kommt, denn wer immer hier entbehrlich ist, wird unten sein, und wer von unten hierher zurückkommt, passt nicht mehr so scharf auf – Bier macht müde, wie?»

«Halt's Maul», sagte der Boss barsch. «Und dass du es ja nicht wagst, im ‹Mittschiffs› mit mir zu sprechen. Denn dahin gehen wir, kapiert? Die meisten Jungs, die ich kenne, werden dort sein, und ich will, dass die mich sehen. Jetzt raus mit dir, und pass auf, was du tust!»

Bevor die Flüsterstimme es geschafft haben konnte, zu verschwinden, packte Chris Rombout am Ärmel und zog ihn rasch aus dem Raum.

«Donnerwetter!» Das war alles, was Chris sagte, als die beiden draußen auf dem Hof standen, und Rombout meinte: «Das ist eine Bombe.»

Dann rasten sie los, um die übrigen Mitglieder der Gang zu finden, von denen ich mich inzwischen getrennt hatte. Erst viel später hörte ich von dem seltsamen Abenteuer der beiden Jungen. Hätte ich die Fakten etwas früher erfahren, ich hätte sie sicherlich als ernst genug für das FBI eingeschätzt und Mr. Snow von der Sache unterrichtet. Doch so verfolgten die Kinder ihre eigene Vereinte-Kinder-Strategie und wagten sich, ohne irgendjemanden einzuweihen, an eine Aufgabe, die sich als ebenso groß wie gefährlich erwies.

20. KAPITEL

DER STURM BRICHT LOS

Arglos und völlig ahnungslos, was Chris' und Rombouts Abenteuer im Garderobenraum betraf, eilte ich vom Werk in mein Hotel, und nachdem ich meinen Bericht über die Eröffnung abgeschickt hatte, zog ich rasch mein Abendkleid an. Dann schaute ich in die Bar des «Ambassador» hinein, wo das Fest bereits in vollem Gange war. Unter den Gästen bemerkte ich Seine Ehren den Bürgermeister, Mr. Cornelius F. Baluster, Präsident Hamlet Sheepbot und viele andere prominente Bürger. Die meisten der hier versammelten Leute waren außerordentlich prominente und offizielle Persönlichkeiten, und das trägt nie dazu bei, eine Party gemütlich zu machen. Also nahm ich nur das illustre Bild in mich auf und beschloss, im «Kristallpalast» zu feiern, wo ich sicher sein konnte, Leute nach meinem Geschmack anzutreffen.

Der gute alte Horatio sah ein wenig mitgenommen aus, als er die Drehtür für mich in Bewegung setzte, auch wischte er sich unablässig das freundliche dunkle Gesicht mit einem hässlichen grünen Taschentuch ab.

«Heute ist vielleicht ein Tag, Ma'am», sagte er. «Meine Tür hier hat heute noch keine Minute stillgestanden; macht einen ganz schön müde, auch wenn's nicht wie richtige Arbeit aussieht. Na, heut geh ich früh in die Falle. Ich wünsche Ihnen einen angenehmen Abend, Ma'am.»

Aus irgendeinem Grund wollte ich plötzlich wissen, ob Horatio verheiratet sei und ob er Kinder habe.

«Aber gewiss doch, Ma'am», erwiderte er auf meine Frage, «klar bin ich verheiratet, und wir haben 'ne ganze Menge Gören, die Missis und ich. Nette Kinder – nette, gottesfürchtige Kinder, alle sieben!»

«Das freut mich für dich», sagte ich. «Ich würde deine Familie gern mal kennenlernen, und bald! Na, dann tschüs für heute.»

«Danke, Ma'am», sagte er erfreut, obwohl er doch eigentlich gar nichts von mir bekommen hatte.

Im «Mittschiffs» – oder «Mistschiff», wie ein paar Leute das Lokal hartnäckig nannten – schienen alle in Hochstimmung zu sein. Die kleine Bar, die wie die Kajüte eines altmodischen Schiffs aussah – ihr erinnert euch vielleicht –, war gerammelt voll; an keinem Tisch fand sich noch ein leerer Stuhl, und sogar der Tresen wurde von Gästen regelrecht belagert. Doch mir gefiel die freundliche, ungezwungene Atmosphäre des Lokals, wo sich die Leute so benahmen, wie es ihnen gefiel, ohne dass irgendjemand sie anstarrte. Und ich hatte Glück, denn einer der Männer an der Theke stand auf, und ich schwang mich auf seinen Barhocker, bevor jemand anders das kostbare Ding mit Beschlag belegen konnte.

«Hallo!», begrüßte ich das junge Paar neben mir. Sie erwiderten meinen Gruß, aber sie waren zu sehr in ihre Unterhaltung vertieft, um mir viel Beachtung zu schenken. Doch ich freute mich, überhaupt irgendwelche Bekannten getroffen zu haben.

«Orangensaft!», bestellte ich. «Ein großes Glas, ich komme um vor Durst!»

«Tut mir leid, Madam», sagte der Barmann, «das müssen Sie im Café bestellen; wir haben hier keine Orangen.»

Der junge Mann war neu im «Mittschiffs» und kannte das Lokal und seine Einrichtung nicht so gut wie ich.

«Aber ja, Sie haben welche», sagte ich, denn ich wusste, dass in einem der Regale unter der Theke immer ein paar Orangen bereitlagen.

Ich beugte mich über die Theke und versuchte die Früchte ausfindig zu machen.

«Da sind ...»

Es verschlug mir die Sprache. Das ist jedoch eine völlig unzureichende Beschreibung dessen, was ich empfand. Noch nie in meinem Leben war ich so erschrocken gewesen wie in diesem Augenblick.

Ich weiß nicht und werde es höchstwahrscheinlich auch nie wissen, ob diese Orangen tatsächlich dort waren oder nicht, denn noch bevor mein Blick an der Stelle anlangte, wo sie für gewöhnlich lagen, blieb er an etwas anderem haften – an etwas, was, milde ausgedrückt, dort absolut nicht hingehörte.

In dem Hohlraum unter der Theke, genau zwischen dem Kühlschrank und dem Regal, in dem die Gläser standen, sah ich zwei Köpfe, einen dunklen und einen blonden. Das Licht war dort unten sehr schummerig, und ich konnte nicht feststellen, ob die Körper, die zu diesen beiden Köpfen gehörten, auch da waren. Beide Köpfe bewegten sich nicht, und da ich sie nur von oben sah, konnte ich auch die Gesichter nicht erkennen.

Zu Tode erschreckt, starrte ich den Barmann an, der jedoch nicht im mindesten entsetzt und nicht einmal verlegen aussah.

«Na, Sie haben keine Orangen entdeckt, was?», fragte er triumphierend. «Ich hab's Ihnen ja gleich gesagt.»

«Nein», stieß ich hervor, «nein – keine. Aber würden Sie mich freundlicherweise noch mal nachsehen lassen? Ich habe wirklich schrecklichen Durst.»

Er gestattete es mir kopfnickend und hatte dann alle Hände voll zu tun, am anderen Ende der Theke Drinks auszuschenken.

Diesmal stieg ich von meinem Barhocker herunter, ging hinter die Theke, hockte mich genau vor dem Hohlraum zwischen dem Kühlschrank und den Regalen hin und zündete mit leicht zitternden Fingern ein Streichholz an.

«Herrje, Depesche», sagte einer der Köpfe – der dunkelhaarige –, «was, um Gottes willen, tust *du* denn hier unten?»

Ich fand, das sei die dümmste Frage, die ich je gehört hatte. Denn was hatte schließlich irgendwer hier unten zu tun? Ich hockte mich ja nur hierhin, um etwas zu suchen, aber ich konnte mir beim besten Willen nicht vorstellen, was die beiden Köpfe hier taten.

«Wer seid ihr?», fragte ich flüsternd, obwohl mir bereits aufgegangen war, dass der dunkle Kopf Chris gehörte.

«Ich bin's!», sagte der blonde Kopf, und der dunkle murmelte: «Es sind Rombout und ich, bitte verrat uns nicht! Wir müssen hier bleiben und eine Zeitlang aufpassen – wir müssen es unbedingt! Bitte, Depesche, verschwinde von hier, sonst werden die Leute argwöhnisch.»

Ich seufzte beklommen, während die beiden leise kicherten.

«Du siehst komisch aus!», stellte einer von ihnen trocken fest, und ich fürchte, das stimmte. Keine erwachsene Frau kann sich hinter einer Bartheke in einem Abendkleid hinhocken und seufzen, ohne dabei komisch auszusehen.

«Wie seid ihr denn überhaupt hier hereingekommen?», erkundigte ich mich, als hätte es nicht viel sonderbarere Probleme gegeben, über die man sich den Kopf zerbrechen konnte.

«Durch das Café – bevor die Bar aufgemacht hat. Bisher hat uns niemand bemerkt. Würdest du jetzt *bitte* verschwinden?»

Der Barmann war immer noch am anderen Ende der Theke beschäftigt, und die seltsamen Dinge, die sich fast zu seinen Füßen abgespielt hatten, waren seiner Aufmerksamkeit entgangen.

«Haben Sie was gefunden?», fragte er, als ich mich aus meiner Hockstellung aufrichtete.

«Ja», antwortete ich dummerweise, «ja, hab ich.»

«Na also.» Er wartete darauf, dass ich ihm meinen Fund überreichte.

«Ach, die Orangen?» Ganz sicher hörte sich das schwachsinnig an. «Tut mir furchtbar leid, aber es waren wirklich keine da. Ich brauche sie jetzt übrigens nicht mehr, ich hab mich anders entschieden, jetzt hätte ich gern einen schönen großen Minzjulep. Sie haben doch hoffentlich frische Minze?»

Ich wusste sehr gut, dass es etwas Zeit und Aufmerksamkeit erfordert, einen Minzjulep zu mixen. Vielleicht musste der Barmann wegen der Minze in die Küche gehen. Inzwischen könnten Chris und Rombout aus ihrem Versteck verschwinden, wenn sie das wollten. Sie wollten es nicht, und so, wie sich die Dinge dann entwickelten, bin ich heilfroh, dass sie es nicht taten.

Während meiner Abwesenheit hatte sich natürlich jemand anders auf meinen Barhocker gesetzt, aber von einem der Tische an der Wand winkte mir jemand zu, und ich erkannte Miss Anna Talstraesser, die Dame, die in der Neuen Welt Volkstanz unterrichtete und von der die Gang am Nachmittag weggetanzt war. Ich ging an ihren Tisch, und dort war tatsächlich ein Platz frei, genau gegenüber der Bar.

Miss Talstraesser, die ich immer für zurückhaltend und recht schüchtern gehalten hatte, war heute Abend überraschend aufgekratzt.

«Cheerio!», rief sie. «Ich freue mich ja so, dass Sie kommen konnten!»

Wäre sie eine Herzogin gewesen, die mich im mittelalterlichen Familienschloss willkommen hieß, hätte ihre Stimme nicht vornehmer klingen können.

Sie trug ein langes Kleid, dessen Farbe keinen Namen hatte, wenn man sich nicht einfach entschloss, sie «blass» zu nennen. Denn das Kleid war weder blau noch grün, noch rosa, noch grau, es war eben blass. Doch dieser Mangel wurde wettgemacht durch Mengen von Fransen, die den quadratischen Halsausschnitt, die Ärmel, die Taille und jede andere Stelle schmückten, an der man Fransen anbringen konnte. Um sich ein noch festlicheres Aussehen zu geben, hatte Miss Talstraesser ein silbernes Band in ihr aschblondes Haar geflochten und ihre Ohren mit einem Paar Holzohrringe geschmückt, die aussahen, als habe sie sie selbst gemacht. Tatsächlich sah alles, was sie trug, irgendwie so aus: selbstgemacht, aber anspruchsvoll. Miss Talstraessers Gesicht allerdings erinnerte mit seiner Schnabelnase und den feuchten, wasserblauen Augen etwas an eine Gans. Im Augenblick zeigte ihr Gänsegesicht einen träumerischen, ja sogar gefühlvollen Ausdruck, der gar nicht zu ihr passte; er wirkte genauso «selbstgemacht» wie alles Übrige an ihr. Wenn ich ihr Porträt malen müsste, überlegte ich, würde ich ihr einen leicht boshaften Zug geben – sie ein wenig heimtückisch und unehrlich darstellen, denn all das spiegelte sich in ihrem Gesicht tatsächlich wider.

Ich wartete immer noch auf den Minzjulep, auf den ich gar keinen Appetit hatte, und darauf, dass Chris und Rombout sich aus dem Staube machten, während der Barmann in der Küche war; und nur um meine Nervosität zu verbergen, versuchte ich mich auf die dumme Miss Talstraesser zu konzentrieren, die mich überhaupt nicht interessierte. Doch schließlich konnte ich es nicht länger aushalten und starrte ganz ungeniert zur Bar hin, auf den Abschnitt, hinter dem sich die beiden Jungen versteckt hatten. Natürlich waren sie nicht zu sehen, aber mir war klar, dass sie durch das Gitterwerk an der Vorderseite der Theke den ganzen Raum beobachten konnten.

Glücklicherweise war Miss Talstraesser trotz ihrer Fröhlichkeit und aufgesetzten Lebhaftigkeit mit ihren Gedanken ganz woanders und bemerkte meine Aufregung nicht. Sie schaute immer wieder auf ihre Armbanduhr und dann zu einem entfernten Tisch hinüber, an dem etwas oder jemand ihre Aufmerksamkeit zu fesseln schien. Ich blickte in die Richtung, in die sie blickte, und sah einen rothaarigen und rotbärtigen Typ, der dort hinter einem riesigen Glas Bier saß. Auch sein Bart war riesig; er bedeckte den ganzen unteren Teil seines Gesichts. Ich fand den Mann kein bisschen ansehnlich oder anziehend, doch er faszinierte Miss Talstraesser offensichtlich ungeheuer. Er hingegen schenkte ihr nicht das kleinste bisschen Aufmerksamkeit.

Außer den Männern an seinem Tisch, von denen einige Arbeiter in Overalls waren, schien der bärtige Typ nicht viele der Anwesenden zu kennen. Auf jeden Fall kannte er Jim Johnson nicht, denn als dessen fröhliches Schweinchengesicht in der Tür erschien und Jim verkündete, er habe keine Lust, sich in dieser total überfüllten Hölle totquetschen zu lassen, soweit er wisse, sei er auch keine Sardine, also gehe er ins «Ambassador», wo man wenigstens atmen könne, grüßten ihn die meisten von uns, indem sie ihm von ihren Plätzen aus zuwinkten, während der rothaarige Fremde kein Zeichen des Erkennens gab.

«Kommt noch jemand mit?», erkundigte sich Jim fröhlich. «Also ihr wisst, wo ich zu finden bin!»

Und er verschwand.

Miss Talstraessers ständige Blicke auf die Uhr ließen mich einen Blick auf meine werfen: Es war inzwischen halb sieben.

«Allmählich wird's hier ziemlich heiß», erklärte Miss Talstraesser plötzlich, «glauben Sie nicht auch, dass es im Café vielleicht kühler ist? Ich seh mal nach und sage Ihnen dann Bescheid.»

Sie stand auf, und bevor noch irgendjemand von uns seine Ansicht äußern konnte, rannte sie vom Tisch weg und aus dem Raum.

Ein paar Sekunden später erhob sich auch der rothaarige

Mann, für den sie sich so brennend interessiert hatte. Aber während Miss Talstraesser durch die zum Café führende Tür verschwunden war, ging der Mann durch den Hauptausgang hinaus auf die Straße. Gleich darauf raschelte es heftig hinter der Theke, und dann schwang die kleine Tür auf, die den hinteren Teil der Bar abschloss. Es war, als hätte sie ein Geist in Bewegung gesetzt, denn man sah niemand hereinkommen oder hinausgehen.

Aha, sagte ich zu mir, die Jungs sind hinter Mr. Rotbart her! Sie laufen ganz sicher durch die Küchentür auf die Straße.

Einen Augenblick lang zögerte ich und überlegte, was ich tun sollte. Dann, gerade als der Barmann mit meinem Minzjulep erschien, eilte ich zur Tür, bevor mir überhaupt bewusst wurde, dass ich aufgestanden war.

Von da an überstürzten sich die Ereignisse so, dass es mir sehr schwerfiel, mich nicht von ihnen überrollen zu lassen.

Vor dem «Kristallpalast» parkten viele Autos, und es standen eine Menge Leute herum. Zuerst entdeckte ich weder die beiden Jungen noch den rothaarigen Fremden, aber dann sah ich den Mann auf einen alten Ford zusteuern, der einen halben Block entfernt parkte.

«Hallo, Mister!»

Es war Chris, der das rief, und gefolgt von Rombout, raste er hinter dem Rotbart her und war bei ihm, bevor dieser an seinem Auto angelangt war.

«Was willst du denn?», fragte der Mann ungeduldig. «Ich hab's eilig, siehst du das nicht?»

«Wir haben's auch eilig», sagte Chris. «Fahren Sie zum

Werk zurück, Mister? Könnten Sie uns vielleicht mitnehmen?»

«Nein», sagte der Mann, «ich fahre überhaupt nicht zum Werk zurück; was redest du denn da? Lass mich in Ruhe, ja?»

«Warum nehmen Sie uns nicht trotzdem ein Stück mit?», sagte Rombout. «Wir würden gern eine kleine Spritztour machen ...»

Der Mann zögerte. Ich sah, wie er die Jungen mit einem ganz sonderbaren Gesichtsausdruck betrachtete. Offenbar war er sich nicht sicher, was sie im Schilde führten, ob sie tatsächlich mitgenommen werden wollten oder nur herausfinden wollten, wohin er fuhr. Natürlich hätte er versuchen können, sie abzuschütteln, hätte in sein Auto springen und losfahren können. Aber er wusste nicht recht, wie er sich verhalten sollte, vielleicht weil er glaubte, sie würden ihm irgendwie folgen.

«Ich fahre überhaupt nicht weg, ihr dummen Kerle», erklärte er schließlich. «Ich wollte nur was aus meinem Wagen holen ...»

«Warum haben Sie's dann so eilig, wenn Sie nirgendwohin wollen?», fragte Chris geradeheraus.

Der Mann wollte sich offenbar nicht mit diesen beiden hartnäckigen Burschen anlegen und erklärte ihnen deshalb höflich, dass er sich beeilen müsse, um noch rechtzeitig zum Hauptfilm ins Kino zu kommen.

«Ich möchte nicht gern den Anfang verpassen», sagte er, und nachdem er etwas aus der Seitentasche an der Tür seines Wagens geholt hatte, rannte er zum Kinoeingang des «Kristallpalastes» zurück, kaufte sich ein Billett und verschwand im Filmtheater.

«Verdammt!» Chris und Rombout rannten ihm nach. «Was wird denn jetzt gespielt?», erkundigte sich Chris an der Kasse.

«Der Hauptfilm ist schon halb vorbei», hieß es.

«Also hat er glatt gelogen», sagte Rombout. «Man konnte es an seinem Blick sehen. Aber da drinnen finden wir ihn nie; außerdem bleibt er ja nicht drinnen sitzen – ganz bestimmt verschwindet er durch einen der Seitenausgänge oder durch den Notausgang oder so was. Was meinst du?»

Während sie dastanden und überlegten, rief eine Frauenstimme: «Taxi! Taxi!», und Miss Talstraesser erschien an der Ecke. Offenbar war sie nur ins Café gegangen, um es sogleich wieder durch den Seitenausgang zu verlassen.

«Taxi!», rief sie aufgeregt.

Das einzige vorhandene Taxi fuhr zur Ecke, und im nächsten Augenblick brauste Miss Talstraesser davon.

«Hast du das gesehen?», sagte Chris. «Also war es doch kein Zufall!»

Rombout nickte. «Nein, bestimmt nicht», bestätigte er. «Glaubst du, sie war es? Die Flüsterstimme im Umkleideraum, meine ich?»

«Sieht beinah so aus; lieber Gott, Rom, das hätte ich nie vermutet, auch wenn ich sie nie ausstehen konnte.»

«Ich auch nicht.»

«Lass mal sehen!» Chris zog ein Blatt Papier aus der Hosentasche. «Wo stehen unsere nächsten Wachen?»

Er studierte das Blatt.

«Zu dumm», sagte er, «dass wir Franz und Nelson am Ausgang des Cafés postiert haben, wo sie höchstwahrscheinlich gar nichts tun konnten. Natürlich hätten sie Miss Talstraesser misstrauen sollen, denn wir hatten sie angewiesen, die Fenster nicht aus dem Blick zu lassen und auf jeden zu achten, der aus der Bar ins Café und dann hinausgeht. Aber sie hätten doch nicht mal im Traum eine Frau verdächtigt ... und noch dazu eine unserer Lehrerinnen!»

In diesem Augenblick tauchten Franz und Nelson auf.

«Keine besonderen Vorkommnisse», sagte Nelson. «Nur Miss Talstraesser ...»

«Eben», unterbrach ihn Chris, «und die hättet ihr nicht vorbeilassen sollen! Jetzt hört mal zu und stellt keine Fragen. Stellt euch beide am Hintereingang des Kinos auf und wartet auf einen rothaarigen Mann mit großem Bart, der versuchen wird, sich aus dem Staube zu machen, wenn er es nicht schon getan hat. Um die Hauptstraße und den Haupteingang des Kinos braucht ihr euch nicht zu kümmern – da lässt er sich nicht blicken, weil er denkt, Rom und ich passen hier auf. Wenn er sich in einer halben Stunde nicht gezeigt hat, könnt ihr verschwinden und beim neuen Trakt Meldung machen. Er hat es furchtbar eilig, und entweder ist er bereits unterwegs, oder er wird sich bestimmt in der nächsten halben Stunde dahin aufmachen. Alles okay? Ab mit euch!»

Nelson verschwand eilig, aber Franz zögerte.

«Sollen wir Gewalt anwenden, wenn er ...?», fragte er schließlich.

Chris zuckte mit den Schultern. «Ihr sollt den Mann aufhalten, egal wie», erklärte er. «Ich kann euch keinen Rat geben, was ihr tun sollt – das müsst ihr selber entscheiden, wenn der Augenblick gekommen ist.»

Franz sagte: «Ich kann ihn vielleicht fangen, und ich wollte nur wissen, ob ich das hier als Lasso gebrauchen könnte ...»

Er knöpfte seine Jacke auf, und es wurde ein sehr sonderbarer Gürtel sichtbar, ein langes, schweres Seil, das mindestens zehnmal um seinen schmalen Körper gewickelt war.

«Ich hab Nelson auf dem Weg hierher gebeten, es für mich zu kaufen, nur für alle Fälle», erklärte er. «Ich bin ziemlich gut im Lassowerfen und verfehle mein Ziel nur selten. Soll ich es bei dem Roten versuchen?»

«Ich hab dir schon gesagt», befand «Kommandeur» Chris, «das musst du selber entscheiden. Beeil dich, los!»

Franz zog ab.

Erst jetzt kam ich dazu, eine Frage zu stellen. Bisher hatte ich mich aus allem herausgehalten, was da vorging, und bloß beobachtet und zugehört. Nur wenige Minuten waren vergangen, seit wir alle das «Mittschiffs» verlassen hatten. Die Ereignisse überschlugen sich wahrhaftig.

«Was geht denn eigentlich vor?», fragte ich. «Ich würde gern helfen, wenn ich nur wüsste, wie!»

«Hallo, Depesche», sagte Chris. «Schön, dass du da bist. Wir müssen so schnell wie möglich zurück zum Werk. Miss Talstraesser ist wahrscheinlich schon da, aber ich glaube nicht, dass dieser rothaarige Gauner, der Boss der ganzen Sache, es so schnell geschafft hat. Komm doch mit! Du kannst auf meinem Rad sitzen.» Beide Jungen rannten zu ihren Fahrrädern, die an einer nahen Mauer lehnten.

«Räder nützen uns nichts, wenn wir es wirklich eilig haben», rief ich. «Wir laufen zum ‹Ambassador›, vielleicht kriegen wir da ein Taxi.»

«Okay, versuchen wir's! Dann stellen wir auch fest, ob Jim Johnson tatsächlich dort ist. Ich glaub das nämlich nicht!»

Vor dem «Ambassador» stand kein Taxi, und wir wurden

ziemlich nervös. In diesem Augenblick kam Horatio aus dem Lieferanteneingang; offensichtlich wollte er nach Hause fahren. Ich hatte ihn noch nie ohne seine schöne purpurrote Uniform gesehen; in seinen eigenen Sachen wirkte er viel kleiner und viel weniger großartig, aber sein angenehmes dunkles Gesicht war so freundlich wie immer.

«Ist Jim Johnson drinnen, Horatio?», keuchte Chris.

Horatio schüttelte den Kopf. «Mr. Johnson ist schon fort», sagte er. «Ungefähr vor zehn Minuten, schätze ich, gerade als ich mich umziehen ging.»

«War er allein?», fragte Rombout.

«Nein, Sir. Diese Lehrerin von eurer Schule hat ihn abgeholt. Er ist zu ihr in ihr Taxi gestiegen.»

Während Chris und Rombout aufgeregt Blicke wechselten, hatte ich ein kurzes Gespräch mit Horatio.

«Horatio, alter Junge», sagte ich, «ich weiß, du bist müde und willst nach Hause zu deiner Frau und deinen Kindern, aber wärst du bereit, die Jungen und mich zum Werk zu fahren? Es ist wirklich sehr wichtig.»

«Okay», antwortete Horatio wie aus der Pistole geschossen. «Aber mit Vergnügen! Ja, Sir, Ma'am, wenn Sie sagen, es ist wichtig, macht mir das überhaupt nichts aus.»

Wir vier stiegen in Horatios altes Cabriolet und rasten los, und damit begann die größte Menschenjagd, die unsere Stadt je erlebt hatte.

21. KAPITEL

DER TEUFEL

Während der Fahrt, als Fragenstellen nicht mehr gleichbedeutend war mit Zeitverlieren, gelang es mir, Chris und Rombout die ganze Geschichte aus der Nase zu ziehen. Das war wahrlich nicht leicht, denn sie redeten nicht nur immerfort gleichzeitig, sie waren auch in verschiedenen Punkten, die ich für wichtig hielt, unterschiedlicher Meinung. Zum Beispiel erhob sich die Frage, warum sie nicht das FBI von der ganzen Angelegenheit unterrichtet hatten, wo doch von Anfang an klar war, dass die Verschwörung im Umkleideraum Dinge von höchster Wichtigkeit betraf, mit denen eine Gruppe von Kindern unter keinen Umständen allein fertig werden konnte.

«Warum ist nicht einer von euch beiden im Umkleideraum geblieben und hat aufgepasst, während der andere dem nächsten Wachmann Bescheid gesagt hat?», wollte ich wissen.

«Wir haben keinen Wachmann gesehen», sagte Chris.

«Ich hätte Chris nicht gern da zurückgelassen, und ich wäre auch nicht gern dort geblieben», gestand Rombout.

«Außerdem», fuhr Chris fort, «sind wir gar nicht auf diesen Gedanken gekommen; wir waren zu aufgeregt.»

«Und dann», setzte Rombout hinzu, «war ja auch keine Zeit mehr. Es zieht sich immer in die Länge, wenn man mit Behörden zu tun hat, und bevor wir alle Fragen hätten beantworten können, die sie uns ganz sicher gestellt hätten, wäre es wahrscheinlich schon zu spät gewesen.»

Chris nickte. «Deshalb haben wir den Fall ganz schnell mit der übrigen Gang besprochen», sagte er, «und beschlossen, die Sache selber in die Hand zu nehmen. Da keiner von uns einen der beiden Saboteure gesehen hat, oder was immer sie nun sein mögen, konnten wir nichts weiter tun, als zum ‹Mistschiff› rennen und aufpassen, wer zu der genannten Zeit weggeht. Und wenn wir erst mal wussten, wer sie waren, konnten wir sie verfolgen und sogar die Polizei auf sie aufmerksam machen.»

Das klang recht vernünftig, obwohl ich immer noch der Meinung war, man hätte Inspektor Snow unterrichten sollen.

«Vielleicht hat ihn Iwan inzwischen erreicht», meinte Rombout. «Er sagte, er wollte es auf jeden Fall versuchen, bevor er Posten bezieht. Er und Tschutschu stehen am Haupteingang des Werks. Natürlich sind dort auch Wachmänner, aber Nelson sagt, meistens sind sie um diese Zeit essen, und vielleicht ist auch nur einer da, obwohl mehr gebraucht werden.»

«Verstehst du?», sagte Chris. «Und genauso ist es mit dem neuen Trakt – der wird auch nicht sehr gut bewacht. Wenn es dunkel wird, sind, glaube ich, mehr Wachmänner im Dienst, aber als wir weggingen, konnte ich keinen einzigen sehen. Also haben wir George und Betsy und Madeleine direkt vor dem neuen Trakt aufgestellt. Unsere Spione haben zwar nicht gesagt, worauf sie aus sind, aber ich bin ziemlich sicher, es ist der neue Trakt – meinst du nicht auch, Rom?»

«Ganz bestimmt.»

«Wo steckt denn Björn?», fragte ich. «Ist er nicht bei den andern?»

Björn, erfuhr ich, sollte den kleinen Hof hinter dem gefährdeten Gebäude bewachen, was mir eine besonders riskante Aufgabe zu sein schien, denn es war unwahrscheinlich, dass ein Saboteur versuchen würde, durch den Vordereingang hineinzugelangen; viel eher würde er es von der Rückseite aus versuchen.

«Ist Björn allein da?», erkundigte ich mich, obwohl ich schon wusste, wie die Antwort lauten würde. Ich sah immer noch sein Gesicht vor mir, wie er den riesigen Bomber betrachtete, und ich hörte immer noch seine Stimme: «Mein höchster Wunsch wäre, ein Heckschütze zu sein!» und: «Dann wäre ich ganz allein.»

Chris erwiderte: «Klar ist er allein. Er wollte es so, und er hatte auch überhaupt keine Angst.»

Während dieses Gesprächs gab Horatio sein Bestes, um uns in der kürzestmöglichen Zeit zum Werk zu bringen. Seine alte Karre quietschte und ächzte, als sie über Steine und Schlaglöcher rumpelte, aber Horatios schwarze Hände am Lenkrad fingen alle Stöße auf, wie die Hände eines Steuermanns bei Sturm die Stöße eines Schiffes auffangen.

«Fahr ich zu schnell?», fragte er, als wir um eine Kurve schlitterten. «Ich will ja bloß nicht, dass wir zu spät kommen. Ich will, dass wir diese Spione fangen. Wisst ihr, was mir Sorgen macht? Die beiden im Taxi! Glaubt ihr, sie sind direkt zum Werk gefahren?»

«Das würden sie nicht wagen», rief Rombout. «Stellt euch doch vor: Zwei Saboteure fahren im Taxi am Haupteingang vor!»

Chris überlegte. «Da bin ich mir nicht so sicher», sagte er schließlich. «Das heißt, ich glaube, dass sie es ursprünglich nicht so geplant hatten. Aber da der Rote nicht an seinen Wagen konnte und zur verabredeten Zeit ganz bestimmt nicht da war, mussten sie vielleicht ihren Plan ändern. Außerdem hält man sie ja beide für anständige Leute, und es ist durchaus möglich, dass sie sich irgendeinen Vorwand ausgedacht haben und ohne weiteres reingegangen sind. Lieber Gott, hätten wir doch bloß vom ‹Ambassador› aus angerufen und die Gang gewarnt, dass so was passieren kann.»

Auch ich wünschte, wir hätten das getan.

«Wann, sagtest du, wollten sie mit ihrer Aktion beginnen?», erkundigte ich mich.

«Um fünf nach sieben! Aber es kann sich natürlich verzögern.»

«Hoffentlich.» Es war jetzt fast sieben.

Hinter uns hupte jemand, der offensichtlich an uns vorbei wollte. Aber da die Straße ziemlich schmal war, hätten wir unser Tempo erheblich drosseln müssen, um ihn vorbeizulassen, und dazu hatte Horatio nicht die geringste Lust.

«Er kann's nicht eiliger haben als wir!», murmelte er und trat aufs Gaspedal. «Okay, okay, Mister, nur keine Aufregung!»

Das Hupen hinter uns wurde noch ungeduldiger. Ich drehte mich um und sah, dass es ein Motorradfahrer war, der uns unbedingt überholen wollte. Vielleicht ist es der Rote, dachte ich, obwohl mich ein zweiter Blick belehrte, dass er keinen

Bart trug. Da er eine Mütze aufhatte, konnte ich auch seine Haarfarbe nicht erkennen, und der größte Teil seines Gesichts wurde von einer riesigen Autobrille verdeckt.

Sein Hupen war nervtötend. Aber scheußlich war auch der Staub, den wir aufwirbelten und der ihn ganz schön irritiert haben musste. Jedenfalls schien er entschlossen, sich das nicht länger gefallen zu lassen, und als eine scharfe Kurve uns zwang, etwas langsamer zu fahren und uns rechts zu halten, raste er an uns vorbei und drehte uns sein grinsendes Gesicht zu.

«He!» Chris schrie, als habe man ihn angeschossen.

«Er ist es!», rief er. «Hast du ihn nicht erkannt, Depesche? Es ist dieser Dreckskerl! Um Gottes willen, Horatio, warum hast du ihn vorbeigelassen?»

«Welcher Dreckskerl?», fragte ich. «Der hier hatte doch keinen Bart!»

«Der doch nicht!», belehrte mich Chris aufgeregt. «Das ist nicht der Rote! Es ist dieser Mann X, da gibt's gar keinen Zweifel!»

Und sobald er das gesagt hatte, wusste ich, dass er recht hatte und dass es Mr. X' dünnlippiger Mund war, der uns vor ein paar Sekunden angegrinst hatte.

«Der steckt in der Sache drin! An den hätten wir früher denken sollen! Mein Gott, wenn ihn die anderen doch bloß kennen würden, wenn sie nur wüssten, wie gefährlich er ist! Warum fahren wir nicht schneller? Das ist schrecklich. Du hast keinen Revolver bei dir, Horatio, was? Wir müssen ihn einholen – wir sollten in seinen Hinterreifen schießen – das wäre gut!»

Chris war ganz außer sich, aber Rombout und ich waren

auch nicht gerade die Ruhe in Person. Selbst Horatio schien jetzt ganz schön aufgeregt zu sein, obwohl sein Gesicht nichts davon erkennen ließ. Anstatt direkt auf Chris' Frage zu antworten, redete er unablässig mit sich selber, während er in einem geradezu halsbrecherischen Tempo fuhr.

«Selbst wenn ich einen hätte», hörten wir ihn murmeln, «ich könnt nie auf jemand schießen, ich könnt keinen Menschen umbringen – ich könnt's einfach nicht! Los, vorwärts», trieb er sich mit leiser Stimme an, «los, du kannst ihn aber wenigstens einholen, da ist er! Dir werden wir's zeigen – dir werden wir Bescheid stoßen!»

Wir rasten in einer Staubwolke hinter dem Motorrad her und holten es schließlich ein. Aber dann gewann es einen Vorsprung, indem es eine Abkürzung über einen kurzen Feldweg nahm, der für unseren Wagen unpassierbar war.

Das Werk war bereits in Sicht, und wir nahmen an, Mr. X würde am Haupteingang vorbeifahren. Denn wenn er erst einmal das äußere Werksgelände erreicht hätte, wäre es für uns schwierig, ihn zu verfolgen, da er dann zwischen verschiedenen Straßen wählen konnte und wir nicht wissen würden, welche er genommen hatte.

Aber zu unserer Überraschung verließ der Mann nur ein paar hundert Meter von seinem Ziel entfernt die Hauptstraße und bog links in einen Seitenweg ein. Horatio trat auf die Bremse, konnte aber die Kurve nicht mehr nehmen. Wir schlitterten die Straße entlang und hielten genau vor dem Haupteingang.

«Warte einen Augenblick!», rief Chris, als Horatio im Rückwärtsgang wegfahren wollte. «Komm her, Tschutschu», brüllte er.

Tschutschu verließ ihren Posten vor dem Eisengitter und stürzte auf uns zu. Iwan schien nicht da zu sein, aber in der Ferne konnte man einen einsamen Wachmann sehen.

«Bist du in Ordnung, Rombout?», fragte sie besorgt.

«Na klar», antwortete Chris anstelle von Rombout. «Hör zu. Wir müssen diesem Mann X nach. Er fährt Motorrad, trägt eine Autobrille und eine Ledermütze, hat einen schmalen Mund und keinen Bart. Sag allen, sie sollen nach ihm Ausschau halten. Er ist gefährlich! Und sag auch allen, sie sollen auf Miss Talstraesser achten und auf Jim Johnson und einen rothaarigen Mann mit einem großen Bart. Wo steckt Iwan? Warum ist er nicht auf seinem Posten? Na, egal. Wir müssen jetzt los!»

Bevor wir wussten, ob Tschutschu Chris' verworrenen Bericht ganz oder teilweise verstanden hatte, waren wir rückwärts bis zu dem Seitenweg gefahren, wo Mr. X abgebogen war.

Nach etwa zehn Minuten Fahrt auf dem Serpentinenweg machte Horatio eine überraschende Entdeckung.

«Da!» Er zeigte mit der Hand. «Reifen geplatzt, schätze ich.»

Nicht weit von uns hatte sich das Motorrad überschlagen und seinen Fahrer kopfüber auf den Weg geschleudert. Doch ihm schien nichts Ernstliches geschehen zu sein, denn er sprang augenblicklich auf und verschwand in den Büschen.

Wir langten ein paar Augenblicke danach an der Stelle an. Alle wollten wir dem flüchtenden Mann nachsetzen, da fiel Chris ein, dass der alte Wagen nicht abgeschlossen werden konnte und dass wir ihn nicht unbewacht stehenlassen sollten.

«Bleib lieber im Auto, Horatio», schrie er und rannte los, «sonst stiehlt er es womöglich!»

«Seid vorsichtig!», warnte ich die Jungen, bevor wir drei in verschiedene Richtungen lostrabten. «Er ist bestimmt bewaffnet, und er macht auch Gebrauch von der Waffe! Bleibt in Deckung, so gut es geht, und wagt euch nicht zu dicht an ihn heran. Verliert ihn nach Möglichkeit nicht aus den Augen!»

Horatio blieb als Einziger zurück.

Die Sonne war untergegangen, und die Dämmerung hatte eingesetzt. Ein- oder zweimal glaubte ich unseren Mann sich hinter ein paar Büschen und Bäumen bewegen zu sehen oder alte trockene Blätter unter seinen fliehenden Schritten rascheln zu hören. Doch obwohl ich mir die größte Mühe gab, ich kam nicht näher an ihn heran und verlor schließlich gänzlich seine Spur.

Ich war vielleicht zehn Minuten gerannt, da hörte ich in der Ferne Schießen. Ich blieb stehen, hielt den Atem an und zählte die rasch aufeinanderfolgenden Schüsse. Eins, zwei, drei, vier, fünf! Stille. «Lieber Gott», betete ich, «lass nicht zu, dass er die Kinder umbringt!»

Ein paar Augenblicke lang konnte ich mich nicht rühren. Meine Stirn war nass von kaltem Schweiß, und ich stand da wie festgenagelt.

Dann kämpfte ich mich durch das Dickicht zurück, um so schnell wie möglich zum Wagen zu gelangen. Vielleicht sind sie schon da, dachte ich. Bitte, lieber Gott, lass sie da sein!

Aber sie waren nicht da. Ich lief in einer Lichtung mitten in sie hinein. Und Gott sei Dank waren beide unverletzt.

«Wir haben ihn verloren!», schrie Chris, sobald er mich sah.

«Aber er hat seine ganze Munition auf uns abgefeuert», rief Rombout, «wir hatten uns hinter einem großen Baum versteckt und lugten nur mit den Köpfen vor, damit er schießen sollte, doch als die Kugeln pfiffen, gingen wir wieder voll in Deckung. Die Kugeln haben den Baum getroffen, alle!»

«Außer einer!», sagte Chris. «Ich fürchte, er hatte mindestens noch eine Kugel übrig, als er aufhörte zu schießen. Kein moderner Revolver hat weniger als sechs Schuss, und seiner war bestimmt voll geladen.»

Wieder ein Knall.

«Da!» Chris stürzte los. «Das war die sechste. Und der Schuss ist aus der Richtung gekommen, wo wir den Wagen haben stehenlassen.»

Aber der Wagen war verschwunden. Zuerst wollten wir es nicht glauben und versuchten uns mit dem Gedanken zu beruhigen, dass wir an der falschen Stelle aus dem Wald herausgekommen wären. Aber dann entdeckten wir das verlassene Motorrad, und ein paar Augenblicke später sahen wir etwas Dunkles auf der Straße liegen und begriffen, dass dieses Mal kein Baum getroffen worden war.

«Horatio!»

Chris war schon bei ihm und beugte sich über ihn.

«Das ist furchtbar! Er sieht furchtbar aus!», sagte er mit zitternder Stimme. «Horatio, hörst du mich? Lieber Horatio, bist du am Leben?»

Der verwundete Mann drehte den Kopf von einer Seite zur anderen. «Dieser Teufel ...», hauchte er fast unhörbar; er vermochte kaum zu sprechen. «Nicht menschlich ... Ein Teufel ... Erst hat er auf mich geschossen, dann hat er mich getreten ... Auf den Kopf. Aufs Gesicht ...»

Er stöhnte.

«Wir holen dir einen Arzt; sei unbesorgt, Horatio, du kommst da durch!»

Doch als ich ihn ansah, konnte ich meinen eigenen Worten keinen Glauben schenken.

«Es ist nichts, Ma'am», flüsterte er stockend, «ich werde ... bald wieder ... ganz in Ordnung sein ... Kein Arzt ... Lauft ihm nach ... dem Teufel ... Er ist auf das Werk zugerannt ... Tut mir leid, dass ich nicht mehr tun konnte ...»

Er verstummte, aber er drehte seinen armen blutenden Kopf weiter unablässig hin und her.

Wir konnten nichts tun, gar nichts.

«Ich bleibe bei ihm», sagte Chris, die Augen voller Tränen, «ich bleibe hier, und ihr lauft zurück zum Werk und holt einen Arzt.»

«Nein!» Horatio bot all seine ihm noch verbliebenen Kräfte auf, um gehört zu werden. «Nein, bitte! Geh mit den andern, Junge, ich bitte dich ... Weiter will ich nichts ... Mit den andern, bitte ... mir geht's ganz gut ...»

Chris sah uns an, unfähig, eine Entscheidung zu treffen.

«Tu, worum er dich bittet», sagte ich zu ihm. «Er hat immer alles getan, worum wir ihn gebeten haben. Immer.»

Chris gab schließlich nach. Einem plötzlichen Impuls gehorchend, griff er in die Tasche und zog ein knisterndes Etwas heraus, das in der Dämmerung silbrig schimmerte.

«Da», sagte er, «das ist alles, was ich habe, aber es wird dir Glück bringen.» Und er drückte Horatio die feinen Silberlocken in die Hand – die glückbringenden Amulette, die wir uns aus dem Werk mitgenommen hatten.

Wir sagten Horatio Lebewohl, und obwohl unsere Augen von Tränen verschleiert waren, sahen wir, dass er zu lächeln versuchte.

«Danke», sagte er, «danke für alles ...»

22. KAPITEL

INZWISCHEN ...

Stumm und traurig, mit schwerem Herzen, trotteten Chris, Rombout und ich zur Hauptstraße zurück.

Armer Horatio – armer, tapferer Horatio!, dachten wir. Und – was mochte sich inzwischen im Werk abgespielt haben? Was war geschehen, während wir fort gewesen waren? Diese Fragen brannten uns auf der Seele, und wir gingen immer schneller, bis wir schließlich alle drei rannten.

Ungewissheit kann ganz schön quälend sein, vor allem wenn sie sowohl äußerst wichtige Angelegenheiten wie auch Menschen betrifft, die man liebt. Ich möchte euch die qualvolle Spannung ersparen, die uns erfüllte, und habe deshalb beschlossen, euch direkt auf die verschiedenen Schauplätze dieses «Krieges» zu führen und euch miterleben zu lassen, was sich in unserer Abwesenheit zugetragen hatte ... Denn jetzt, während ich die ganze Geschichte für euch aufschreibe, ist mir natürlich alles vollkommen klar. Jede Einzelheit des großen Dramas wurde uns enthüllt, bevor der Vorhang schließlich fiel. Aber ihr möchtet doch nicht gern so lange warten, oder?

Also schlagen wir einen Bogen und kehren zunächst einmal in den «Kristallpalast» zurück, wo seit unserer Abfahrt Folgendes geschehen war:

Bei Franz und Nelson, die am Hinterausgang des Kinos Wache standen, ging es offenbar ruhig zu. Es war kaum ein Mensch zu sehen, und kein Mann mit einem großen Bart hätte ihrer Aufmerksamkeit entgehen können. Trotzdem waren sie ein wenig beunruhigt, denn das Gebäude, das sie bewachen sollten, hatte vier Seiten, da es einen ganzen Block ausfüllte. Um die Vorderfront brauchten sie sich nach Chris' Anweisung nicht zu kümmern, doch sie wussten, dass es zu beiden Seiten und ebenso an der Hinterfront des Filmtheaters Notausgänge und Feuerleitern gab. Also beschlossen sie, dass Nelson an der Hinterfront Posten beziehen und Franz immerfort rings um den Block laufen und versuchen sollte, beide Seiten zu überwachen.

Gerade als er von einer seiner Patrouillen an der linken Seite zurückkam, bog ein Mann von rechts um die Ecke und ging schnell an den beiden Jungen vorbei. Was sollten sie tun? Keiner von beiden hatte gesehen, woher der Mann gekommen war – aus dem Kino oder aus dem Café; vielleicht handelte es sich einfach nur um einen Passanten, der weder im Kino noch im Café gewesen war und der sie überhaupt nicht zu kümmern brauchte. Außerdem sollten sie nicht einfach nach einem Mann Ausschau halten, sondern nach einem rothaarigen Mann mit einem riesigen Bart. Und da dieser Mann keinen Bart hatte und sein Haar unter der Mütze nicht zu sehen war, fanden sie, es sei nicht nötig, ihn zu belästigen.

Kurz nachdem er verschwunden war, hörten sie ganz in der Nähe das Geräusch eines Motorrads.

Sonst geschah nichts. Und nach halbstündigem aufmerksamem Wachdienst taten Franz und Nelson das, was man ihnen befohlen hatte: Sie verließen ihren Posten, stiegen auf ihre Fahrräder und radelten direkt zum Werk.

Dort hatte sich inzwischen Folgendes ereignet:

Zunächst einmal war es Iwan nicht gelungen, Inspektor Snow ans Telefon zu kriegen; er hatte nur mit einem untergeordneten und etwas begriffsstutzigen FBI-Mann gesprochen. Iwans Bericht klang wahrscheinlich ein wenig verworren, und der Mann am anderen Ende der Leitung wusste nicht recht, was er damit anfangen sollte.

«Ich sag dem Chef Bescheid, wenn er kommt!» Weiter konnte unser Freund nichts aus dem Mann herauskriegen, und so kehrte er zu seinem Posten am Haupteingang zurück, wo er Tschutschu in Gesellschaft von zwei Wachmännern zurückgelassen hatte.

Von einem anderen Telefon aus hatte Betsy versucht, Geepy zu erreichen – ebenfalls ohne Erfolg. Direktor Hunch, so hatte ihr der Gärtner, Leibwächter und Chauffeur Charles mitgeteilt, sei ausgegangen, vermutlich um den Abend im «Ambassador» zu verbringen, obwohl sich Charles da keineswegs sicher war. Also sagte ihm Betsy, dass die Gang unmöglich zum Essen zu Hause sein könne und dass sie alles später erklären würden. Nachdem das erledigt war, fühlte sie sich sehr erleichtert und bezog mit reinem Gewissen Posten vor dem neuen Trakt, wo George und Madeleine bereits auf und ab patrouillierten.

Björn, ganz allein auf dem hinteren Hof, war damit beschäftigt, einen großen Ast, den er von einem Baum abgeschnitten hatte, in eine furchtbare Waffe zu verwandeln. Es entstand ein massiver Stock mit scharfer Spitze, ein richtiger Speer.

«Das sieht hervorragend aus», rief er glücklich, «damit kann ich einen durchaus erfolgreichen Kampf führen!»

In diesem Augenblick hielt das Taxi vor dem Haupteingang des Werks – eine gute halbe Stunde bevor Horatio, die Jungen und ich am Eingang ankamen und Chris Tschutschu seine Schnellfeueranweisungen gegeben hatte. Denn Miss Anna Talstraesser und Mr. Jim Johnson waren tatsächlich auf schnellstem Wege hierher gefahren, und Chris hatte ganz recht mit seiner Annahme, dass irgendetwas sie bewogen hatte, ihre ursprünglichen Pläne zu ändern. Iwan und Tschutschu hatten jedoch keine Ahnung, welche Gefahr sich ihnen in Gestalt der zwei Besucher näherte, und sahen seelenruhig zu, wie die beiden aus dem Auto stiegen.

Nachdem sie den Taxifahrer bezahlt hatten, gingen sie rasch auf das Tor zu. Jim trug, wie die Kinder bemerkten, eine ungewöhnlich dicke Aktentasche.

«Hab ich's nicht gesagt?», kreischte Miss Talstraesser beim Anblick ihrer Schüler. «Ihr bösen, bösen, bösen Kinder! Uns derart zu erschrecken! Der arme Direktor Hunch ist ganz außer sich vor Sorge. Er konnte sich gar nicht vorstellen, wohin ihr gegangen seid und warum ihr nicht rechtzeitig zu Hause wart. Aber ich kenne euch – ich weiß, wie ungehorsam ihr seid, alle zehn, und wie schrecklich rücksichtslos ihr euch manchmal verhaltet. Ich hatte so eine Ahnung, dass ihr hier sein würdet, und der Direktor hat mich hergeschickt, damit ich euch nach Hause bringe! Mr. Johnson war so freundlich, mich zu begleiten und mir bei dieser Aufgabe zu helfen. Denn schließlich ist es spät am Abend, keine Zeit, wo eine Dame allein in der Gegend herumläuft!»

Es war nicht ganz klar, aus welchem Grund oder zu welchem Zweck Miss Talstraesser ein bodenlanges Abendkleid angezogen hatte, wenn sie eben von zu Hause gekommen war, nur um die Kinder zu holen. Außerdem – warum hatte sie ein Taxi genommen, wo doch Charles sie bereitwillig gefahren hätte? Und was hatten Jim Johnson und seine dicke Aktentasche hier zu suchen?

Doch im Augenblick fanden Iwan und Tschutschu an alledem nichts Verdächtiges, besonders da Miss Talstraesser ihnen schon immer etwas verdreht vorgekommen war.

«Tut uns leid, Miss Talstraesser», sagte Iwan mit fester Stimme, «aber wir können jetzt unmöglich mitkommen. Wir müssen hierbleiben, und wir werden Geepy – Direktor Hunch später alles erklären.»

«Wie könnt ihr es wagen! Du schlimmer, unverschämter Junge! Sag mir sofort, wo die anderen sind! Und Sie lassen uns bitte sofort passieren», sagte sie zu den Wachmännern.

Iwan und Tschutschu, die noch ihre Besucherabzeichen an den Jacken stecken hatten, waren sicher, dass man Miss Talstraesser und Jim Johnson, die beide keine Abzeichen trugen, nicht hineinlassen würde.

Aber da irrten sie sich. Denn schließlich waren die Ankömmlinge Erwachsene, und einer von ihnen war eine Lehrerin, was ihr in den Augen der Wachmänner große Autorität verlieh. Außerdem verstand Jim Johnson, Leute durch das bloße Gewicht seiner scheinbar so ehrenhaften Persönlichkeit zu beeindrucken. Als also einer der Wachmänner sagte: «Tut mir leid, wir haben Anweisung, keinen Besucher ohne Abzeichen einzulassen», griff Jim ein.

«Nun hören Sie mal zu», sagte er, «abgesehen von der Tatsache, dass diese Dame und ich ganz bestimmt berechtigt sind, hier hineinzugehen und die Schüler einzusammeln, die ausgebüxt sind, abgesehen davon sollten Sie noch über etwas anderes Bescheid wissen. Diese Kinder sind Ausländer, die meisten jedenfalls; betrachten Sie diese beiden hier – fällt Ihnen nicht auf, wie ausländisch sie aussehen? Finden Sie als Wachmänner es in Ordnung, dass eine Rotte halbwüchsiger Fremder sich hier praktisch unbewacht in einem streng geheimen Objekt herumtreibt? Finden Sie das nicht alarmierend, ja geradezu gefährlich?»

Einer der Wachmänner schwankte.

«Was meinst du?», fragte er seinen Kollegen.

«Ich denke, es ist okay», lautete die Antwort.

«Also gut», sagte der Erste, «kommen Sie, ich zeige Ihnen den Weg.»

Iwan und Tschutschu wechselten fragende Blicke. Schließlich erklärte Iwan: «Wenn Sie nichts dagegen haben, gehe ich mit; ich zeige Ihnen, wo Sie die anderen finden. Du bleibst hier, Tschutschu. In ein paar Minuten sind wir wieder da!»

Die vier zogen zum neuen Trakt.

George, Betsy und Madeleine hatten nicht den leisesten Grund, den unverhofften Besuchern zu misstrauen. In Begleitung des Wachmanns waren Miss Talstraesser und Mr. Johnson ja völlig legitimiert. Und obwohl Betsy ein bisschen überrascht war, dass Geepy die Lehrerin losgeschickt hatte, um sie abzuholen, wo sie, Betsy, doch wusste, dass er sich an diesem Abend gar nicht in der Neuen Welt aufhielt, ließ sie sich leicht davon überzeugen, dass Direktor Hunch aus dem «Ambassador» angerufen und seine Befehle telefonisch erteilt hatte. Trotzdem reagierten die drei Kinder genauso, wie es Tschutschu und Iwan getan hatten.

«Es tut uns ganz furchtbar leid, Miss Talstraesser», verkündete George für sie alle, «aber wir können jetzt unmöglich weg. Wir müssen hier bleiben, und wir werden hier bleiben, egal was passiert.»

Miss Talstraesser ignorierte diese kämpferische Erklärung und fragte nur: «Wo sind die übrigen? Wo ist Björn? Und vor allem, wo sind Chris, Rombout, Nelson und Franz?»

Natürlich wusste sie ganz genau, dass diese vier nicht hier waren, denn sie hatte sie ja vor zwanzig Minuten am «Kristallpalast» gesehen. Deshalb bestand sie «vor allem» auf deren Erscheinen. Denn solange ihre fehlenden Schüler nicht gefunden waren, hatten sie und ihr Komplize einen Vorwand, sich im Werk aufzuhalten, und eine Chance, ihre verbrecherischen Anschläge auszuführen.

«Sie sind nicht hier!», sagte Betsy.

«Natürlich sind sie hier, du freche Lügnerin! Ich gehe nicht eher von hier weg, bis ich sie gefunden habe. Ich kann Direktor Hunch unmöglich vor die Augen treten, wenn nicht alle zehn von euch ungezogenen kleinen Ausreißern wieder eingefangen sind!» Und sie rauschte davon, scheinbar um die fehlenden Jungen zu suchen.

«Großartig!», sagte George. «Jetzt ist sie beschäftigt, bis sie schwarz wird.»

Inzwischen hatte Jim Johnson ein kleines Parterrefenster in der Vorderfront des Gebäudes entdeckt. Es stand offen, und das schien ihm einen echten Schock zu versetzen.

«Kommen Sie mal her!» Er winkte dem Wachmann. «Sehen Sie das hier?»

Der Wachmann begriff nicht, was er meinte. «Was soll ich sehen, Sir?», fragte er.

«Offen!», rief Jim vorwurfsvoll.

«Na und?», sagte der Wachmann. «Warum nicht?»

«Weil» – Jim atmete tief durch –, «weil diese ausgerissenen Schüler, diese verdächtigen kleinen Ausländer, da ganz leicht eingestiegen sein können. Sie sind ebenso schlau wie bösartig; Gott allein weiß, was sie im Schilde führen und warum sie überhaupt hierhergekommen sind. Ich muss das Gebäude sofort durchsuchen. Bitte, öffnen Sie diese Tür!»

Der Wachmann hatte keinen Schlüssel, aber schließlich machte er einen anderen Wachmann ausfindig, der einen bei sich trug.

Als die Tür geöffnet worden war und Jim gerade zusammen mit den beiden Wachmännern das Gebäude betreten wollte, erschien Miss Talstraesser wieder auf dem Schauplatz. Sie schien außer sich zu sein.

«Kommen Sie mal her!», rief sie in höchster Aufregung den beiden Wachmännern zu. «Ich muss Ihnen etwas zeigen, etwas sehr Besorgniserregendes! Es ist da drüben!» Sie deutete auf ein ziemlich weit entferntes Gebäude. «Beeilen Sie sich, oder es ist zu spät!»

Die Wachmänner liefen ihr nach, und Jim spazierte unterdessen in den neuen Trakt hinein – allein.

Doch in ebendiesem Augenblick langte Tschutschu bei ihren Kameraden an. Atemlos berichtete sie ihnen von der Warnung, die sie soeben von Chris erhalten hatte. Und ihr erinnert euch natürlich, dass, als Chris, Rombout und ich in Horatios Wagen am Haupteingang ankamen, Chris seine warnenden Worte Tschutschu nur zugerufen, nicht aber ihren Bericht über das abgewartet hatte, was vor unserem Eintreffen geschehen war. Tschutschu verkündete, Jim Johnson und Miss Talstraesser seien beide Agenten der Fünften Kolonne und auf der Stelle zu verhaften.

Aber das schien leichter gesagt als getan. Denn Miss Talstraesser war verschwunden, und obwohl sie ja von den beiden Wachmännern begleitet wurde, machten sich die Kinder große Sorgen. Doch noch besorgter waren sie wegen Jim Johnson, der im neuen Trakt herumspazierte – unbewacht.

Nach ein paar Minuten wilder Debatte fassten sie zwei Beschlüsse: erstens, dass Jim keinen Augenblick länger dort allein bleiben dürfe, und zweitens, dass man ihn unter keinen Umständen entkommen lassen sollte.

Also stürmten sie alle in den neuen Trakt, entschlossen, Jim Johnson zu ihrem Gefangenen zu machen, bis Hilfe kam.

Sie fanden Jim dicht beim Eingang. Er stand da und hielt seine Aktentasche unter dem Arm.

«Also gehen wir!», schlug er vor, und sein Mund und seine Schweinsäuglein lächelten freundlich. «Ich konnte die Jungen nicht finden. Übrigens habe ich euch gleich geglaubt – ihr würdet doch keine Lehrerin von euch anlügen, nicht wahr?»

«Nein», sagte Iwan, «aber wir gehen auch nicht von hier weg, wir bleiben!»

«Wie du willst, Boss!» Jims Benehmen hatte etwas aufreizend Triumphierendes. «Ihr könnt bleiben, solange ihr lustig seid. Aber ich vertrödle hier keine Minute Zeit mehr! Guten Abend! Ich gehe.»

«Nein, Sie gehen nicht!», erwiderte ein fünfstimmiger Chor. «Sie bleiben, wo Sie sind! Dafür sorgen wir!»

Jims dickes Gesicht lief dunkelrot an, und plötzlich war es

schweißnass. Er stand da, die Hände in den Taschen, schwitzend, mit weit aufgerissenen Augen.

«Keine Angst, er schießt nicht», beruhigte George die anderen, die jede Bewegung von Jim beobachteten. «Er kann es nicht wagen, weil das Krach macht.»

Plötzlich stürzte Jim auf die Tür zu. Madeleine, die dicht neben ihm gestanden hatte, warf sich ihm in den Weg. Wütend versetzte er dem kleinen Mädchen einen krachenden Hieb aufs Kinn, der sie glatt zu Boden streckte. Dann lief er weiter. Aber nicht lange. Denn jetzt versperrte ihm der Bär Iwan den Fluchtweg, indem er sich auf ihn warf und seine Arme um Jims Taille schlang. Während der fluchende Mann noch mit Iwan rang, stürzten George und Betsy herbei. Sie duckten sich blitzschnell, und ehe Jim begriffen hatte, was sie vorhatten, zogen sie ihm die Beine auf dem glatten Steinfußboden auseinander. Er verlor das Gleichgewicht und fiel hin. Iwan kniete auf seiner Brust. «Haltet ihm die Arme fest», schrie er seinen beiden Helfern zu.

Jim kämpfte verzweifelt, und Gott weiß, ob es den Kindern geglückt wäre, ihn festzuhalten, wären nicht gerade in diesem höchst kritischen Augenblick Nelson und Franz erschienen.

Im Nu hatte Franz das Seil unter seiner Jacke vorgeholt; Nelson hob Jim Johnsons Kopf und Hals etwas an; George und Betsy pressten ihm die Arme an den Körper, und alle zusammen fesselten ihn, indem sie das Seil um seinen sich wehrenden Körper wanden.

Tschutschu, die sich um die arme kleine Madeleine gekümmert hatte, gelang es schließlich, sie aus ihrer Ohnmacht zu wecken. «Bist du in Ordnung, Liebes?», fragte sie. Madeleine nickte, war aber nicht imstande, zu sprechen oder aufzustehen. Rasch zog Tschutschu ihre Jacke aus und machte daraus ein Kissen für den Kopf des kleinen Mädchens. Dann trat sie zu den andern, die rings um Jim Johnson standen und überlegten, ob er wirklich fachmännisch gefesselt war.

Kritisch inspizierte Tschutschu das Seil. «Der Knoten taugt nichts! Ich kenne einen besseren. Er ist chinesisch und ziemlich schwierig, aber aus dem kommt man viel schwerer wieder raus. Wartet! Lasst mich das machen!»

Und sie löste mit geschickten Händen den Knoten und band ihn auf ihre Weise neu.

«Jetzt kann nichts mehr passieren!», erklärte sie voller Genugtuung.

Dann hielten alle fünf Wache. Wie lange würden sie warten müssen? Sie wussten es nicht, und es war ihnen auch egal. So viele schwierige Probleme mussten diskutiert, so viele brennende Fragen beantwortet werden.

George schlug vor, jetzt, da Jim keine Gefahr mehr darstellte, sollten zwei von ihnen Miss Talstraesser suchen gehen.

Doch Iwan lehnte diesen Vorschlag ab. Er fand, das wichtigste Schlachtfeld sei immer noch hier, und keiner dürfe es verlassen. «Dieser rothaarige Boss, von dem Chris Tschutschu erzählt hat, kann doch jeden Augenblick hier auftauchen!», rief er. «Und vielleicht erscheint auch dieser Mann X! Sogar Miss Volkstanz könnte es wagen zurückzukommen!»

«Ist das nicht irgendwie sonderbar», überlegte George, «dass die beiden in dem Umkleideraum Nummer drei erwähnten, aber kein Wort von Nummer vier gesagt haben, und offenbar sind es doch mindestens vier, nicht wahr: der Rothaarige und Mr. X und Miss Talstraesser und unser Mr. Johnson!»

Alle stimmten ihm zu – außer Madeleine, die immer noch nur schwache Lebenszeichen von sich gab. Ihr bleiches kleines Gesicht war schrecklich geschwollen, doch sie lag da, ohne zu jammern.

«Ich mache mir Sorgen um sie», gestand Betsy, «aber sie ist nicht die Einzige, um die ich mir Sorgen mache! Ach, wenn doch bloß Chris hier wäre!»

«Und Rom», sagte Tschutschu, «oder wenigstens würde ich gern bei ihm sein. Er hat einen so furchtbaren Zorn auf Verräter und auf Leute von der Fünften Kolonne – da vergisst er ganz die Gefahr und wird womöglich erschossen!»

Die Kinder nickten ernst.

«Er hat so viele Verräter in den Niederlanden erlebt», sagte George. Franz dachte an Björn. «Sollte nicht einer rausgehen und sehen, was er macht?», fragte er.

Doch auch diesen Vorschlag lehnte Iwan ab, der in Chris' Abwesenheit das Kommando übernommen hatte.

«Vielleicht werden wir alle hier gebraucht», erklärte er, «und es ist besser, wir lassen uns nicht draußen blicken. Bisher weiß keiner von den Schweinen, wo wir stecken, und wir wollen doch nicht, dass sie gleich merken, sie sitzen in der Falle, wenn sie hierher zurückkommen; kapiert ihr?»

Sie kapierten.

Nelson schlug vor, sie sollten wenigstens versuchen, die Polizei zu benachrichtigen.

Dagegen hatte Iwan nichts einzuwenden. «Das heißt, wenn es hier drinnen ein Telefon gibt.»

Betsy sagte, sie habe eins auf dem Schreibtisch nahe beim Eingang gesehen. Wo war es? Dort!

Sie und George versuchten die Verbindung herzustellen, aber der Apparat war tot.

«Verdammt!» George prüfte ihn argwöhnisch. «Er muss die Leitung unterbrochen haben!», sagte er und blickte mit hasserfüllter Verachtung auf Jim Johnson.

Jim hatte keinen Laut von sich gegeben, seit man ihn gefesselt hatte, doch unverkennbar wurde er von Minute zu Minute nervöser. Schweiß strömte ihm über die Wangen, und sein Gesicht zuckte sonderbar.

Voller Entsetzen sah er zu, wie George und Betsy am Telefon hantierten.

«Wie spät ist es?», schrie er plötzlich. «Um Gottes willen – *sagt mir, wie spät es ist!*»

«Sie haben's wohl noch immer eilig, was?», meinte Iwan. Jim heulte wie ein tollwütiger Hund. «Wie spät ist es?», jammerte er. «Sagt's mir! Sagt's mir *sofort*!»

«Sieben Uhr achtundfünfzig!», rief Nelson.

«Noch zwei Minuten!», wimmerte Jim Johnson, «nur noch zwei Minuten! Rasch», kreischte er, «reißt ihn auseinander – rasch, reißt den Apparat auseinander! Beeilt euch! Die Wählscheibe! Reißt sie heraus! Nur noch eine Minute! Ich will nicht sterben! Ich will nicht in die Luft fliegen! Bitte, bitte, Kinder, lasst nicht zu, dass so was mit mir geschieht – dass es mit uns allen geschieht!»

Franz stürzte zum Telefon.

«Lasst mich!», rief er, und in weniger als einer halben Minute war das Telefon auseinandergerissen.

«Zeitbombe!», sagte Franz. «Als Telefon getarnt. Hier.»

Und er durchschnitt den Draht, der ein quadratisches Gehäuse mit einem tickenden Instrument verband.

«Auf acht Uhr eingestellt!», verkündete er. «Jetzt, in diesem Augenblick, wäre sie explodiert.»

23. KAPITEL

DIE LETZTE MEILE

Je mehr wir uns dem Werk näherten, Chris, Rombout und ich, desto größer wurde unsere Angst. Als wir schließlich an der vertrauten Kreuzung anlangten, fuhr ein imposant aussehender Wagen, der aus El Peso kam, auf uns zu und hielt direkt vor uns.

«Sieht aus wie Polizei!», stellte Chris fest. Und tatsächlich, es war Inspektor Snow, der da den Kopf aus dem Fenster steckte.

«He, ihr!», rief er. «Kommt her! Alle!»

«Schnell!», quiekte «Tiffy» aus dem Innern des Wagens. «Wir müssen mit euch sprechen!»

Wir gehorchten, und ehe wir uns versahen, saßen wir auch schon in dem Polizeiauto.

«Fahren Sie», wies der Inspektor den Polizisten am Lenkrad an, «und halten Sie vor dem Haupteingang.»

Als der dort postierte Wachmann das Polizeiauto erblickte, kam er zur Straße gelaufen.

«Alles in Ordnung?», fragte der Inspektor.

«Jawohl, Sir», erwiderte der Wachmann, der nichts vom tatsächlichen Stand der Dinge wusste, «alles bestens.»

«Verzeihung, Sir, aber es ist nicht alles bestens», sagte

Chris. Und dann erzählte er dem FBI-Mann rasch alles, was er wusste, alles, was wir erlebt hatten und was mit Horatio geschehen war. «Bitte, schicken Sie sofort einen Arzt zu ihm!», flehte er.

Mr. Snow befahl dem Wachmann, sofort den Arzt des FBI anzurufen. «Haben Sie einen Mann in einem alten Cabriolet hier vorbeifahren sehen?», fragte er dann.

Ja, tatsächlich, der Wachmann hatte vor etwa vierzig Minuten einen solchen Wagen gesehen. «Er ist auf den Weg eingebogen, der an der Fabrikmauer entlangführt!», berichtete er.

«Dieser Weg führt doch rings um das Werkgelände. Vielleicht ist der Mann aber auch an der Abzweigung auf die Küstenstraße eingebogen. Haben Sie gesehen, wohin er fuhr?»

«Nein, Sir. Nachdem er einmal um die Ecke war, konnte ich ihn nicht mehr sehen. Ich habe ja auch nichts Verdächtiges an ihm gefunden.»

Der Inspektor lachte verächtlich.

«Also fahren wir los!», sagte er dann. «Den Weg, der an der Mauer entlangführt; vielleicht finden wir jemand anderen, der uns helfen kann!»

Wir fuhren ein oder zwei Minuten.

«Was ist denn das?» Rombout hatte etwas auf der Mauer entdeckt.

«Das ist Björn!», rief Chris. «Er war dort postiert!»

«Er ist verwundet», rief der Inspektor. «An der Schulter anscheinend, aber er kann stehen, und er winkt uns zu.» Wir hielten auf der Stelle an.

«Bist du okay, mein Junge?»

Björn nickte.

«Dann spring runter. Spring auf das Wagendach.» Björn sprang, kletterte vom Dach und gelangte sicher auf den Erdboden.

«Hinterherfahren!», war das Erste, was er sagte. «Wir müssen rasch und hastig hinterher. Sie sind da lang gefahren! Schnell! Hinterher!»

Es war etwas in seiner Stimme und seinem Verhalten, was den Inspektor veranlasste, das zu tun, was Björn sagte, ohne im Augenblick weitere Fragen zu stellen.

«Steig ein!», sagte er. «Während der Fahrt kannst du mir alles erzählen.»

Wir fuhren weiter und bogen, von Björn eingewiesen, auf die Straße ein, die das Werk mit der am Ozean entlangführenden Autostraße verband.

«Hinter wem fahren wir denn eigentlich her?», fragte Mr. Snow schließlich.

«Es sind zwei», berichtete Björn. «Miss Talstraesser und ein unbekannter Mann ...»

«Mit Autobrille und Mütze und einem Mund wie ein Strich?», unterbrach ihn Chris. «In einem alten Kabriolett?»

Björn schien überrascht. «Du hast ganz überaus recht», sagte er, «nur hatte ich keine Freizeit, seinen Mund zu betrachten.»

«Und er hat das getan?» Chris deutete auf Björns blutbefleckte Jacke. «Mein Gott, ich dachte, er hätte keine Kugel mehr übrig.»

Björn schüttelte den Kopf. «Nein, er nicht», sagte er. «Miss Talstraesser hat gemein auf mich geschossen, aber zum allergrößten Glück hat sie mich nur gestreift!»

«Soll das heißen», fragte der Inspektor, «dass die Dame,

von der hier die Rede ist, dich aus dem Auto heraus angeschossen hat?»

«Nein, Sir. Sie war auf dem Werkgelände. Sie kam aus dem neuen Trakt, und sie besuchte mich auf dem hinteren Hof, wo ich Wache stand, und forderte mich auf wegzugehen. Natürlich und selbstverständlich weigerte ich mich. Da geriet sie in allerhöchste Rage und fing an zu zittern und schrie mich an. Das machte mich argwöhnisch, denn ich sah keinen Grund für eine Aufregung von solcher Größe. Also beobachtete ich sie völlig genau. Plötzlich hupte es draußen vor der Mauer; es hupte zahlreiche Male. Und ich sah, dass das ein Signal für Miss Talstraesser war, denn sie rannte sofort in höchster Schnelligkeit auf die Mauer zu.»

«Donnerwetter!», sagte Chris. «Du hattest also keine Ahnung von dem, was ich Tschutschu erzählt hatte?»

«Nein. Ich war ja ganz allein für mich, und keiner hat mir irgendwas gesagt. Aber ich war scharf wachsam. Als Miss Talstraesser über die Mauer klettern wollte, rannte ich hin und fasste fest den Saum von ihrem Abendkleid und versuchte sie zurückzuziehen.»

Er hielt inne und blickte zornig auf seine verletzte Schulter.

«Natürlich hätte ich meine gute Waffe gebrauchen können, den Speerstock, den ich mir geschnitzt habe», fuhr er fort. «Aber das wollte ich nicht, denn es ist traurig wenig wünschenswert, eine Dame mit einem Stock zu schlagen. Also zog ich sie nur zurück, und da schoss sie auf mich. Ich schäme mich bedeutend, dass ich einen kleinen Augenblick losließ, sodass sie sich über die Mauer schwingen konnte. Denn als ich oben auf der Mauer anlangte, war sie bereits heruntergesprungen, und der Wagen fuhr los. Aber ich habe alles scharf genau beobachtet. Sie fuhren hier herunter, und später, an der nächsten Weggabelung, fuhren sie nach rechts – nach Hell's Bay! Das alles ist vor vielleicht vierzig Minuten passiert. Aber ich blieb oben auf der Mauer, bis ihr kamt, weil ich meinen Hof und zugleich die Straße überschauen wollte, im Falle jemand käme, dem ich die Sache erzählen könnte. Und das ist alles, Sir.»

«Das langt ja auch!», sagte der Inspektor. «Und was ist das da?»

«Miss Talstraessers Abendtasche! Das habe ich ganz vergessen – sie hat sie fallen lassen, als sie so hässlich auf mich schoss. Möchten Sie sie untersuchen, Sir?» Er gab Mr. Snow die Tasche, die er in der Hand gehalten hatte.

Sie enthielt ein Taschentuch, einen Lippenstift, eine Puderdose, einen Füllfederhalter und ein Fläschchen.

«Tiffy», der sich die ganze Zeit lang erstaunlich still verhalten hatte, schüttelte missbilligend den Kopf.

«Lieber Gott, Snow», sagte er säuerlich, «Sie glauben doch diesen Quatsch nicht etwa, oder? Egal wie dieser Junge sich seine Verletzung zugezogen hat, die Annahme, dass die reizende Eigentümerin dieser Abendtasche auf ihn geschossen hat, ist doch absolut lächerlich! Mein Gott, die Dame hatte wahrscheinlich hier ein Rendezvous, der Junge hat sie gestört, und vielleicht hat er ihr sogar das Täschchen gestohlen – das übrigens nicht gerade wie die Tasche einer Revolverlady aussieht. Was meinen Sie?»

Der Inspektor meinte gar nichts. Stattdessen versuchte er zuerst das Etui mit dem Kompaktpuder aufzuklappen, dann den Lippenstift und den Füllfederhalter aufzuschrauben, doch es gelang ihm nicht. Einzig das Fläschchen ließ sich öffnen, und von ihm ging ein scharfer, betäubender Geruch aus.

«Chloroform!» Er schraubte den Verschluss eilig wieder zu. «Gib mir mal bitte den Eimer da hinter deinem Sitz rüber, Junge.»

Chris reichte ihm den großen Eimer.

«Da!», sagte Mr. Snow und nahm den Deckel des Eimers ab. «Das ist besser!» Und er warf das Kompaktpuder, den Lippenstift und den Füllfederhalter in die Flüssigkeit, die der Eimer enthielt.

«Falkenauge, AG» rang nach Luft.

«Mein Gott ...», stammelte er, «ist das wirklich ... ist das alles Sprengstoff?»

«Aber gewiss doch! Jede reizende Dame würde so was zu einem Rendezvous mitnehmen, nicht wahr?»

Er lächelte seinen begabten Assistenten freundlich an. «Habt keine Angst», beruhigte er uns Übrige, «jetzt ist ja alles vorbei – ersäuft in unserm braven alten Kübel; Öl schafft das immer. Aber du hattest großes Glück, Junge», er wandte sich Björn zu –, «das Zeug da hätte dich in Stücke reißen können!»

Mit unglaublicher Schnelligkeit rasten wir die Straße entlang. Wenn wir an eine Ortschaft kamen, ließen wir nur die Sirene ertönen und rasten weiter, denn schließlich saßen wir in einem Polizeifahrzeug und konnten tun, was wir wollten.

Etwa eine Meile vor Hell's Bay jedoch mussten wir unser Tempo drosseln, denn mitten auf der Straße stand ein Auto.

«Das ist er!», schrie Chris, aber Björn, Rom und ich hatten ihn auch erkannt. Kein Zweifel war möglich: Das war Horatios Wagen, und offensichtlich hatte er keinen Treibstoff mehr.

Wir alle durchsuchten ihn rasch.

Björn war der Einzige, der überhaupt etwas entdeckte, und zunächst hielt er seine Entdeckung nicht für besonders wichtig. «Ein Büschel ziemlich hässliches Haar!», verkündete er.

«Ist es rot?» Chris stürzte sich auf den Fund und untersuchte ihn. «Es ist sein Bart!», schrie er. «Mein Gott, es ist sein großer roter Bart! Wartet mal ... Na ... das bedeutet doch ... nicht wahr ...»

Er blickte uns fragend der Reihe nach an.

«Genau!», sagte Inspektor Snow. «Es bedeutet genau das, was du denkst, nämlich dass dein Mr. X und der rothaarige Boss, von dem du erzählt hast, ein und dieselbe Person ist. Ich habe das schon eine ganze Zeit lang vermutet ...»

Chris schüttelte bestürzt den Kopf. «So ein Schuft!», sagte er. «Und so ist er aus dem Kino entkommen; ohne seinen Bart konnten ihn Franz und Nelson unmöglich erkennen!»

«Habt ihr noch was gefunden?» Der Inspektor schien es eilig zu haben. «Nichts? Dann los!»

Eine Minute später überquerten wir die Autostraße, die an der Küste entlang verläuft, und bogen auf die schmale Landstraße ein, die direkt nach Hell's Bay führt.

Mike stand vor den Baracken.

Hatte er zwei Fußgänger gesehen, die so und so aussahen?, wollte Inspektor Snow wissen.

Nein, es seien keine Fußgänger vorbeigekommen. «Ein Auto?»

«Warten Sie mal – ja, da kam eins – eine Limousine, vor etwa einer halben Stunde.»

«Wie viele Personen saßen drin?»

«Kann ich nicht sagen.»

«Wohin sind sie gefahren?»

«Da runter!» Mike zeigte auf den Weg, der in südlicher Richtung an den beiden Mauern entlang und dann durch ein Wäldchen zu einem kleinen Hafen führt, wo ein paar wohlhabende Bürger aus El Peso ihre Privatyachten liegen hatten.

«Jemand muss sie mitgenommen haben!», mutmaßte der Inspektor. «Kämen sie auf eine der Yachten rauf?»

«Aber sicher», sagte Chris. «Jim Johnson hat dort ein Boot, und ich schätze, dahin sind sie.»

«Ihr Jungs kennt das Boot? Könnt ihr es auch im Dunkeln ausmachen?»

«Bestimmt. Ich glaube, ich würde sogar den Motor am Ton erkennen.»

Ein paar Minuten später war Kapitän Sharp von der Lage der Dinge unterrichtet; er erklärte sich bereit, uns bei der Jagd auf die Flüchtigen zu helfen und die «Schneid» persönlich in den Kampf zu führen.

Die Nacht war klar und schön und der Ozean ruhig; aber als die «Schneid» das Wasser durchpflügte, ließ es die Sterne in ihrem flüssigen Spiegel tanzen.

«Da!» Chris hatte etwas gehört. «Es ist ein Motor», sagte er, «aber zu weit weg; ich kann nicht sagen, ob das Jims Boot ist oder nicht.»

Wir nahmen Kurs auf das Geräusch, das aus südlicher Richtung kam, nicht weit von der Küste entfernt.

In dem Augenblick, als Chris Jim Johnsons Motoryacht erkannte, erkannten die Personen an Bord uns. Das wurde uns klar, als plötzlich ein Maschinengewehr zu feuern begann und ein Kugelhagel von den Panzerplatten der «Schneid» abprallte.

«Schießen Sie nicht, Mike! Hören Sie mich? Sie sollen nicht schießen! Das ist ein Befehl!», brüllte Kapitän Sharp an seinem Steuerrad.

Mike, der in seinem Drehturm hin und her schwang, schien dieser Befehl nicht zu gefallen. «Warum nicht?», murrte er. «Warum sollen die den ganzen Spaß alleine haben?»

Kapitän Sharp konnte zwar unmöglich hören, was sein MG-Schütze da grummelte, aber er wusste, wie Mike zumute war.

«Unser Augenblick kommt, wenn wir sie einkassiert haben – lebend!», sagte er.

Jim Johnsons leichtes Boot war sehr schnell und wendig, aber das war auch die «Schneid».

Die beiden Männer am Motor und Kapitän Sharp unter seinem Dach am Steuerrad waren gut geschützt vor dem feindlichen Feuer, doch Mike in seinem Schützensitz musste sich ganz schön ducken und immerfort zur Seite ausweichen, und wir Übrigen hatten uns eiligst lang auf den Bauch geworfen.

«Ergebt euch!», schrie der Kapitän, als wir der Yacht so nahe kamen, dass man uns dort hören konnte. «Ergebt euch, oder wir versenken euch!»

Seit etwa zwei Minuten war nicht mehr geschossen worden. Sie laden neu, dachten wir; doch Chris war aufgestanden, um zu beobachten, was dort vor sich ging.

«Mein Gott!», rief er. Und bevor irgendwer begriffen hatte, was geschah, warf er seine Jacke ab und machte einen Kopfsprung über Bord.

Blindlings und ohne auch nur eine Frage zu stellen, folgte Rombout seinem Beispiel. Björn, der durch seine verletzte Schulter behindert war, sah nur zu.

«Darf ich jetzt schießen, Sir?» Mike zeigte auf die beiden im Wasser schwimmenden Gestalten, die verzweifelt versuchten, ihren jungen Verfolgern zu entkommen.

«Nein – das dürfen Sie nicht.»

Der Erste Maschinist hatte den Motor gestoppt. «Darf ich ihnen nach, Sir?»

«Sie dürfen.»

Es war klar, dass die Verbrecher gehofft hatten, unentdeckt zu entkommen; im Schutz der Dunkelheit wollten sie zum Ufer schwimmen und dort verschwinden, während wir, so dachten sie sich das, ihr Boot versenken und annehmen würden, sie seien mit ihm untergegangen. Und wenn Chris mit seinen scharfen Augen nicht in der Dunkelheit die Wasserspritzer rings um die Schwimmer erspäht hätte, wäre ihr Plan wohl geglückt.

«Wir sollten uns diese Yacht ansehen und sie sicher in den Hafen bringen!», sagte Inspektor Snow zu Commander Sharp. «Könnte einer Ihrer Männer das übernehmen?»

Ja, der Zweite Maschinist konnte das tun, und der Erste würde auf der Rückfahrt unseren Motor allein bedienen.

Wir gingen längsseits der verlassenen Yacht, und der Zweite Maschinist schwang sich an Bord. Unterdessen war die Jagd im Wasser in vollem Gang.

Björn feuerte Chris an. «Gut so, Chris!», rief er, als der Mr. X erreicht und die Arme um ihn geschlungen hatte, sodass er zeitweilig nicht mehr vorwärts kam. «Gib's ihm, gib's ihm reichlich ausgiebig! ... Prima gemacht, Rom!» Rombout hatte Miss Talstraesser eingeholt, und es war ihm gelungen, sie ein paar Meter zur «Schneid» zurückzuziehen.

«Zeig ihr den Weg nach Hause!», jubelte Björn. Er war glücklich, dass ihm diese Zeile eingefallen war, die, wie er wusste, einwandfreies Englisch und nicht seine eigene individuelle Björn-Sprache war.

«Dauere noch eine einzige zusätzliche Minute aus!» Das war wieder Björn-Sprechweise. «Lass nicht nach, Chris, bitte, gib nicht auf. Du kriegst fast sogleich Verstärkung!»

Aber obwohl Chris nicht im Traum daran dachte, nachzulassen oder aufzugeben, war er beinahe bewusstlos, als unser Maschinist endlich bei ihm ankam. Schließlich war Mr. X doppelt so groß und so stark wie Chris, und er tauchte immer wieder und versuchte mit aller Kraft, den kleinen Körper des Jungen mit sich hinunterzuziehen. Doch Chris hielt hartnäckig und tapfer aus, bis der Retter zur Stelle war und mit einem wohlgezielten Faustschlag auf den Kopf des Mannes dessen Widerstand brach.

Inzwischen hatte auch Miss Talstraesser ihren Kampf aufgegeben. Mike stellte den Motor an, wir nahmen Kurs auf die Schwimmer, warfen ihnen ein Tau zu und zogen sie einen nach dem anderen sicher an Bord.

«Willkommen, Herr Kurtzke», sagte Inspektor Snow und lächelte den erschöpften, triefenden Mr. X freundlich an. «Das ist aber eine angenehme Überraschung!»

«Ich heiße Waelti», erwiderte Mr. X, «Heinrich Waelti aus der Schweiz. Und als Schweizer Bürger protestiere ich energisch gegen all das; ich erhebe allerschärfsten Protest.»

«Ach, wirklich?» Der Inspektor zog eine kanadische Zeitung aus der Tasche und verglich das Foto auf der ersten Seite mit dem Gesicht seines Gefangenen. «Hübsches Bild», sagte er, «und eine hübsche Geschichte, auch wenn sie schon vor ein paar Wochen passiert ist. Hören Sie sich das an: ‹Nazi-Pilot Hans-Helmuth Kurtzke entkommt aus Kriegsgefangenenlager durch selbstgebauten Tunnel. Kurtzke, der einem von Hitlers Einsatzkommandos angehörte, könnte versuchen, unsere Kriegsanstrengungen zu sabotieren.›»

Er hielt inne.

Ich warf einen Blick auf das Foto, und nun endlich wusste ich, warum «dieser Mann X» mir so bekannt vorgekommen war, als ich ihn auf dem Bahnhof zum ersten Mal sah. Ich hatte in einer kanadischen Zeitung sein Bild gesehen und seine Geschichte gelesen; und irgendwie war mir sein schmallippiges Gesicht im Gedächtnis geblieben, obwohl ich zunächst nicht wusste, in welchem Zusammenhang.

«Was sagen Sie nun, Herr Kurtzke?», fragte der Inspektor.

Der Nazi erwiderte kein Wort, und er leistete auch keinen Widerstand, als Mr. Snow ihm Handschellen anlegte. Miss Talstraesser hingegen spie Gift und Galle.

«Du lieber Himmel», kreischte sie, «wie grässlich! Wie abscheulich! Mich derart anzulügen! Und ich dumme Gans habe ihm blind geglaubt! Er sei so einsam, sagte er mir, und rein aus Mitleid habe ich seine Einladung zu dieser unglückseligen Bootsfahrt angenommen. Schämen Sie sich, Mr. Waelti! Schämen Sie sich in Grund und Boden.»

Hans-Helmuth Kurtzke grinste. «Gib dir keine Mühe, meine Gute», sagte er. «Ich nehme an, diese Herren wissen sehr gut, wer du bist. Und wenn sie es nicht wissen, werden sie es bald erfahren. Von mir.»

«Lügner!» Miss Talstraesser wollte sich auf den gefesselten Mann stürzen, aber da fühlte «Falkenauge, AG», dass sein großer Augenblick gekommen war. Schnell zog er seine Klinge aus dem Regenschirm, und mit den anmutigen Bewegungen eines geübten Fechters sprang er zwischen die beiden Saboteure. Er sah außerordentlich komisch aus, umso mehr, als keiner der beiden daran dachte zu kämpfen.

«Keine Bange, Snow!», rief er. «Es ist alles unter Kontrolle.»

Der Inspektor lächelte. «Darf ich?», fragte er seinen heldenhaften Assistenten; dann trat er an den Mann X heran, alias Heinrich Waelti, tatsächlich aber Hans-Helmuth Kurtzke, und zog ein Futteral unter dessen Hemd hervor.

«Da!»

Das Futteral enthielt einen Schweizer Pass, verschiedene Fotografien, Blaupausen und Navigationskarten sowie ein Verzeichnis aller wichtigen Rüstungsfabriken in diesem Teil des Landes.

«Nicht schlecht!», sagte der Inspektor. «Die Pläne des neuen Trakts hier haben Sie neulich in Präsident Sheepbots Haus kopiert, nicht wahr?»

Herr Kurtzke nickte.

«Sie sind auf einer Leiter dort eingestiegen, aber beim Abstieg kippte die Leiter um, und Sie fielen runter und verletzten sich das Bein; deshalb hinkten Sie, als Sie versuchten, die ‹Schneid› zu verbrennen. Richtig?»

«Goldrichtig.»

«Sie hatten es eilig und hielten sich nicht damit auf, die Spuren Ihres Falls auf dem Boden zu verwischen. Haben Sie damals schon im Werk gearbeitet?»

«Nein. Den Posten kriegte ich erst ein paar Wochen später.»

«Und wo haben Sie sich in der Zwischenzeit versteckt gehalten?»

«Bei Jim Johnson.»

«Und er hat auch diesen Schweizer Pass für Sie gefälscht?»

«Jawohl. Er hat mir auch den Bart und das Haarfärbemittel besorgt. Als ich dann als Waelti ausstaffiert war, empfahl er mich für die Stellung im Werk.»

«Haben Sie diese Fotos von dem neuen Trakt selber gemacht?»

«Damit ich sofort in Verdacht gerate? Bewahre! Johnson hat diese Fotos von Filmen kopiert, die ihm Sheepbot junior dankenswerterweise in seinen Laden brachte.»

«Wie sind Sie mit Miss Talstraesser bekannt geworden?»

«Durch Johnson. Sie ist eine alte Komplizin von ihm. Beide stehen schon eine ganze Weile auf Hitlers Gehaltsliste.»

«Sie sind plötzlich überraschend offen und auskunftsbereit.»

«Aber gewiss doch. Denken Sie, ich sehne mich nach dem elektrischen Stuhl? Nein, bestimmt nicht. Ich werde Ihrer Regierung helfen, ihre Anklage gegen die anderen vorzubereiten. Ich werde den Kronzeugen machen – nennt ihr das nicht so? Ich habe eure Gesetze studiert. Heil Hitler!»

In diesem Augenblick fiel Miss Talstraesser in Ohnmacht, denn so niederträchtig sie selbst auch war, die Schurkerei ihres Partners war offenbar zu viel für sie.

«Keine Sorge», sagte der Inspektor, als Chris sein nasses Hemd über ihrem Kopf auswrang und sie auf diese Weise wiederzubeleben versuchte, «die kommt gleich wieder zu sich, die ist so zäh wie eine Katze. Wir haben sie schon eine ganze Weile beobachtet. Sie hat in den letzten Jahren nicht nur Volkstanz studiert. Jeden Sommer ist sie nach Deutschland gefahren – um sich dort weiterzubilden. Aber ihre letzte Lektion wird sie hier in unserem Land erhalten.»

Obwohl keiner von uns auch nur die geringste Sympathie für die bewusstlose Nazifrau empfand, lief es uns bei den Worten des Inspektors kalt über den Rücken. Außerdem schlotterten Chris und Rombout ohnehin in ihren nassen Sachen.

Nachdem wir gelandet waren und die Gefangenen in unserm Polizeiauto verstaut hatten, rannten Mike und der Maschinist in ihre Baracke und kamen mit einem Erste-Hilfe-Kasten und zwei wunderbaren Pullovern zurück. Chris wurde rot vor Freude, als er nun schließlich den Gegenstand erhielt, von dem er immer geträumt hatte, seit George ihm sein kostbares Stück gezeigt hatte.

«Brennt hochklassig», sagte Björn, als ich seine Wunde zu desinfizieren begann. «Tut eine ziemliche Menge weh.»

Glücklicherweise jedoch hatte die Kugel seine Schulter nur gestreift, und die Verletzung war nicht schwer.

Alle nahmen Haltung an, als wir abfuhren; sogar Kapitän Sharp grüßte militärisch.

«Zurück zum Werk!», befahl Inspektor Snow. «Hoffen wir, dass eure Freunde dort Nummer drei dingfest gemacht haben.»

Mit jaulender Sirene rasten wir durch die Nacht.

Vor dem Werk erwartete uns ein ganz anderes Bild. Es wimmelte buchstäblich von Polizei. Zahllose Motorräder, Autos und Krankenwagen parkten am Haupteingang, und

Scharen schwerbewaffneter Polizisten bewachten jeden Fußbreit des Geländes.

Der neue Trakt war festlich beleuchtet und voller Menschen. Alle waren sie da – der Rest der Gang, Präsident Sheepbot, Geepy und Mr. Cornelius F. Baluster aus Washington. Und ihr könnt euch sicher vorstellen, wie groß die Aufregung war, als wir unsere Geschichte erzählten und dafür, gewissermaßen im Austausch, den abenteuerlichen Bericht der anderen entgegennahmen.

Wie viel war in diesen wenigen kurzen Stunden geschehen! Was für ein schreckliches Unglück war abgewendet worden! Und wie froh waren wir, endlich wieder vereint zu sein!

«Zuerst», sagte Präsident Sheepbot, «konnte ich es einfach nicht glauben. Als Nelson mich im ‹Ambassador› anrief und mir sagte, das Telefon, von dem er spreche, sei von einem gefährlichen Saboteur gegen eine Bombe ausgetauscht worden, doch die Gang habe die Lage gerettet, erschien mir das unfassbar. Natürlich sind wir gleich hierhergeeilt, Direktor Hunch, Mr. Baluster und ich; wir haben auch dafür gesorgt, dass ein großes Aufgebot von Polizei das Werk gegen weitere Angriffe schützt. Aber als wir hier anlangten, war bereits alles unter Kontrolle, und unsere Ordnungshüter hatten nichts weiter zu tun, als Freund Johnson ins Gefängnis abzuführen.»

Nelson sagte: «Es war ein ganz komisches Gefühl, mit diesem Apparat zu telefonieren. Wir haben ihn gefunden, als wir Jim Johnsons Aktentasche untersuchten, und Franz hat gesagt, es ist in Ordnung, das ist das richtige Telefon, das dieser Lump durch sein falsches ersetzt hat. Ich hätte mich trotzdem nicht getraut, es anzufassen; Franz brachte es einfach an seinen Platz zurück und stellte mir die Verbindung zum ‹Ambassador› her.»

«Bewundernswert!», rief Björn, der immer bereit war, die Leistungen anderer hoch zu veranschlagen und seine eigenen gering einzuschätzen. «Aber bitte», fuhr er fort, «da ist immer noch ein einzelner Vorfall, der mich seltsam benebelt. Miss Talstraesser ist also mit zwei Wachmännern weggegangen. Wie kommt es dann, dass sie ganz allein für sich war, als sie zu mir auf den Hof kam? Was ist mit den beiden geschehen, bitte?»

Es stellte sich heraus, dass man die beiden Wachmänner erst vor kurzem gefunden hatte.

«Und sie waren noch nicht wieder bei sich!», sagte George. «Miss Talstraesser ist es irgendwie gelungen, die zwei voneinander zu trennen; wahrscheinlich hat sie einen von ihnen weggeschickt, um die dunkle Ecke abzusuchen, wo wir ihn bewusstlos entdeckt haben; während er dort suchte, hat sie seinen arglosen Kollegen mit Chloroform betäubt, und dann ist sie zurückgekommen und hat ihn fertiggemacht. Wir hatten gesehen, in welcher Richtung die drei verschwunden waren, und als die Polizisten kamen, konnten wir sie gleich dorthin führen. Aber derjenige, der sie tatsächlich gefunden hat, ist dieser junge Bursche hier.»

Er zeigte auf einen kleinen Hund, den keiner von uns bisher bemerkt hatte. Ich erkannte Präsident Sheepbots «hochmanierlichen Hund Sonnenschein», wie Björn ihn am Nachmittag genannt hatte.

«Er hat eine fabelhafte Spürnase», sagte Nelson. «Deshalb habe ich ihn für diese Jagd geholt.»

Nur zwei Umstände verhinderten, dass wir vollständig zufrieden waren.

Die kleine Madeleine konnte sich immer noch nicht aufrichten und sah mit ihrem schrecklich geschwollenen Gesichtchen so bleich und bemitleidenswert aus, dass wir alle sehr betroffen waren. Aber sie wollte nicht, dass wir uns Sorgen um sie machten.

«Ich bin so glücklich», sagte sie immer wieder. «Ich bin so glücklich, weil das Werk gerettet wurde.»

«Ihr habt es gerettet», sagte Präsident Sheepbot feierlich. «Ihr Kinder habt das Werk gerettet und außerdem noch eine Menge kostbarer Leben.»

Den Worten des Präsidenten folgte ein kurzes Schweigen. Schließlich stellte Chris die Frage, die jeder von uns immer wieder insgeheim gestellt hatte, aber wir alle hatten uns auch vor der Antwort gefürchtet.

«Und Horatio?», wollte er wissen. «Ist er ... ist er ...?» Das Telefon klingelte.

«Für Sie, Inspektor», sagte Iwan, der den Hörer abgenommen hatte.

Ein paar Minuten später wussten wir, dass Horatio lebte.

«Der Arzt sagt, er ist schwer verwundet», verkündete Waitstill Snow, nachdem er aufgelegt hatte, «aber mit Gottes Hilfe wird er durchkommen.»

24. KAPITEL

DER VORHANG FÄLLT

Im Kleinbus der Neuen Welt fuhren wir alle zur Stadt zurück, chauffiert von Charles, der nur zu gern aus dem Bett gesprungen war, um uns abzuholen, als er hörte, was sich ereignet hatte.

Er setzte Mr. Baluster und mich vor dem «Ambassador» ab, und ich stürzte zum Schalter der Western Union, um etwa neunhundert Wörter nach Washington zu telegraphieren, denn die heutige Geschichte war genau der «Knüller», auf den meine Zeitung seit langem gewartet hatte.

Ein paar Stunden später erhielt ich folgendes schmeichelhafte Antworttelegramm:

«sensationelle und exklusive titelseitenstory leider unbrauchbar ohne fotos stop fotodrahten sie umgehend schnappschüsse von kindern stop aber schicken sie nicht ihr eigenes foto stop warum haben wir sie je eingestellt stop egal stop herzlichst ihr bruce maclaughlin chefredakteur»

Ich fürchte fast, ihr werdet das Telegramm, das ich hier für euch zitiere, nicht besonders schmeichelhaft finden, doch es war die freundlichste Botschaft, die ich je von meinem Boss erhalten hatte, und ich freute mich darüber. Ich war auch überzeugt davon, dass meine Zeitung über alle weiteren die

Vereinten Kinder betreffenden Neuigkeiten sehr erfreut sein würde.

Als das Datum für die große Feier festgesetzt worden war, fragte ich telegraphisch in Washington an, wie ausführlich der Bericht über dieses Ereignis sein sollte.

Die Antwort meines Chefs lautete so:

«fallen sie nicht in ohnmacht stop ich komme persönlich stop bringe reizende dame mit die dem fest glanz verleihen und viel zu unserer geschichte beitragen wird stop tausendundvierzehn grüße bruce»

«Aha», sagte ich, nachdem ich das Telegramm gelesen hatte. Und ich habe immer noch das Empfinden, dass «aha» das wenigste war, was ich hätte sagen können. Denn ich war zwar recht erfreut über die Aussicht, Mr. MacLaughlin wiederzusehen, den ich sehr mochte, aber dass er drohte, eine Frau mitzubringen, gefiel mir ganz und gar nicht. Außerdem, wie zum Kuckuck konnte er annehmen, dass eine völlig Fremde «viel zu unserer Geschichte beitragen» könnte? Und selbst wenn sie es tatsächlich fertigbrachte, dem Fest – nach Mr. MacLaughlin – Glanz zu verleihen, warum schickte er mir dann tausendundvierzehn Grüße und unterschrieb plötzlich mit «bruce», wo es doch sonnenklar war, dass ihn diese «reizende Dame» völlig becirct hatte?

Trotz alledem sagte ich nichts weiter als «Aha.»

Doch ich sollte nicht immerzu ein Fest erwähnen, von dem ihr noch gar nichts wisst. Denn obwohl ihr sicher erraten habt, dass der Sieg der Gang über die Saboteure gefeiert werden sollte, bezweifle ich doch, dass ihr euch eine Vorstellung von der Bedeutung und der Großartigkeit dieses Ereignisses machen könnt.

«Unsere Geschichte» war sehr schnell im ganzen Land bekannt geworden. Meine eigene Washingtoner Zeitung hatte zwar als allererste eingehend darüber berichtet, aber inzwischen gab es kein Blatt im ganzen Land, das die Affäre nicht mit größter Ausführlichkeit behandelt hätte. Jeden Tag trafen Unmengen von Briefen in der Neuen Welt ein. Gratulationsschreiben, neugierige, nette, unverschämte, komische, ernste, dumme und vernünftige Briefe. Briefe von Kindern und von Erwachsenen, von Lehrern, Farmern und Kongressabgeordneten. Es gab jedoch ein gemeinsames Anliegen in allen diesen Briefen: In allen wurde der Wunsch ausgesprochen, mehr über die Vereinten Kinder zu erfahren. Wie waren sie? Wie sprachen sie? Was dachten sie, und was war das für ein Gefühl, ein Heldenkind zu sein?

Als der zweihundertste Brief eingegangen war, stattete Direktor Hunch dem Programmdirektor unseres lokalen Radiosenders einen Besuch ab. Der Programmdirektor seinerseits rief den Präsidenten einer Rundfunkgesellschaft an, die landesweit sendete. Daraufhin wurde in der Zentrale dieser Gesellschaft, in San Francisco, eine Versammlung einberufen, an der die Leiter der Auslandsdienste und die Programmdirektoren aller Kurzwellensender teilnahmen, mit dem Ergebnis, dass die Rundfunksendung der Vereinten Kinder ins Leben gerufen wurde. Die Kinder sollten nicht nur von Küste zu Küste, sondern auch in ihren Heimatländern, in England, Russland, China, Frankreich, Norwegen, den Niederlanden und überall in der Welt gehört werden können.

Eine nationale wie eine internationale Sendung, das hatte die Gang nun zu ihrem Siegesfest in Aussicht. Und verständlicherweise waren wir alle schrecklich aufgeregt, als schließlich der wichtige Tag, ein Sonntag, gekommen war.

Ich hatte den Kindern versprochen, ihnen bei ihren Ansprachen zu helfen, und erschien deshalb schon früh am Morgen in der Neuen Welt. Das Frühstück war noch nicht ganz vorüber, und ich staunte, als ich vor dem Hauptgebäude Betsy stehen sah, so als warte sie auf irgendjemanden.

«Es ist ein Junge!», schrie sie, sobald sie mich erblickte. «Und er heißt Chris!»

Lieber Gott, dachte ich ziemlich bestürzt, was redet sie da? Hat sie hier gewartet, um mir mitzuteilen, dass Chris ein Junge ist und dass er Chris heißt? Armes Mädel! Sie ist sicher ganz durcheinander vor Aufregung!

«Natürlich, Schätzchen», sagte ich sanft. «Natürlich ist Chris ein Junge, und noch dazu ein ganz großartiger! Aber wie fühlst du dich denn heute?»

Betsy lachte. «Ach, Depesche», zwitscherte sie, «du hast es nicht mitgekriegt: Es ist ein Junge! Ich habe vor ein paar Stunden einen kleinen Bruder bekommen! Vater hat angerufen und es mir erzählt. Er sagt, der Kleine ist kräftig und gesund, und Mutter findet ihn sehr hübsch, aber Vater sagt, er weiß nicht recht. Und sie hatten auch noch keinen Namen für ihn. Ich habe ‹Chris› vorgeschlagen, und Vater sagte, das geht in Ordnung, und unser Chris soll Pate stehen, auch wenn noch zwei erwachsene Paten nötig sind. Ist das nicht großartig?»

Das konnte man wohl sagen. Aber es war nicht die einzige freudige Überraschung, die uns dieser Morgen brachte, bevor die eigentliche Feier begann.

Gleich nach dem Frühstück, als sich die Kinder für die

Kirche bereit machten, fuhr ein Auto durch das Eingangstor. Niemand außer Franz kannte den Mann und die Frau, die darin saßen, und selbst er schien mehr erschreckt als erfreut, als er seine Eltern erblickte.

«Was, um Gottes willen, tut ihr denn hier?», rief er. «Ihr habt doch keinen Passierschein – oder etwa doch?»

«Nein», sagte Franzens Vater feierlich, «nein, wir haben keinen Passierschein. Aber wir haben etwas Besseres bekommen – etwas viel, viel Besseres! Wir haben ...»

«Ich will's dem Jungen sagen!», unterbrach ihn seine Frau. «Bitte, ich möchte es ihm als Erste sagen!»

Der Vater nickte ernst.

«Also ...», sagte Mrs. Strobl, doch sie musste schlucken, bevor sie weitersprechen konnte. «Wir sind amerikanische Bürger!», sagte sie. «Gestern Mittag wurden wir eingebürgert! Vater und ich und du auch, weil du minderjährig bist und unser Sohn. Franz, hörst du mich? Du bist amerikanischer Bürger! Wie findest du das? Freust du dich nicht?»

Aber Franz war zu glücklich, um etwas sagen zu können. Er stieß nur ein «Ooooohhhh!» aus.

Sein sprachloses, fast ungläubiges Entzücken kann jeder leicht verstehen, der weiß, dass so etwas wie ein kleines Wunder nötig ist, um mitten in diesem Krieg aus «feindlichen Ausländern» Staatsbürger zu machen. Obwohl die Strobls vor mehr als fünf Jahren in die Staaten eingewandert waren und unter normalen Bedingungen jetzt mit ihrer Einbürgerung hätten rechnen können, hatten sie ihre Hoffnungen für die Dauer des Krieges begraben.

«Hier sind sie!», jubelte Mrs. Strobl und schwenkte die Einbürgerungsurkunden unter der amerikanischen Nase ihres Sohnes hin und her, «hier sind sie – wirklich und wahrhaftig!»

Sie waren alle drei schwindlig vor Freude. Doch hätten sie gewusst, wem sie diese Auszeichnung verdankten, dann wären sie außerdem noch sehr stolz gewesen. Denn kein anderer als Franz, der «Verdächtige», der schmutzige kleine Ausreißer von der «Schneid», Chris' Gefangener, der Missetäter, der sich bewähren musste, hatte unwissentlich dieses Wunder zuwege gebracht. Seine vorbildliche Führung in der Schule, seine Erfindung, die Wunderpfeife, und sein Eifer beim Kriegshilfseinsatz der Neuen Welt hatten unsere städtischen Behörden so beeindruckt, dass sie eine nachdrückliche Befürwortung seines Falles nach Washington geschickt hatten. Infolgedessen war die Akte der Strobls überprüft und für einwandfrei befunden worden; außerdem brauchte man gegenwärtig dringend gute Ingenieure, und so war die Anweisung ergangen, dass Franz und seinen Eltern die amerikanische Staatsbürgerschaft zu verleihen sei.

Ich glaube, noch nie hatte die Kapelle der Neuen Welt eine frohere und andächtigere Gemeinde gesehen als an diesem Sonntagmorgen. Aber die Glücklichsten von allen waren Franz, der funkelnagelneue Amerikaner, und Betsy, die gerade einen nagelneuen kleinen Bruder bekommen hatte.

Nach dem Gottesdienst blieb nur noch wenig Zeit für mich, mit der Gang ihre Ansprachen durchzugehen, und ich fürchte auch, ich tat es nicht sehr gründlich. Ich war irgendwie geistesabwesend, oder vielmehr waren mein Herz und mein Hirn so voll von Erinnerungen, dass ich mich nicht ganz auf die eine Sache zu konzentrieren vermochte, die zu feiern wir uns anschickten – den Sieg der Vereinten Kinder über die Saboteure. Zwar war dieser siegreich bestandene Kampf zweifellos die glanzvollste Leistung der Gang, doch ich für meine Person war ebenso stolz auf ihre weniger ins Auge fallenden Taten.

Erinnert ihr euch an den Tag des Großen Rats, als Rombout, Iwan und George ihre Geschichten erzählt hatten und die Pläne für den umfassenden Kriegshilfseinsatz der Neuen Welt festgelegt worden waren? Erinnert ihr euch an die Altmaterialsammlung und die Kriegssondermarken- und Kriegsanleihen-Kampagne? Und an das Komitee für Hilfsarbeiten? Und daran, wie Chris die «Schneid» gerettet hatte? Und an die Gummiparade? Da war Franzens Pfeife! Und Betsys Kindergarten! Die Spende der Kinder für die Küstenwachen! Und ihr Siegesorchester! Und der Überfall auf das Blumenzimmer! Erinnert ihr euch? Nun, ich hatte das Gefühl, dass das große Fest in Wahrheit allen diesen Ereignissen galt. Ich war sogar geneigt, die stilleren, weniger spektakulären Taten der Kinder höher zu veranschlagen als den glänzenden Sieg, der sie berühmt gemacht hatte. Denn es ist viel schwieriger, freiwillig eine Menge langweiliger Arbeit zu übernehmen, und das in der knappen Freizeit, als eine Bande von Saboteuren zu jagen, was ungeheuer aufregend und spannend ist.

Die Rundfunksendung wurde ein Riesenerfolg. Das war mir klar, sobald ich die ersten Worte gehört hatte, die Chris mit seiner hellen, deutlichen Stimme sprach. Er sagte nur ein paar Sätze, doch in diesen Sätzen lag seine ganze klare, saubere, mutige Persönlichkeit. Und obwohl er keine großen, hochtrabenden Gedanken äußerte, waren die Millionen Menschen, die ihm zuhörten, von seinem Ernst und seiner Aufrichtigkeit angerührt. Hier sprach ein amerikanischer

Junge, der mit seinen elf Jahren bereits bewiesen hatte, dass er des Erbes seiner Vorfahren würdig und dass er willens und fähig war, es zu verteidigen. Hier sprach ein junger Weltbürger, ein Kind, jawohl, aber ein tapferer und vielversprechender Angehöriger der Vereinten Nationen.

Als die Kurzwellensendung des Programms begann und die Neuen in ihrer Muttersprache zu ihren Angehörigen daheim redeten, wurde die Sache ganz schön herzbewegend. Allein die Vorstellung, dass irgendwo an der russischen Front Iwans Vater vielleicht die Stimme seines Sohnes hörte oder dass über den Atlantik hinweg Georges Mutter die freudige Botschaft ihres Sohnes vernahm, genügte, um unsere Herzen höher schlagen zu lassen. Keiner von uns im Studio verstand ein Wort von dem, was Tschutschu auf Chinesisch sagte, doch ihre Augen redeten eine deutliche und ergreifende Sprache. Das taten auch Rombouts und Björns ernste Gesichter und ebenso die sanfte, ein wenig verschleierte Stimme, mit der sich Madeleine an die Menschen in Frankreich wandte. Sie war noch nicht ganz wiederhergestellt, die kleine Madeleine, immer noch ein bisschen schwach und mitgenommen, aber da es keine bessere Medizin als Glück gibt, würde ihr dieses glückliche Fest ganz bestimmt sehr guttun.

Die eigentliche Feier sollte am Abend stattfinden, denn alle Erwachsenen wollten daran teilnehmen, und obwohl es Sonntag war, hatten die meisten den Tag über zu viel zu tun. Deshalb wurde für die Kinder eine Ausnahme gemacht, und alle waren erst für halb acht Uhr abends eingeladen.

Am Nachmittag ging ich zum Bahnhof hinunter, um Mr. MacLaughlin zu begrüßen, dessen Zug um 14.23 Uhr ankommen sollte.

Chris und Betsy fragten, ob sie mitkommen dürften, und ich sah keinen Grund, warum sie das nicht sollten. Wenn der Boss eine «reizende Begleiterin» mitbringen konnte, konnte ich schließlich ebenso gut zwei reizende junge Gefährten bei mir haben.

Als ich mit den beiden auf dem Bahnsteig auf und ab ging, hatte ich das Gefühl zu träumen. Es war, als hätte ich das alles schon einmal erlebt – vor langer, langer Zeit, und als sich der Zug schließlich näherte und die Lokomotive um die Ecke dampfte, wäre ich nicht ein bisschen erstaunt gewesen, hätte ich aus einem der letzten Wagen eine ältere Dame mit einem Kneifer und einem pompösen Hut aussteigen sehen, auf dessen Rand sich zwei Vögelchen schnäbelten; nein, wahrhaftig, ich wäre nicht überrascht gewesen, Mrs. Caboose vom Akobekall-Komitee zu erblicken – Mrs. Melvyn Caboose, wie sie betont hatte – und ihren wohlbekannten Schlachtruf zu hören: «Aufstellung nehmen!»

Der Zug hielt, und diesmal standen Chris und Betsy neben mir, anstatt auf dem Bahnsteig hin und her zu rennen, wie sie es damals getan hatten.

«Kneif mich in den Arm!», forderte Chris plötzlich. «Ist das ein Traum, oder bin ich verrückt, oder stimmt hier was nicht?»

Er zwinkerte verzweifelt, auf dass die Fata Morgana verschwinde, die ihn offenbar in ihrem Bann hielt.

«Es ist ein Traum!», rief Betsy lachend. «Wahrhaftig ein Traum! Mrs. Caboose höchstpersönlich!»

Ich staunte Bauklötzer. Da war sie, die liebe, verwirrte, aufgeregte Mrs. Caboose, und sie sah genauso aus wie damals, nur diesmal stieg hinter ihr keine Kinderschar aus, sondern ein hochgewachsener, schlaksiger, gutaussehender junger Mann.

Das heißt, ich fand ihn gutaussehend.

«He, ihr da!», rief Mr. Bruce L. MacLaughlin, Chefredakteur, und winkte uns zu, während Mrs. Caboose vergeblich den Zug aufzuhalten versuchte, der sich wieder in Bewegung setzte.

«Mein Mantel!», schrie sie. «Großer Gott, ich habe ihn im Zug gelassen!»

«Wie wär's mit dem hier?»

«Oh, vielen Dank, mein Lieber!»

Und sie nahm den Mantel – denselben, den Betsy damals für sie getragen hatte – Mr. MacLaughlin aus den Händen.

«Hallo, Boss!», sagte ich und fühlte mich aufrichtig erleichtert, was seine «reizende Begleiterin» betraf. «Willkommen bei uns, Mrs. Caboose. Eine großartige Idee von Ihnen, herzukommen! Ohne Sie hätte unserer Feier wirklich etwas gefehlt!»

«Das habe ich Ihnen ja telegraphiert», sagte Mr. MacLaughlin. «Hallo, Chris, guten Tag, Betsy, ich freue mich, euch kennenzulernen.»

Chris und Betsy, die keine Ahnung hatten, dass ihre Fotos nach Washington telegraphiert worden waren, sahen ihn fassungslos an.

«Und was jetzt?», sagte Mrs. Caboose. «Nehmen wir Aufstellung!»

Wieder lauschen wir dem Stimmengesumm unserer versammelten Freunde und blicken in ihre festlich leuchtenden Gesichter. Wir wollen aufmerksam hinhören und jeden ganz genau ansehen, denn bald müssen wir Lebewohl sagen.

Die vielen Menschen, die sich in Präsident Sheepbots Haus zusammengefunden hatten, waren restlos glücklich. Alle waren sie da, keiner fehlte, der eine Rolle in dem großen Spektakel gespielt hatte, dessen letzte Szene nun über die Bühne ging. Es mangelte auch nicht an köstlichen Speisen, kalten Getränken und fröhlicher Musik. Das Siegesorchester der Kinder übertraf sich selber, alle Anwesenden waren in Hochstimmung. Das Gefühl der Freundschaft zwischen den Festteilnehmern und die Erinnerung an die siegreich bestandenen großen Gefahren erfüllten die Luft mit herzwärmendem Duft. Es wurden auch keine langweiligen Reden gehalten. Unser Gastgeber Präsident Sheepbot hatte gleich zu Anfang verkündet, dass man solchen Unfug nicht dulden werde.

Als er plötzlich unser fröhliches Geplauder unterbrach und um unsere Aufmerksamkeit bat, wussten wir, dass etwas ganz Außerordentliches bevorstand.

«Meine Damen und Herren! Liebe Freunde!», sagte Mr. Sheepbot. «Ich dachte, es würde Sie freuen zu hören, dass ich gerade ein Telegramm vom Präsidenten der Vereinigten Staaten erhalten habe!»

Ihr hättet eine Stecknadel zu Boden fallen hören können, als die Botschaft aus dem Weißen Haus vorgelesen wurde. Und wenn es in der ganzen langen Geschichte der Welt je eine Schar stolzer, begeisterter, freudig erregter Kinder gegeben hat, dann unsere Gang, als sie hörte, was der Präsident über ihre Tat zu sagen hatte. Aber wir Übrigen waren kaum weniger aufgeregt und entzückt.

Geepys freundliches Kapitänsgesicht strahlte vor Freude. Seine Ehren der Bürgermeister, Kapitän Sharp und Mr. Cornelius F. Baluster aus Washington hatten alle ihr bestes Sonntagslächeln aufgesetzt. Selbst Sonnenschein, Präsident Sheepbots «manierlicher Hund», war von der allgemeinen Hochstimmung angesteckt: Er raste wie wild hin und her und verschlang schließlich einen ganzen Teller voll belegter Brötchen, der zu niedrig und daher nicht sicher stand. Mike warf seine Mütze in die Luft, und die Gang grüßte ihn mit Hochrufen. Inspektor Snow und Detektiv Tiff klatschten Beifall, und Mrs. Caboose rief mit hoher, aufgeregter Stimme «Hurra!». Chris' Eltern blickten ihren Jungen nur an, aber die Tränen in ihren Augen waren Freudentränen. Sogar Betsys Vater hatte Mr. Sheepbots Einladung angenommen und Mrs. Bird und dem Baby Chris einen eingehenden Bericht über den großen Abend versprochen. «Das ist der schönste Augenblick meines Lebens!», sagte er ergriffen. Und Mr. und Mrs. Strobl, die frischgebackenen Amerikaner, waren einfach überwältigt. «Es ist zu viel!», sagten sie nur, «es ist zu schön und zu viel!»

Der große Raum war voller Menschen. Aber warum gab es dort hinten in der Ecke ein besonders dichtes Gedränge? Da wurde etwas von Kindern regelrecht belagert – ein Stuhl, genauer gesagt ein Rollstuhl.

Wenn man aufmerksam hinsah, konnte man ein freundliches dunkles Gesicht erkennen, das von den Kindern, die sich rings um den Rollstuhl scharten, fast verdeckt wurde.

Horatio! Ja, wahrhaftig, auch er war bei uns! Zum ersten Mal seit seiner Verwundung war ihm gestattet worden, das Krankenbett zu verlassen. Es würde zwar noch eine Weile dauern, bevor er seinen Posten an der Drehtür wieder antreten konnte, aber trotzdem hatten ihm Chris' «Silberlocken» Glück gebracht, und er war eindeutig auf dem Wege der Besserung.

«Bin ich froh, dass ich hier sein kann», hörten wir ihn sagen. «Ach, Kinder, was Netteres als euch kann's gar nicht geben!»

«Stimmt!», sagte mein Boss, Mr. Bruce L. MacLaughlin, aber sein Blick war auf mich gerichtet, als er das sagte.

«Übrigens», fuhr er fort, «Sie wissen, dass ich immer ein leidenschaftlicher Zeitungsmann war ...»

Er machte eine Pause.

«Ja und?», fragte ich etwas unhöflich.

«Und als begeisterter Zeitungsmann bin ich selbstverständlich zu jedem Opfer bereit, das mein Beruf von mir fordern könnte.»

«Selbstverständlich», wiederholte ich.

«Zum Beispiel würde ich alles tun, was in meiner Macht steht, um die Presse von einer Reporterin wie Ihnen zu befreien!»

In völligem Widerspruch zu dieser beleidigenden Bemerkung legte Bruce seinen Arm um meine Schultern.

«Deshalb», sagte er und sah mir in die Augen, «deshalb habe ich beschlossen, dich zu heiraten – das heißt, wenn kein Einspruch erfolgt.»

«Nein!», sagte ich. «Nein, Bruce, keiner.»

Erst nachdem den Festteilnehmern unsere Verlobung bekanntgegeben worden war, begriff ich richtig, was sich ereignet hatte. Aber ich war glücklich darüber.

Natürlich war es in gewissem Sinne traurig, dass dieses

große Fest zugleich auch mein Abschiedsabend wurde, dass ich mich von der Gang und allen anderen Menschen, die ich in El Peso liebgewonnen hatte, trennen musste. Und wie er es so oft getan hatte, gab Björn meinen Gefühlen auf seine einmalige, unvergleichliche Weise Ausdruck. Mitten im Raum stehend, hielt er eine Art Rede.

«Das war ein unglaublich wundervoller Tag», sagte er, «und wir alle waren glücklicher, als es in meiner Sprache auszudrücken möglich ist. Zuerst erfolgte der schöne nützliche Sieg über unsere hassenswerten Feinde, und das war fürwahrlich ein wahrer Sieg der Vereinten Nationen, weil unser gutes Glück uns half, ihn zusammen zu erringen. Und dann war alles Glanz und Gloria, jedenfalls für den kurzen Augenblick der Gegenwart. Denn morgen müssen wir dringend weiterkämpfen und sehr viel arbeiten, bis der ganze Krieg gewonnen ist. Aber jetzt, heute Abend, müssen wir feiern. Und ich bin traurig, weil unsere Freundin Depesche uns verlassen wird, jedoch trotzdem bin ich auch froh, nämlich weil sie nun Mrs. MacLaughlin wird. Und ich war eigentlich gar nicht gesinnt, eine Rede zu halten, ich wollte nur sagen: Viel Glück und gute Nacht und Lebewohl!»

ANHANG

NACHWORT

«Für die Erwachsenen zu schreiben ist mir längst zu blöd», schrieb Erika Mann dem befreundeten Schauspieler Curt Bois im März 1953. Elf Jahre zuvor hatte sie Annemarie Schwarzenbach in einem Brief ihre Haltung ausführlicher begründet: «Der Abwechslung halber habe ich nunmehr begonnen, ein Kinderbuch abzufassen, ein politisches Kinderbuch (...), für Knaben und Mädchen von 9 bis 15. In Wahrheit hoffe ich, die durch und durch Erwachsenen, die sich, was politische Einsicht angeht, noch immer in rauhen Mengen auf dem Niveau von nicht durchaus gutartigen Knaben und Mädchen tummeln, mit meinem Selbstgemachten zu erreichen.» Dieser Brief vom 1. Mai 1942 war unmittelbar bezogen auf ihr Buch «A Gang of Ten», das 1942 entstand und veröffentlicht wurde.

Erika Mann war die älteste Tochter von Katia und Thomas Mann und zeitlebens eines der Lieblingskinder ihres Vaters. Sie hatte viele Begabungen und lebte sie aus, wo immer sie konnte: Sie war Schauspielerin und Kabarettistin, fuhr Autorennen und unternahm Weltreisen, schrieb Glossen, Artikel und ganze Bücher, oft zusammen mit ihrem Bruder Klaus, sie hielt Vorträge und ging als Lecturer in den USA erfolgreich auf Tournee. Und sie war temperamentvoll und mutig, was nicht zuletzt Thomas Mann sehr gefiel: Er nannte sie, unter Anspielung auf Richard Wagners «Walküre», sein «kühnes, herrliches Kind».

Zu Kindern hatte sie stets einen besonderen Draht, und so ist es nicht verwunderlich, dass sie eine ganze Reihe von Büchern für junge Leser schrieb. Daran hatten auch ihre jüngeren Geschwister einigen Anteil: Als 1932 Erikas erstes Kinderbuch «Stoffel fliegt übers Meer» erschien, war es den jüngsten Mann-Kindern Elisabeth und Michael gewidmet mit den Worten: «Für Medi und Bibi, weil sie meine Geschwister sind, und weil sie es gern wollten.»

In einem unveröffentlichten Text unter dem Titel «Warum ich Kinderbücher schreibe» hat Erika Mann ihre Lust am Umgang mit Kindern launig beschrieben: «Wir vertragen uns glänzend, alle Kinder und ich. (...) Auf keiner Provinzbühne dürfte die ‹Naive› es wagen, so dreist zu kokettieren, wie die Butzis dies tun. – Und ich? Nicht nur kokettiere ich schamlos zurück. Hinter dem Rücken des Begleitpersonals beginne ich auch alsbald, meine Künste spielen zu lassen. Ich kann, muss man wissen, in jedem erdenklichen Rhythmus mit allen zehn Fingern schnalzen, sodass es klingt wie die hübschesten Castagnetten. Wo das Rauchen sich schickt, bin ich zudem imstande, mir die Zigarette umgekehrt zwischen die Lippen zu stecken (mit der brennenden Spitze nach innen). Den Mund, versteht sich, schliesse ich rund um das glühende Ding, paffe gewaltig und erwecke den Anschein, als vermöchte ich Feuer zu schlucken. – Ist das alles? Durchaus nicht. Mein Repertoire – vom schlichten Gesichterschneiden bis zur hoch-differenzierten Imitation der verschiedensten

Tierstimmen – ist so mannigfaltig wie ansprechend. Wir unterhalten uns immer, – alle Kinder und ich. Und für sie zu schreiben, ist mir das natürlichste und erfreulichste Ding von der Welt.»

Aber es kamen Zeiten, die wenig Anlass boten für Heiterkeit und Scherze. Das Jahr 1933 mit dem Machtantritt der Nationalsozialisten in Deutschland wurde zum großen, bitteren Einschnitt im Leben der Manns. Die gesamte Familie, auch Erika, musste ins Exil flüchten. Noch in München hatte Erika Mann das Kabarett «Die Pfeffermühle» gegründet. In der Emigration setzte sie diese Tätigkeit fort, mit deutlich antifaschistischer Akzentuierung. Die Nazis zu bekämpfen, mit allen ihr zur Verfügung stehenden Mitteln und Ausdrucksformen, wurde für mehr als ein Jahrzehnt ihre Lebensaufgabe. Zunächst tat sie es in Europa, ab 1936 überwiegend in den USA.

Die «Pfeffermühle» gab zwischen 1933 und 1936 über tausend Vorstellungen in Europa, sie war nach dem Urteil von Klaus Mann das «erfolgreichste und wirkungsvollste theatralische Unternehmen der deutschen Emigration». Der Versuch Erika Manns und ihrer Mitstreiter, dieses Kabarett ab 1937 unter dem Titel «Peppermill» in den USA fortzuführen, scheiterte allerdings. Zu fremd war den Amerikanern die Form des politisch-literarischen Kabaretts, wie sie die «Pfeffermühle» repräsentierte.

Erika Mann verlegte sich auf andere Felder, um vor dem Nationalsozialismus und dem drohenden Krieg zu warnen: Sie reiste als Lecturer quer durch die Vereinigten Staaten, und sie schrieb Bücher. Die nachhaltigste Wirkung hatte das Buch «Escape to Life», das sie zusammen mit ihrem Bruder

Klaus im Frühjahr 1939 veröffentlichte. Es gab den amerikanischen Lesern einen Überblick über die deutsche Kultur, die von den Nazis ins Exil getrieben wurde, und zeigte, dass dieses «Andere Deutschland» das wahre, bessere Gesicht eines Landes war, das vorübergehend von den Nazis beherrscht wurde.

Doch nur wenige Monate nachdem «Escape to Life» erschienen war, begann mit dem deutschen Überfall auf Polen am 1. September 1939 der Zweite Weltkrieg. In kurzer Zeit überrannten deutsche Truppen mit ihren Verbündeten die meisten Nachbarländer. Die USA zögerten lange Zeit, in das europäische Kriegsgeschehen einzugreifen – zu stark waren in der eigenen Bevölkerung die Vorbehalte. Erst der japanische Angriff auf den amerikanischen Stützpunkt Pearl Harbor am 7. Dezember 1941 veränderte die Lage. Die Vereinigten Staaten wurden nun Teil der Alliierten, die gegen die «Achsenmächte» kämpften – als Anti-Hitler-Koalition.

In dieser weltpolitischen Situation entsteht Erika Manns Buch «A Gang of Ten». Es ist ein Roman, der den Krieg der Alliierten als eine durch und durch gerechte Sache darstellt. Der Kampf gegen den Faschismus ist notwendig und muss gewonnen werden, so lautet die klare Botschaft des Buches. Oder in den Worten der Romanfigur George: Die Nazis «versenken unsere Schiffe, nicht wahr, und sie bringen unsere Menschen um und lassen sie verhungern und behandeln sie schlechter als Hunde (...), und das nimmt nie ein Ende, wenn wir nicht gewinnen. Wir müssen siegen, und wir müssen sie schlagen. Ich würde alles tun, alles, um dabei mitzuhelfen.»

Erika Mann traute sich, das klassische Jugendbuch, wie es

von Erich Kästner («Emil und die Detektive») und anderen Autoren bekannt war, ins Politische zu wenden. Kern ihres Buches ist eine Spionagegeschichte, in der eine Gruppe von Jugendlichen (eben die «Gang of Ten») einen Anschlag von Vertretern der «Fünften Kolonne», die den Nazis zuarbeiten, vereitelt.

Zugleich entwirft die Autorin mit der Neue-Welt-Schule in Kalifornien eine Art Utopie. «Schließlich ist es eine ganz neue Welt, die wir hier errichten, eine Welt, in der Kinder in der Gemeinschaft von Kindern leben und aufwachsen, ein richtiger Kinderstaat, von Kindern organisiert, regiert und in Gang gehalten», erläutert der Schulleiter Mr. Hunch das Konzept. Der Begriff der «Vereinten Kinder» verweist auf die Idee der «Vereinten Nationen», die Anfang 1942 mit einer Deklaration von 26 Staaten Wirklichkeit zu werden begann. 1945 wurden dann die UN, wie wir sie heute als Weltorganisation kennen, gegründet.

Die anrührendsten Passagen des Buches sind die Schilderungen von drei Kindern der «Gang», wie und warum sie aus Europa in die USA geflohen sind: Rombout aus den Niederlanden, der die Bombardierung seiner Heimatstadt Rotterdam miterleben musste; Iwan aus Russland, dessen Vater mit der Roten Armee aufopferungsvoll gegen die Nazis kämpft; und George aus England.

In den Bericht von George über seinen «Kindertransport» hat Erika Mann eine tragische Episode aus der Mann'schen Familiengeschichte in verschlüsselter Form hineinverwoben. Ihre jüngere Schwester Monika hatte im September 1940 versucht, zusammen mit ihrem Ehemann Jenö Lányi von England in die USA zu entkommen. Doch das Schiff, mit dem sie die Flucht versuchten, die «City of Benares», wurde von einem deutschen U-Boot versenkt – Jenö Lányi ertrank vor den Augen seiner Frau, die das Unglück mit knapper Not überlebte.

Erika Mann selbst ähnelt in vieler Hinsicht der Ich-Erzählerin von «Gang of Ten», genannt «Depesche» oder auch «Miss Gutinformiert». Erika war eine neugierige, mutige Reporterin, die aus dem Spanischen Bürgerkrieg wie auch von zahlreichen Schauplätzen des Zweiten Weltkriegs berichtete. Eine Auswahl ihrer Texte ist später unter dem Titel «Blitze überm Ozean» als Buch erschienen. Thomas Mann war auf die unerschrockene Tochter ebenso stolz, wie er sich häufig um sie sorgte.

Diese war unbeirrbar in ihrem Engagement und ihrem Einsatz für die als gerecht empfundene Sache. In der Fragment gebliebenen Autobiographie «Ausgerechnet Ich», 1943 geschrieben, hat sie folgendes Bekenntnis formuliert: «(...) dies war mein einziger Ehrgeiz und meine einzige Beschäftigung während der letzten zehn Jahre: Auf meine eigene bescheidene Weise die Mächte des Bösen zu bekämpfen – am krassesten verkörpert vom finsteren Phänomen des Nazismus. Dies war meine Arbeit und mein Abenteuer: den Erzfeind zu demaskieren, lächerlich zu machen, anzuklagen und zu verwirren. Die Botschaft, die ich vermitteln wollte, war immer ein direkter, ungeschminkter Appell an die menschliche Solidarität gegen die unmenschlichen Mächte der Dunkelheit und der Zerstörung. Das ist es, was ich in all meinen Schriften und Reden ausdrücken wollte, in meinen Büchern und Zeitungsartikeln, meinen Geschichten für Kinder, meinen Vorträgen und Radioansprachen.»

Auch «A Gang of Ten», «Zehn jagen Mr. X.», ist auf der ganzen Linie diesem Credo verpflichtet.

«A Gang of Ten» erschien erstmals im Herbst 1942 im L. B. Fischer Verlag in New York, in englischer Sprache. Es war der Verlag von Fritz Landshoff (= «L.») und Gottfried Bermann Fischer (= «B.»), ein Exilunternehmen. Thomas Mann hatte seinem alten Verleger Bermann am 6. September 1942 geschrieben: «Sehr hat mich gefreut, daß Erikas Manuskript bei Ihnen so großen Gefallen gefunden hat. Wirklich halte ich es für sehr möglich, daß die reizende Arbeit der Verfasserin und auch dem Verleger noch viel Freude machen wird.»

Katia Mann hatte schon am 9. Juni 1942 einen Freund der Familie Mann, Erich von Kahler, wissen lassen: Erika «schreibt an einem politischen Kinderbuch für Bermann, das recht allerliebst zu werden verspricht».

In der deutschsprachigen jüdischen Zeitung «Aufbau» veröffentlichte der Chefredakteur Manfred George am 22. Januar 1943 eine hymnische Rezension von Erikas Buch, die in dem Urteil gipfelte: «Es ist der klugen und tapferen Mann-Tochter, die so viele gute Fehden geführt hat und die nicht nur eine herzhaft-männliche Schriftstellerin ist, sondern auch eine erstklassige Journalistin mit großem Spürsinn und der Leidenschaft nach der Wahrheit – es ist dieser allem Zukünftigen mit offenen Sinnen zugewandten Frau gelungen, ein wunderschönes Kinderbuch zu schreiben. Aber auch jeder Erwachsene wird es gern lesen.»

Bermann und Landshoff planten zur gleichen Zeit eine deutschsprachige Ausgabe, eine Übersetzerin war bereits gefunden: Käthe Rosenberg, eine Cousine Katia Manns. Sie lebte als Übersetzerin in London und lieferte ein vollständiges Manuskript unter dem Arbeitstitel «Kinder der Neuen Welt» (das mittlerweile, versehen mit einigen handschriftlichen Korrekturen noch von Erika Mann, im Archiv der Monacensia in München liegt). Doch diese deutschsprachige Ausgabe ist nicht erschienen, die Gründe sind bis heute ungeklärt.

So erschien Erika Manns Spionageroman in deutscher Sprache erstmals 1990 im Kinderbuchverlag der DDR, übersetzt von Elga Abramowitz und versehen mit einem Nachwort von Golo Mann. Der Titel lautete nun «Zehn jagen Mr. X». In derselben Übersetzung veröffentlichte 2011 der Wuppertaler Arco-Verlag das Buch, herausgegeben und mit einem ausführlichen Nachwort von Christoph Haacker. Mit der vorliegenden Ausgabe wird das Buch endlich aufgenommen in das Programm des Rowohlt Verlags, der seit 1996 sämtliche Werke Erika Manns publiziert.

Reinbek bei Hamburg, im Januar 2019
Uwe Naumann

EINIGE SACH- UND WORTERKLÄRUNGEN

S. 5, Für Virginia: Vermutlich Virginia Stuercken, eine Freundin Erika Manns, die 1940 mit Erikas Unterstützung Thomas Manns zeitweiligen Privatsekretär Konrad Katzenellenbogen heiratete. Näheres dazu in Irmela von der Lühes grundlegender Biographie «Erika Mann. Eine Lebensgeschichte», Reinbek bei Hamburg 2009, S. 245.

S. 14, Pearl Harbor: Während in Europa – seit dem deutschen Überfall auf Polen am 1. September 1939 – und in Asien – seit 1937 zwischen Japan und China – bereits Krieg war, verhielten sich die USA zunächst neutral. Am 7. Dezember 1941 bombardierte die japanische Marineluftwaffe ohne Kriegserklärung den amerikanischen Stützpunkt Pearl Harbor auf Hawaii, wo die US-Pazifikflotte vor Anker lag. Der Angriff hatte verheerende Folgen, mehr als 2400 Menschen starben, zahlreiche Schiffe und Flugzeuge wurden vernichtet. Pearl Harbor veränderte die weltpolitische Lage: Durch den in den USA als heimtückisch aufgefassten Angriff der Japaner gelang es der amerikanischen Regierung, die bis dahin größtenteils pazifistisch oder isolationistisch eingestellte US-Bevölkerung für den Kriegseintritt zu mobilisieren. Einen Tag nach Pearl Harbor, am 8. Dezember 1941, erklärten die USA Japan den Krieg. Deutschland und Italien erklärten ihrerseits als Japans Verbündete am 11. Dezember 1941 den USA den Krieg.

S. 16, Horatio Roosevelt Fairchild: Erika Mann gab dem schwarzen Portier eine Reihe von beziehungsreichen Namen. Horatio Nelson war ein britischer Admiral, der eine Reihe von bedeutenden Seeschlachten gewann, darunter 1805 die Schlacht von Trafalgar, und zum wichtigsten Gegenspieler Napoleons wurde. Er war den Zeitgenossen durch Alexander Kordas Spielfilm «That Hamilton Woman» (1941) präsent, den viele als Unterstützung der britischen Kriegsanstrengungen verstanden – Winston Churchill soll den Film 83 Mal gesehen haben. Franklin Delano Roosevelt war der damals regierende amerikanische Präsident. Die Firma Fairchild war ein bekannter amerikanischer Flugzeughersteller.

S. 19, Depesche: Eine Depesche (von frz. dépêcher, eilen, sich beeilen) war eine telegraphisch übertragene Eilnachricht; das Wort wurde später vom Begriff Telegramm abgelöst. In der englischen Fassung von Erika Manns Buch trägt die Erzählerin den Spitznamen «News», also Nachrichten.

S. 39, Atlantik-Konferenz: Vom 9. bis zum 12. August 1941 trafen sich US-Präsident Roosevelt und der britische Premierminister Churchill auf einem Schlachtschiff vor der kanadischen Küste. Bei dieser Konferenz wurde die «Atlantik-Charta» beschlossen. Zu deren Programmpunkten gehörten der gegenseitige Verzicht auf territoriale Expansion, die Sicherstellung eines gleichberechtigten Zugangs zum Welthandel und zu Rohstoffen, der Verzicht auf Gewaltanwendung, das Selbstbestimmungsrecht der Völker und die Freiheit der Meere. Voraussetzung für die Realisierung war ein Sieg der Alliierten im Weltkrieg. In der «Deklaration der Vereinten Nationen» bekannten sich am 1. Januar 1942 insgesamt 26 Staaten zur Atlantik-Charta. Das waren Meilensteine auf dem Weg zur Gründung der «Vereinten Nationen» (United Nations, UN) im Jahr 1945.

S. 41, Kriegssondermarken: Solche Sonderbriefmarken galten der finanziellen Unterstützung der alliierten Kriegsanstrengungen durch die Bevölkerung, ähnlich den «War Bonds», privaten Kriegsanleihen.

S. 47, Offenbar waren die Kanäle nicht geöffnet worden: Durch eine Zerstörung der Dämme hätte man die Flüsse Rhein und Waal in die Ijssel umleiten und damit das Kerngebiet der Niederlande mit den wichtigsten Städten in eine nicht leicht zu erobernde «Insel» verwandeln können. Die Regierung entschied sich jedoch dagegen, weil die Risiken für die eigene Bevölkerung und der langfristige Schaden unabsehbar waren. Angesichts der übermächtigen deutschen Luftwaffe wäre man ohnehin Bombenangriffen ausgeliefert gewesen.

S. 54, … uns nach Finnland durchzuschlagen, das aber natürlich auch ein feindliches Land ist: Am 30. Januar 1939 hatte die Sowjetunion Finnland angegriffen, um ihr Land um wichtige finnische Gebiete zu vergrößern. Im «Winterkrieg» leistete das viel kleinere Finnland zwar starken Widerstand, im Friedensvertrag von Moskau vom 13. März 1940 stimmten die Finnen aber notgedrungen dem Abtreten eines Landesteils an die Sowjetunion zu. Um diese Gebiete zurückzubekommen, verbündete sich Finnland mit den Deutschen und führte ab 22. Juni 1941 (bis 5. September 1944) den sogenannten Fortsetzungskrieg gegen die Sowjetunion.

S. 55, Kabache: primitive Hütte.

S. 56, Tomahawks: Nach dem legendären indianischen Kriegsbeil hat die US-Armee bis heute eine ganze Reihe von Waffensystemen benannt. Hier ist ein US-Jagdflugzeug gemeint, die Curtiss P-40, die im Zweiten Weltkrieg auch der sowjetischen Armee zur Verfügung gestellt wurde.

S. 61, Royal Air Force: Luftstreitkräfte Großbritanniens, Abkürzung RAF.

S. 61, Women's Air Force: Eigentlich WAAF, Women's Auxiliary Air Force. Einheit der britischen Luftwaffe mit weiblichen Soldaten;

die «Waafs» durften keine Pilotinnen werden, sondern übernahmen Radar-, Funk- und Fernmeldedienste, Aufklärung, Meteorologie, Kartographie und Transport.

S. 70, V-Zeichen: Das Victory-Zeichen («victory» = Sieg) war eine Geste, bei der aus der geschlossenen Hand der Zeigefinger und der Ringfinger in Form eines «V» ausgestreckt werden. Besonders Winston Churchill hat das V-Zeichen im Zweiten Weltkrieg benutzt und als Symbol der Siegeszuversicht populär gemacht.

S. 72, Fünfte Kolonne: Der Begriff stammt in dieser Bedeutung aus dem Spanischen Bürgerkrieg (1936–1939). Der faschistische General Mola, in Diensten von Hitlers Verbündetem Franco, hatte 1936 sinngemäß gesagt: «Ich marschiere mit vier Kolonnen auf Madrid, aber ich habe eine fünfte in Madrid, und es ist diese Fünfte Kolonne, mit deren Hilfe ich es erobern werde.» Damit meinte er, dass er sich auf geheime Helfer und ihren Verrat verlassen könnte. Seitdem bedeutet der Begriff in einer Erklärung von Erika Mann: «Zur Fünften Kolonne gehört derjenige, der bereit ist, sein Land an den äußeren Feind auszuliefern.» Das Deutsche Reich profitierte bei seinen Eroberungen teilweise von «Fünften Kolonnen» im Feindesland, besonders in Österreich, der Tschechoslowakei und Polen.

S. 86, Gatt: Lagerraum auf Schiffen.

S. 88, Feindlicher Ausländer: Eine Übersetzung von «enemy alien», womit im angloamerikanischen Raum jemand bezeichnet wurde, dessen Herkunftsstaat sich im Konflikt mit dem Land befand, in dem der betreffende Mensch jetzt lebte. In den USA waren im Zweiten Weltkrieg davon Auswanderer und Emigranten aus Japan, Italien und Deutschland betroffen, selbst wenn sie schon viele Jahre in den USA wohnten oder Flüchtlinge vor Hitler waren. «Feindliche Ausländer» wurden zum Teil interniert, zum Teil durften sie einen zugewiesenen Bezirk nicht verlassen («Fünfmeilenzone») und mussten sich regelmäßig bei den Behörden melden.

S. 94, *FBI:* Das Federal Bureau of Investigation ist die zentrale Sicherheitsbehörde der Vereinigten Staaten von Amerika.

S. 102, *Menschliche Flamme:* Englisch: «The Human Flame». Diese war, wie «Superman», eine damals populäre Comic-Figur.

S. 114, *Statue des Generals Grant:* Ulysses S. Grant (1822–1885) war siegreicher Oberbefehlshaber der Armee der Nordstaaten im Amerikanischen Bürgerkrieg (1861–1865) und 1869–1877 Präsident der USA. Er gilt in den Vereinigten Staaten als Kriegsheld und Verkörperung eines unbedingten Siegeswillens.

S. 128, *Denn dann würden die Chinesen vielleicht aufhören zu kämpfen:* Seit 1931 gab es von japanischer Seite Angriffe auf China und Besetzungen chinesischer Gebiete; seit 1936 war Japan Verbündeter von Deutschland. Ab 7. Juli 1937 marschierten japanische Truppen in China ein. Damit begann der Zweite Japanisch-Chinesische Krieg (bis 9. September 1945), vor dem wahrscheinlich «Tschutschu» in die USA geflohen ist.

S. 134, *Lincoln:* Abraham Lincoln (1809–1865) war 1860–1865 Präsident der USA und mit den Nordstaaten im Bürgerkrieg gegen die Südstaaten erfolgreich. Er wurde danach bei einem Attentat durch einen Befürworter der Sklaverei getötet. Lincoln war ein herausragender Redner und steht bis heute für demokratische Werte, politische Stärke sowie den Willen zur Einheit des Landes. Das Lincoln Memorial in Washington gehört zu den meistbesuchten Gedenkstätten der USA.

S. 135, *Hirohito:* Hirohito (1901–1989) war 1926–1989 Tennō (Kaiser) von Japan. Er gilt – vor allem in Asien – als verantwortlich für den Krieg und die Kriegsgräuel, während andere in ihm eine machtlose Marionette der japanischen Militärführung sehen.

S. 147, Sternenbannerhymne: Die US-Nationalhymne, in Anlehnung an die US-Flagge, das «Sternenbanner», englisch «The Star Spangled Banner».

S. 149, Gott segne Amerika: Das gebetsartige Lied «God Bless America», komponiert von Irving Berlin 1918, wurde in einer Neufassung von 1938 zu einer der inoffiziellen Nationalhymnen der USA und war fester Bestandteil der vaterländischen Kultur der Kriegsjahre.

S. 172, Miss Talstraesser: Der Name ist vermutlich eine Anspielung auf den Fall des deutschen Politikwissenschaftlers Arnold Bergstraesser, der 1937 in die USA emigriert war und dort zweimal als vermeintlicher Nazi-Spion inhaftiert wurde.

S. 179, Liberator: Der viermotorige schwere Bomber B-24 war der meistgebaute US-amerikanische Flugzeugtyp im Zweiten Weltkrieg. In Diensten der britischen Royal Air Force wurde er «Liberator» genannt.

S. 188, Minzjulep: Klassischer Cocktail, englisch: Mint Julep. Üblicherweise wird er aus Minze, Whiskey, Zucker (oder Zuckersirup) und zerstoßenen Eiswürfeln gemixt.

S. 241, Western Union: 1851 gegründete amerikanische Telegraphen-Gesellschaft; heute vorwiegend Dienstleister für internationalen Geldverkehr.

Das Glossar verfasste Uwe Naumann, aufbauend auf Recherchen und Textbausteinen von Christoph Haacker.

MIX
Papier aus verantwortungsvollen Quellen
FSC® C083411

Das für dieses Buch verwendete Papier ist FSC®-zertifiziert.